本研究为教育部人文社会科学重点研究基地重大项目
"汉族社会结构与周边社会的互动——以华南与东南亚的研究为中心"（项目批准号：05JJD840150）的成果之一。
出版受广州市社会科学院广州市统战理论研究中心项目资金
以及广州市宣传思想文化优秀创新团队（广州城市国际交往研究团队）资金资助

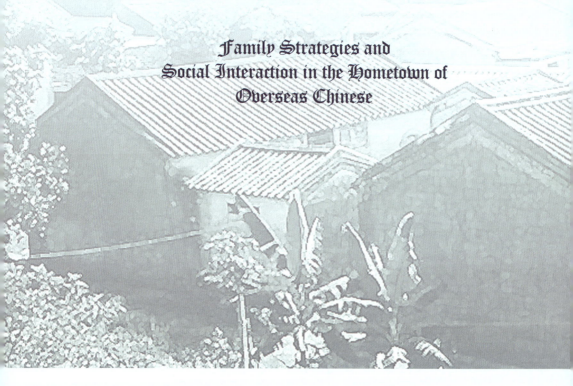

Family Strategies and
Social Interaction in the Hometown of
Overseas Chinese

民族与社会丛书
MINZU YU SHEHUI CONGSHU
麻国庆 主编

两头家：华南侨乡的家庭策略与社会互动

基于海南南村的田野调查

陈 杰 著

社会科学文献出版社
SOCIAL SCIENCES ACADEMIC PRESS (CHINA)

《民族与社会丛书》总序

麻国庆

记得 20 世纪 80 年代我读大学时，常常在西北大学的文科阅览室看一些非考古专业的著作，偶然中读到费孝通先生的《民族与社会》，书很薄，但里面所涉及的关于民族及其发展的思考，引发了我这个来自内蒙古的青年学生的浓厚兴趣。接着我以此书为契机，开始接触人类学、民族学的相关研究和介绍，并决定考这一领域的研究生。通过在中山大学跟我的硕士导师容观琼先生以及人类学其他老师三年的学习，我算是初步进入了人类学、民族学的学科领域。

之后我又很荣幸地成为费先生的博士研究生。跟先生学习以后，我进一步理解了他的《民族与社会》的整体思考。我印象最深的是 1991 年我入北京大学一周后，先生带我和泽奇兄到武陵山区考察。一上火车，他说给我们上第一课，当时正好是美国出现了黑人和白人的冲突，他说民族和宗教的问题将会成为 20 世纪末到 21 世纪相当一段时间内，国际问题的焦点之一。人类学在这一背景下如何面对这些问题，需要做深入的调查和研究。通过近一个月的对土家族、苗族以及地方发展的考察，加上来自先生对田野的真知灼见，我对人类学的学科意识有了更加深刻的体验和领会。武陵山区的考察一直到今天仍是我的一个学术情结。

非常巧的是当出版社同人催我交这一序时，我正好从广西龙胜各族自治县的红瑶寨子里出来（1951 年，费先生曾代表中央到该县宣布成立中国第一个少数民族自治县），来到武陵山区的酉阳土家族苗族自治县做关于土家族的调查。两地虽然相隔千里，但都留下了费先生的调查足迹。此次来到酉阳，时隔 20 多年沿着当时先生的足迹调查之余，来撰写本丛书的序，坐在电脑旁，先生的音容笑貌不时地浮现在我的脑海里……好像先生在他的那个世界里告诉我辈，要不断地推动"民族与社会"的研究，进入更高的层次。由此我更加坚信该丛书以此命名，于情、于理、于学、于实都有其特殊的学术和社会意义。同时这也是把先生的"文化自觉"与"从实求知"思想延续、深化的阶段性成果。

费先生的学术遗产可以概括为"三篇文章"，即汉民族社会、少数民族社会、全球化与地方化。在费先生的研究和思考中，社会、民族与国家、全球被置于相互联系、互为因果、部分与整体的方法论框架中进行研究，超越了西方人类学固有的学科分类，形成了自己的人类学方法论，扩展了人类学的学术视野。他是一位非常智慧的把学术研究和国家的整体发展、多民族共同繁荣的理念有机地结合起来，达到对中国社会认识的学者。面对当前复杂的国际问题国内化、国内问题国际化的现状，费先生留下的学术遗产还需要我们不断地继承和发扬。而"民族与社会"可以涵盖先生的思想，我们以此来纪念费先生诞辰百年。

针刘一套可以长久出版下去的丛书，我想从如下几方面来展开对"民族与社会"的理解和认识。

一 民族的国家话语

"民族"与"族群"最基本的含义都是指人们的共同体，是对不同人群的分类。但是，当学者将"民族"与"族群"这两个词纳入历史经验与社会现实中加以研究时，它们随着时空的变化而有不同的表述和意义。在学科史上，"民族"作为人类认识自我的关键概念之一见诸各门社会科学，被赋予了多重含义，尤其是"民族—国家"（nation-state）、"民族主义"（nationalism）这些概念，将民族学、历史学、人类学、政治学、社会学、社会心理学、语言学、国际关系学甚至文学等学科牵连在一起，形成了一个庞大的跨学科研究领域。

近代以来，随着西学东渐，当基于西方社会经验建构的"民族"概念及相关理论与中国的历史及现实发生冲突时，中国人对"民族"及其相关理论含义的理解、诠释与实践又形成了一套与国际背景、国内政治、社会文化的特点等相联系的社会思潮和历史事实。概括起来，"民族"概念的发展变化其实是一个历史过程，也是一适应的过程。

在现代人类学研究中，"民族"有着相对明确的定义，指具有相同文化属性的人们的共同体（ethnos），文化是界定"民族"的重要标准之一。人类学对人们的共同体本质及关系的理解是一个逐步深入的过程。古典人类学将非西方社会的整体作为"他者"，以"异文化"为研究旨趣，热衷于跨文化比较研究，并没有将某个具体的人群作为研究对象。现代人类学建立之后，虽然马林诺斯基式的科学民族志将某个具体的民族体作为描述对象，但是学术研究的问题意识在于探寻社会或文化的运行机制，而对"民族"本身的概念并没有加以讨论。

直到 20 世纪 50 年代，在美国诞生了"族群"（ethnic group）概念，人类学开始将不同群体的关系等问题作为研究专题进行讨论，并形成了人类学研究的一个新的理论范式。一般来说，族群指说同一语言，具有共同的风俗习惯，对于其他的人们具有称为"我们"意识的单位。不过，这个族群单位中的所有的人们并不都拥有共同的社会组织和政治组织。而"认同"是存在于个人与某特定族群间的一种关系，它属于某特定的族群，虽然族群中的成员可能散居在世界各地，但在认同上，他们却彼此分享着类似的文化与价值观。民族或族群认同是认同的典型表现。

中国的民族问题到今天为止变成了国际话语，可以从两个方面来解释国际话语。

一方面是纯粹从人类学学理层面解释民族的特殊属性，如林耀华先生提出的经济文化类型，虽然他受到苏联民族学的影响，强调经济决定意识，但是这套思想划分了中国的民族经济文化生态，这一点是有很大贡献的。另一方面是费先生提出的中华民族多元一体格局。面对西方民族国家的理论，中国这么多民族要放在国家框架下，用什么来解释它存在的合法性与合理性？多元一体就提供了解释框架。多元一体理论并非单纯是关于中华民族形成和发展的理论，也非单纯是费先生关于民族研究的理论总结，而是费先生对中国社会研究的集大成。正如费先生所说："我想利用这个机会，把一生中的一些学术成果提到国际上去讨论。这时又想到中华民族形成的问题。我自思年近 80，来日无几，如果错失时机，不能把这个课题向国际学术界提出来，对人对己都将造成不可补偿的遗憾。"[①] 因此，费先生事实上是从作为民族的社会来探讨它与国家整体的关系，这是他对社会和国家观的新的发展。中华民族的概念本身就是国家民族的概念，而 56 个民族及其所属的集团是社会构成的基本单位。这从另一个方面勾画出多元社会的结合和国家整合的关系，即多元和一体的关系。

这两大理论是中国民族研究的两大基础。

其实，费孝通先生对"民族"的理解随着其学术思想的变化有一个演变的过程。20 世纪 30 年代，费先生在清华研究院师从史禄国时主要接受欧洲大陆人类学研究传统的学科训练，首先研习体质人类学。因而费先生在这一时期对民族问题的讨论集中在对中国人体质特征的讨论上，发表于 1934 年的

---

① 费孝通主编《中华民族研究新探索》，中国社会科学出版社，1991，第 27 页。

《分析中华民族人种成分的方法和尝试》就是这一时期费先生讨论民族问题的代表作。在这篇文章中，费先生指出"中华民族，若是指现在版图之内的人民而言，是由各种体质上、文化上不同的成分所构成的"，而"要研究这巨流中各种成分的分合、盛衰、兴替、代谢、突变等作用，势必先明了各成分的情形"[①]。

20 世纪 50 年代，费先生参与了中国的民族识别工作，积累了大量的研究经验。费先生回顾 20 世纪 50 年代民族识别时曾说："民族这种人们共同体是历史的产物。虽然有它的稳定性，但也在历史过程中不断发展变化；有些互相融合了，有些又发生了分化。所以民族这张名单不可能永远固定不变，民族识别工作也将继续下去。"[②] 在此基础上，20 世纪 80 年代初期，费先生又提出了"民族走廊"说，将历史、区域、群体作为整体，对专门研究单一民族的中国民族研究传统具有极大的启发意义。中国民族识别工作完成后，中国 56 个民族的格局最终确立，费先生也以《中华民族多元一体格局》一文系统总结了自己的民族学思想。

国外对中国民族的研究有几种观点。

第一种观点需要回顾 1986 年底《美国人类学家》杂志发表的澳大利亚学者巴博德与费先生的对话，对话的核心是讨论受意识形态影响的中国民族识别。巴博德批判受意识形态影响的民族学忽视了当地的文化体系，民族识别的国家主义色彩非常浓厚。但费先生的回答非常有意思。费先生说他们在做民族识别的时候并不是完全死板地套用斯大林的概念，而是进行了修正，有自己的特色。[③] 在民族识别时期形成了中国民族学研究在特殊时期的特殊取向，这个遗产就是我们的研究如何结合中国特点和学理特点，不完全受意识形态制约。

与此相关的第二种质问是很多国外学者的核心观点，他们认为中国的民族都是在国家意识形态中"被创造的民族"。实际上，中国所有民族的构成与中国的历史和文明过程是有机地结合在一起的，这些民族不是分离的，而是有互动的关系。简单地以"创造""虚构"或"建构"的概念来讨论中国的民族问题是非常危险的。这里就回应了关于实体论和建构论的讨论如何在民族研究中

---

① 费孝通：《分析中华民族人种成分的方法和尝试》，《费孝通全集》（第一卷），内蒙古人民出版社，2009，第 287 页。

② 费孝通：《关于我国民族的识别问题》，《费孝通文集》（第七卷），群言出版社，1999，第 202~203 页。

③ 费孝通：《经历见解反思——费孝通教授答客问》，《费孝通文集》（第十一卷），群言出版社，1999，第 143~205 页。

进行分类并处理理论思考的问题。这可能会构成中国民族研究在国际对话中一个很重要的基础。

到今天为止，针对族群边界也好，针对民族问题也好，建构论和实体论是两个主要的方向。在中国的民族研究中，实体论和建构论会找到它们的结合点：实体中的建构与建构中的实体，有很多关系可以结合起来思考。在民族研究中，国家人类学（national anthro-pology）与自身社会人类学（native anthropology）在国际话语中完全有对话点。

1982 年，吉尔赫穆（Gerholm）和汉纳兹（Hannerz）发表了一篇名为《国家人类学的形成》的文章。作者在文中直言不讳地指出国家的国际处境与本国人类学的发展有莫大关系。在"宗主与附属""中心与边缘"的格局下，附属国家或者说边缘地区的人类学研究只不过是殖民主义的产物。以强权为前提，中心地区的出版物、语言乃至文化生活方式都在世界格局里占据主导地位，并大力侵入边缘地区。在这样的形势下，边缘地区人类学学科的发展、机构的设置、学员的训练等，都会带有中心的色彩，从而抹杀了本土文化研究的本真性。[1]

不过，在中国的情况却有所不同。特别是关于多民族社会的研究，体现出了自身的研究特点，在某种意义上恰恰反映了国家人类学所扮演的角色。而国家人类学是和全球不同国家处理多民族社会问题连在一起的，包括由此带来的福利主义、定居化、民族文化的再构等问题，这构成了中国人类学的一大特点。针对目前出现的民族问题，人类学需要重新反思国家话语与全球体系的关系。相信本套丛书会为此提供有力的实证研究实例。

二 民族存在于社会中

我们知道，民族这个单位的存在尽管看上去很明显，然而，未必所有民族都拥有共同的社会组织和政治组织。而且，分散在不同地域上的族群甚至都不知道和自身同一的民族所居住的地理范围。另外，由于长期和相邻异民族的密切接触，某些民族中的一部分人采用了另一个民族的风俗习惯，甚至连语言也随之发生了变化，但其社会组织常常不会发生很大的变化。与社会组织相比，语言、风俗习惯的文化容易变化。因此，把文化作为研究单位，也未必是有效的手段。社会人类学之所以关注社会，是因为对于比较研究来说，希望以最难

---

[1] Tomas Gerholm and Ulf Hannerz, "Introduction: The Shaping of National Anthropologies," *Ethnos* 1-2 (1982): 5-35.

变化的社会组织为研究对象。客观上，作为民族它是一个单位，然而作为社会它就未必是一个单位。因此，以民族为单位作为研究对象，如果离开对其所处社会的研究，并不能达到整体上的认识。

在多元一体格局中，汉族是一个凝聚的核心。在探讨汉族与少数民族的关系中，从历史、语言、文化等视角有了很多的研究积累。不过，以社会人类学的核心概念——社会结构为嵌入点来进行的研究，还不是很多。在中国多民族社会的研究中，正是由于这种多元一体格局的特点，作为多民族社会中的汉族社会的人类学研究，单单研究汉族是远远不够的，还必须要考虑汉族与周边的少数民族社会以及与受汉文化影响的东亚社会之间的互动关系。已故社会人类学家工崧兴教授将其升华为中华文明的周边与中心的理论，即"你看我"与"我看你"的问题。他的一个主题就是如何从周边来看汉族的社会与文化，这一周边的概念并不限于中国的少数民族地区，它事实上涵盖了中国的台湾、香港以及日本、韩国、越南等周边国家和地区。与此同时，少数民族的研究，离开汉族的参照体系，也很难达到研究的完整性。

在这一视角下，"中心"与"周边"在不同的历史和空间的背景下有着不同的含义。华南汉族聚居区相对于中原而言是周边，却是华南这一区域内部的中心，特别是相对于周边山地少数民族时，又表现出华南区域内部的"中心"与"周边"的对应关系。此外，即使汉族内部，因为分属不同的民系，他们之间也存在"周边"和"中心"的对应。这一点可以非常有效地衍生出在不同时空背景下"中心"和"周边"的转化。华南及其周边区域的族群分布和文化特征与秦汉以来汉人的不断南迁有着密切的联系，在某种程度上甚至可以说，华南地区的族群分布和文化特征是汉人和其他各个族群互动而导致的结果。

华南在历史上即为多族群活动的地域，瑶族、畲族、苗族等少数民族及汉族的各大民系（广府人、客家人、潮州人、水上居民）都在此繁衍生息，加上近代以来遍布于东南亚以及世界各国的华侨大多来自这一地域，所以在对华南与东南亚社会及周边族群的研究中，应把从"中心"看"周边"的文化中心主义视角，依照上述个案中的表述那样，转为"你看我、我看你"的互动视角，同时强调从"周边"看"中心"的内在意义，即从汉人社会周边、与汉民族相接触和互动的"他者"观点，来审视汉民族的社会与文化。例如，笔者通过在华北、华南的汉族、瑶族和蒙古族的研究以及对日本的家与社会结构的讨论，揭示了从周边的视角重新认识汉人社会的结构和文化的意义。这一研究在经验研究基础上，将历时性与共时性有机地结合起来，在社会、文化、民族、国家与世界体系的概念背景下，讨论了社会结构比较研究的可能性及其方法论意义。

关于民族问题，大多数国外学者没有抓住国家人类学的本质与根本问题。中国多民族社会应回应什么问题？我觉得有几个方面的问题值得关注。第一，中国民族的丰富多样性，涵盖了不同类型社会，这是静态的；第二，从动态的角度看，在民族流动性方面可以和西方人类学进行有效的对话；第三，关于文化取向，学者们常用文化类型来讨论"小民族"，却从作为问题域的民族来讨论"大民族"，这存在一定的问题。

从这个角度来看，海外的中国研究里面对于中国民族研究有两种取向。一种是偏文化取向，如对西南民族的文化类型进行讨论。而另一种取向将藏族等大的民族放到作为问题域中的民族来讨论。这反映了人类学和民族学的两大取向：文化取向和政治取向。

但不论采取什么取向，我们首先要强调，任何民族研究应当是在民族历史认同的基础上来展开讨论，不能先入为主地认为某一个民族是作为政治的民族，而另一个民族则是作为文化的民族。相当多的研究者在讨论中国民族的时候，是站在一种疏离的倾向中来讨论问题，忽视了民族之间的互动性、有机联系性和共生性。也就是说，他们将每个民族作为单体来研究，而忘记了民族之间形成的关系体，即所有民族形成了互联网似的互动中的共生关系。这恰恰就是"多元一体"概念为什么重要的原因。多元不是强调分离，多元只是表述现象，其核心是强调多元中的有机联系体，是有机联系中的多元，是一种共生中的多元，而不是分离中的多元。

我以为，"多元一体"概念的核心事实上是同时强调民族文化的多元和共有的公民意识，这应当是多民族中国社会的主题。这也是本丛书着重强调"民族是在社会中"的道理所在。因此，本丛书的"民族"并不仅仅是少数民族的"民族"，而且是把汉族也纳入民族范畴来展开讨论。

三　民族的全球话语与世界单位

在全球化过程中，不同的文明之间如何共生，特别是作为世界体系中的中心和边缘，以及边缘中的中心与边缘的对话（如相对于世界体系西方中心的观点，中国这样的非西方社会处于边缘的位置。而在中国历史上就存在着"华夷秩序"，形成了超越现代国家意义上的"中心"和"边缘"），周边民族如何才能不成为"永远的边缘民族"的话题，越来越为人类学所关注。20 世纪可以说是文化自觉被传承、被发现、被创造的世纪。这一文化也是近代以来"民族—国家"认同的一个重要源泉。在中国这样一个多民族社会中，不同文化之间的共生显得非常重要，事实上，在我们的理念中，又存在着一种有形无形的超越单一民族认同的家观念——中华民族大家庭，这个家乃是民族之间和睦相处的一种文化认同。

我记得 2000 年夏北京召开"国际人类学与民族学联合会（IU-AES）"中期会议前，费先生把我叫到家里，说他要在会上发言，他来口述，我来整理。在他的书房里，我备好了录音机，先生用了一个多小时，讲了他的发言内容。我回去整理完后发现，需要润色的地方很少，思路非常清晰。我拿去让先生再看一遍，当时还没有题目。先生看过稿后，用笔加上了题目，即《创造"和而不同"的全球社会》。由于当时先生年事已高，不能读完他的主题演讲的长文，他开了头，让我代他发言。

先生在主题发言中所强调的，正是多民族之间和平共处、继续发展的问题。如果不能和平共处，就会出现很多问题，甚至出现纷争。实际上这个问题已经发生过了。他指出，过去占主要地位的西方文明即欧美文明没有解决好的问题，就在于人类文化寻求取得共识的同时，大量核武器出现、人口爆炸、粮食短缺、资源匮乏、民族纷争、地区冲突等一系列问题威胁着人类的生存。特别是冷战结束后，原有的但一直隐蔽起来的来自民族、宗教等文化的冲突愈演愈烈。从这个意义上说，人类社会正面临着一场社会的"危机"、文明的"危机"。这类全球性问题所隐含的危机，引起了人们的警觉。这个问题，原有的西方学术思想还不能解决，而中国的传统经验以及当代的民族政策，都符合和平共处的逻辑，可以为解决这一问题提供有益的思路。

费先生在那次发言中还进一步指出，不同国家、不同民族、不同宗教、不同文化的人们，如何才能和平相处，共创人类的未来，这是摆在我们面前的课题。对于中国人来说，追求"天人合一"为一种理想的境界，而在"天人"之间的社会规范就是"和"。这一"和"的观念成为中国社会内部结构各种社会关系的基本出发点。在与异民族相处时，中国人把这种"和"的理念置于具体的民族关系之中，出现了"和而不同"的理念。这一点与西方的民族观念很不相同，这是因为历史发展的过程不同，历史的经验不一样。所以中国历史上所讲的"和而不同"，也是费先生的多元一体理论的另一种思想源流。承认不同，但是要"和"，这是世界多元文化必走的一条道路，否则就要出现纷争。只强调"同"而不能"和"，那只能是毁灭。"和而不同"就是人类共同生存的基本条件。

费先生以"和而不同"这一来源于中国先秦思想中的文化精神，从人类学的视角，理解全球化过程中的文明之间的对话和多元文化的共生，可以说是在建立全球社会的共同的理念。这一"和而不同"的理念也可以成为"文明间对话"以及处理不同文化之间关系的一条原则。

与这相关的研究是日本京都大学东南亚研究中心在 20 世纪 90 年代初就提出的"世界单位"的概念。所谓世界单位，就是跨越国家、跨越民族、跨越地域所形成的新的共同的认识体系。比如中山大学毕业的马强博士，研究哲玛提——流动的精神社区。来自非洲、阿拉伯、东南亚和广州本地的伊斯兰信徒在广州如何进行他们的宗教活动？他通过田野调查得出不同民族、不同语言、不同国家的人在广州形成了新的共同体和精神社区的结论。[1] 在全球化背景下跨界（跨越国家边界、跨越民族边界和跨越文化边界）的群体，当他们相遇的时候在某些方面有了认同，就结合成世界单位。项飚最近讨论近代中国人对世界认识的变化以及中国普通人的世界观等，都涉及中国人的世界认识体系的变化，不仅仅是精英层面的变化，事实上连老百姓都发生了变化。[2] 这就需要人类学进行田野调查，讲出这个特点。

流动、移民和世界单位这几个概念将构成中国人类学走向世界的重要基础。这些年我一直在思考，到底中国人类学有什么东西可以出来？因为早期的人类学界，比方说非洲研究出了那么多大家，拉美研究有芮德菲尔德、列维-斯特劳斯，东南亚研究有格尔茨，印度研究有杜蒙，而中国研究在现代到底有何领域可进入国际人类学的叙述范畴？我们虽然说有很多中国研究的东西，但即使是弗里德曼的研究也还不能构成人类学的普适化理论。

我觉得这套理论有可能会出自中国研究与东南亚研究的过渡地带。在类似于云南这样的有跨界民族和民族交流的地带，很可能出经典。为什么？不要忽视社会主义意识形态。跨界民族在不同意识形态中的生存状态，回应了冷战结束后的人类学与意识形态的关联。许多人认为冷战结束后意识形态就会消失，但现实的结果却是意识形态反而会强化，这种强化的过程中造成同一个民族的

---

[1] 马强：《流动的精神社区——人类学视野下的广州穆斯林哲玛提研究》，中国社会科学出版社，2006。

[2] 项飚：《寻找一个新世界：中国近现代对"世界"的理解及其变化》，《开放时代》2009 年第 9 期。

分离，回应了二战后对全球体系的认知理论。同时，不同民族的接合地带，在中国国内也会成为人类学、民族学研究出新思想的地方。其实费孝通先生很早就注意到多民族接合地带的问题，倡导对民族走廊的研究。我们今天不仅仅要会用民族边界来讨论，也需要注意民族接合地带，如中国的蒙汉接合地带、汉藏接合地带，挖掘其特殊的历史文化内涵。

此外，与中国的崛起和经济发展紧密相连，本丛书还会关注中国人类学如何进入海外研究的问题。

第一，海外研究本身应该放到中国对世界的理解体系中，它是通过对世界现实的关心和第一手资料来认识世界的一种表述方式。第二，强调中国与世界整体的关系，这种关系是直接的。比如中国企业进入非洲，如何回应西方提出的中国在非洲的新殖民主义的问题？人类学如何来表达特殊的声音？第三，在对异文化的认识方面，如何从中国人的角度来认识世界？近代以来有这么多聪明的中国人，他们对世界的看法已经积累了一套经验。这套对海外的认知体系与我们今天人类学的海外社会研究如何来对接，也就是说，中国人固有的对海外的认知体系如何转化成人类学的学术话语体系。还有就是外交家的努力和判断如何转化成人类学的命题。第四，海外研究还要强调海外与中国的有机联系性，如"文化中国"的概念，如何从人类学的角度来理解？5000多万名华人在海外，华人世界的儒家传统落地生根之后的本地化过程，以及它与中国本土社会的联系，恰恰构成了中国经济腾飞的重要基础。我们可以设问，如果没有文化中国，中国经济能有今天吗？

在东南亚各国，华人通常借助各类组织从事经济活动。各国华人企业之间以及它们与华南社会、港台之间存在着一定的社会经济关系网络。共同的语言、共同的文化传统以及血缘、地缘关系的纽带，使得移居海外的人们很自然地与他们的同胞及中国本土保持联系。同时，他们在其社会内部保持和延续了祖居地的部分社会组织和文化传统。20世纪80年代后，人类学对于这一领域的研究兴趣聚焦于"传统的创造"。

对于"传统"的延续、复兴和创造以及文化生产的研究，是人类学以及相关社会科学的一个重要领域。这里的传统主要指与过去历史上静态的时间概念相比，更为关注动态的变化过程中所创造出来的"集团的记忆"。其他方面的研究还有海外华人的双重认同——既是中国人，也是东南亚人；城市中华人社区的资源、职业与经济活动、族群关系、华人社区结构与组织、领导与权威、学校与教育、宗教与巫术、家庭与亲属关系，进而提出关于社会与文化变迁的理论。

海外研究一定要重视跨界民族。这一部分研究的贡献在于与中国的互动性形成对接。此外，现在很大的问题就是中国人在海外，不同国家的新移民的问题，如贸易、市场体系的问题，新的海外移民在当地的生活状况亦值得关注。同时，不同国家的人在中国其实也是海外民族志研究的一部分。我觉得海外民族志应当是双向的。中国国内的朝鲜人、越南人、非洲人等，还有在中国的不具有公民身份的难民，也都应该构成海外民族志的一部分。这部分的研究一方面是海外的，另一方面又是国内的。海外是双向的，不局限于国家边界，海外民族志研究应该具有多样性。

四　民族的研究方法：社区调查与比较研究相结合

传统人类学的研究方法，是在一个村庄或一个社区通过参与观察，获得研究社区的详细材料，并对这一社区进行精致的雕琢，从中获得一个完整的社区报告。这样，人类学的发展本身为地方性的资料细节所困扰，忽视了一种整体的概览和思考。很多人类学者毕生的创造和智慧就在于描述一两个社区。这种研究招来了诸多的批判，但这些批判有的走得很远，甚至完全脱离人类学的田野来构筑自己的大厦。在我看来，人类学的研究并不仅仅是描述所调查对象的社会和文化生活，更应关注的是这一社区的社会和文化生活相关的思想，以及这一社会和文化在整体社会中的位置。同时，还要进入与不同社会文化的比较研究中去。因此，人类学者应该超越社区研究的界限，进入更广阔的视野。

我在研究方法上，是把汉族社会作为研究的一个参照系，从而认识受汉族文化影响的少数民族，从中也能窥得文化的分化和整合，这种研究方法最终是为了更好地反映包括少数民族在内的中国社会的结构特点。关于汉族的家观念与社会结构，可参看我的《家与中国社会结构》[①] 一书，在此不赘述。

在中国这样一个统一的多民族国家体制下，人们生活在这一国土上的多民族社会中，相当多的民族都在不同程度上接受了汉族的儒学规范，那么，其社会结构与汉族社会相比表现出哪些异同？如我所调查的蒙古族，受到了汉族文化的强烈影响，这种影响导致他们的经济、社会、文化等发生了重大的变迁。因此，仅研究单一民族的问题，已显得远远不够，且不能反映社会的事实基础，需要我们从民族间关系、互动的角度来展开研究。

---

① 麻国庆：《家与中国社会结构》，文物出版社，1999。

我写《作为方法的华南》时，很多人觉得这个标题有点怪，其实我有我的说理方式。一是区域的研究要有所关照，比如弗里德曼对宗族的研究成为东南汉人社会研究的范式①，他在后记里提到一个很重要的命题，就是中国社会的研究如何能超越社区，进入区域研究。有很多不同国别的学者来研究华南社会，华南研究在某种程度上形成了中国社会研究的方法论的基础，是很重要的基础，我在这个意义上来讨论问题。并且，它又能把静态的、动态的不同范畴包含进来。在一定意义上，人类学传统的社区研究如何进入区域是一个方法论的扩展，用费先生的话来说就是扩展社会学的传统界限。人类学发展到一定程度后，如何来扩展研究视角，如何进入区域，是一个重要的问题。

与方法论相关的另一个问题是，作为民俗的概念如何转化成学术概念。在20世纪80年代，杨国枢和乔健先生就讨论过中国人类学、心理学、行为科学的本土化，而本土化命题在今天还有意义。当时只是讨论到"关系""面子""人情"等概念，但在中国社会里还有很多人们离不开的民间概念，如分家、娘家与婆家。还有像我们很常用的概念，说这人"懂礼"。那么，懂礼表现在哪些方面？背后的观念是什么？比如说这人很"仁义"，又"义"在何处？这些都是中国研究中很重要的方面。藏族的房名与亲属关系相关，还通过骨系来反映亲属关系的远近。这些民俗概念还应该不断发掘。再如日本社会强调"义理"，义理如何转换成学术概念？义理与我们的人情、关系、情面一样重要，但它体现了纵式社会的特点，本尼迪克特在她的书中也提到这一点。②民俗概念和当地社会的概念完全可以上升为学理概念。

这也涉及跨文化研究的方法论的问题。就像费先生说的要"进得去"，还得"出得来"。一进一出如何理解？为什么跨文化研究和对他者的研究视角有它的道理，其实就是相当于井底之蛙的概念，在井里面就只能看到里面。还有"不识庐山真面目"的说法，都反映了这些问题。中国人这些传统智慧恰恰是和我们讨论的他者的眼光或跨文化研究是一体的，判断方式是一样的。

要达到对中国社会的认识，就要扩大田野。田野经验应该是多位的、多点的，这很重要。部分民族志之所以被人质疑，是因为民族志的个人色彩浓，无法被验证。但是如果回到刚才所讨论的人类学学理框架里面，回到人与问题域的关系的状态里面，这些问题比较好解决。

本丛书的意义，就是将民族研究在上述几个方面的取向以经验研究加以表

---

① Freedman Maurice, *Lineage Organization in Southeastern China*, The Athlone Press, 1958.

② 〔美〕鲁思·本尼迪克特：《菊与刀》，吕万和等译，商务印书馆，1990。

现。行文至此，恩师费孝通先生在 2000 年夏天接受日本《东京新闻》记者采访时提到的"知识分子历史使命"的话语，又回响在我耳畔。费先生强调，"知识分子的本钱就是有知识，他的特点长处就是有知识，有了知识就要用出来，知识是由社会造出来的，不是由自己想出来的。从社会中得到的知识要回报于社会，帮助社会进步，这就是'学以致用'，这是中国的传统"。这也正是先生所倡导的"阅读无字社会之书"、行行重行行、从实求知、和而不同与文化自觉的人类学的真谛所在。在这条路上，我们任重而道远。

序

两头家：认识华人社会的一把钥匙

麻国庆

我对于今天所说的区域国别研究兴趣，始于我 1986 年到中山大学人类学系读硕士期间。当时中大很开放，有很多海外的学者来讲学。我选的"社会学理论"和"发展社会学"等课程就是在社会学系学习的。授课的老师常常讲到海外华人的研究。在人类学系讲座和课程涉及海外华人的更多。当时在广东做过田野调查的海外学者，很多侧重于华侨华人的研究，特别是对故乡和他乡的比较研究较为集中。对于我这样一个在内蒙古出生长大的年轻人来说，这些都是全新的领域，甚至在内蒙古我连祠堂也没有见过。而在华南广东，祠堂是区域文化的重要文化载体，特别是侨乡的祠堂更是凝聚海外华人的中国情结的场所。后来我到东京大学做联合培养博士，导师是末成道男老师。当时老师正在做越南研究，课上和每月的研究会也都会讨论东南亚研究的最新成果，特别是中国华南和东南亚的区域流动和华人的田野研究。而我自己在做汉族社会的家的研究时，海外华人的研究是重要的研究领域。后来从北大到中山大学工作后，我更加关注华南和东南亚的社会文化互动的关系。希望我带的博士生能够做一个他乡与故乡对接的研究，特别是通过田野资料来呈现急剧变迁的侨乡和从侨乡出去的华侨与故乡的关系纽带。目前读者看到的陈杰博士的专著《"两头家"：华南侨乡的家庭策略与社会互动》，就是这一领域研究的成果。

我们知道，1949 年以后，当时出国谋生的华侨由于各种原因留在了所在国。很多人还很年轻，当时出国前在家乡已经成家，家里也有妻儿老小，由于特殊的国内国际的形势，这批华侨没有回来，在海外又成家生子，形成了一个男人有两个家的状况。也就是说，1949 年到 1978 年近 30 年的时间里，下南洋或者闯欧美的人大部分无法回国，他们在当地又组成了家庭，原来的家庭依然存在，就形成了"两头家"。当然这个研究的核心概念也不是一开始就确定的，而是在与陈杰不断讨论中最后才凝炼出来的，将一个民间的概念转化成一个华侨华人研究中的学术真问题的关键词。这让我联想到指导作者博士论文的写作过程，或许对于今天的博士生撰写论文有所启发。

陈杰的老家是海南东北部的 W 县，他的出生和成长地又在海南西部的儋州市，他告诉我，每年大的节日，其家人就跨越一百多公里的路途，回到日常已经没人居住的祖宅，打扫房间，置办年货。一起回来的还有在全国各地的堂兄弟几家人，尤其是春节和清明这类的节日，他们一大家族就在老家团聚，拜祭祖先。他说的这种与家乡的联系，也让我印象深刻。而且陈杰还告诉我，他的家乡是海南著名侨乡，他的爷爷就是泰国的归侨，对侨乡及华侨的文化，他有天然的亲近感。但也正如他在本书中说到的："每年春节，父母都会带着我们这些孩子返回老家。因此，这样一个与侨乡若即若离的关系给了我很多的优势，不会因为对侨乡社区太熟悉而少了异文化的冲击感和新鲜感，同时语言和身份的便利又使我很容易融入当地社区人们的社会生活中。"

在我看来，"两头家"的研究在华南研究中具有特殊意义，陈杰所做的这方面研究也是我讨论的作为方法的华南，跨区域社会体系的重要民族志成果。我自己的研究兴趣一直强调从人类学的角度来把握中国的家族研究，以文化、民族与跨国网络的视角，"两头家"作为一个以社区变迁与"两头家"家庭史结合的民族志，为中国汉人社会和华侨华人的家族研究提供了非常好的研究范本。

我一直强调在一个环南中国海区域背景里，对海南岛的研究应该把它和大陆体系、东南亚体系以及海洋体系有机地结合在一起，因为海南岛本身不一定仅仅是海洋文化，它还包含着很多大陆文化的因素。海南岛的人类学研究要把岛屿纳入到中国整体的文化体系中，关注岛屿人群的流动，其中最具有代表性的是侨乡研究。[①]

现在回想起来，陈杰的博士论文选题是一个曲折反复的过程。他早期一直漂，不断地在变概念、变问题，有什么新的理论或概念，就喜欢追逐。但从中也可以看到他一系列思考和探索，这毕竟是一个年轻研究者的成长历程。我在培养学生时，通常会组织大家一起讨论自己的田野发现，尤其在每次开题、预答辩、答辩之前的演习，让每个学生在同门师兄弟面前分享和陈述，在每一次类似成人仪式般的锤炼下，让每个学生慢慢对研究形成概念，对学问心存敬畏。陈杰在早期的博士论文开题过程中十分纠结，也错过了国家留学基金委资

---

① 麻国庆：《海南岛：中国人类学研究的实验室》，《广西民族大学学报（哲学社会科学版）》2014 年第 5 期。

助的海外田野的一次机会。他的思路历程也反映了人类学年轻学人在田野中提炼问题和关键词如何成形的过程。他一共进行了几次开题，呈现的观点和问题显示了他从理论中出来到田野中去，再从田野中出来回到理论提炼，螺旋往复、循序渐进的过程。当然，身为学生，最初的开题没有顺利通过，他的苦闷和挣扎老师们也看在眼里。但即使如此，我仍是非常清醒，知道他的研究的重要性，并不断从他经过深入田野调查后带回来的田野资料、田野发现中逐渐明晰，他的研究从个体到家庭到整个社区的变迁，要由一个什么样的关键词来串联起来。

下面从陈杰的论文题目和论文主旨的变化可以看出他的田野和思考的演进过程。如 2005 年 12 月开题题目是"汉文化的中心与周边——以泰国琼属华人文化认同为例"，他想采用人类学的研究方法，深入泰国曼谷地区的琼属华人社会，特别是以泰国分布广泛的海南会馆为依托。以华人的亲属关系、社会组织、文化认同、族群关系、移民网络等作为调查研究的中心议题；计划以泰国本土分布广泛的海南会馆为田野调查点，深入探究会馆作为华人方言群文化认同的组织结构所发挥的文化意义。2006 年 3 月开题题目是"海南侨乡社会与泰籍琼属华人的社会网络研究"，拟以海南东北部侨乡村庄与泰籍琼属华人社会的社会网络互动为主线，观照海外华人这样一个典型的"越境移民族群"在不同历史时期、文化背景下在祖居地与侨居地，对于血缘、地缘共同体的日常实践感知，从而揭示改革开放后华人资本对于侨乡的宗族组织、传统主义复兴的推动作用。2007 年 11 月开题题目是"家的传统与变迁：迁徙与家园"，研究拟以多点民族志的方法，考察以海南祖乡为中心移民到泰国及其他地方的宗族群体的家庭史。通过描述分析这些宗族成员如何在日常实践中实现对"家"的展演与建构，进而探究移民过程中"家"在不同文化下的传统与变迁。他的这些思考过程反反复复、几易其稿，但始终找不到一个关键概念把田野与理论窜联起来。直到预答辩前，灵光一闪，一个关键概念浮现出来，我建议他用"两头家"把他的研究聚焦起来。中国早期著名社会学家陈达在《南洋华侨与闽粤社会》中第一次指出了"两头家"这种婚姻家庭现象。[①] 2008 年 3 月预答辩的题目正式修改为"两头家：侨乡的婚姻、家庭与移民"，论文以华南侨乡广泛存在的"两头家"现象为研究中心，追述海南省南村"两头家"的家族史，同时观照该村华侨在泰国的"家"，以此展开侨乡的婚姻、家

① 陈达：《南洋华侨与闽粤社会》，商务印书馆，1938，第 155~157 页。

庭、移民的讨论。通过这些研究来探讨中国文化中"家"的观念在近代华南侨乡的演变。最后，2008 年 5 月正式答辩题目改为"两头家：华南侨乡的一种家庭策略"。在前几次开题和预答辩修改的情况下，论文把主题最终聚焦在"两头家"这种华南侨乡的家庭策略。"两头家"是父系宗族社会的一种需要，是早期华南侨乡移民集体选择的一种家庭策略。

陈杰早期是想从一个两地社会的关系来进行论文的切入的。在这个时期，他经常告诉我，他读我的文章《作为方法的华南》，以及"从周边看中心，从中心看周边"等文化视角的心得与体会。我只是鼓励他多读书认真做田野。陈杰在这个过程中，他设想的从祖乡社会（海南 W 县南村）再到侨居地社会（泰国华人社会）的田野计划最后并没有成功。但柳暗花明又一村，他在南村的田野中发现了大量侨批，访谈了众多"两头家"经历者或亲属，这让我和其他老师都强烈地意识到这是一个非常有独特意义的社会现象，且侨批在一个社区里大量出现，也反映所调查社区借助"两头家"不断展演着跨境、流动、谋生与返乡的故事。我在他的历次开题和讨论过程中，我就提到这个研究的定位，既不是社区研究，也不是简单的个人家庭生活史研究，而应该是在"两头家"这个关键概念下将南村的社区与个人口述史结合起来。陈杰在纠结和挣扎的思考中，最终明确下来，以"两头家"这个社会现象作为关键词，进而探讨南村村民在近百年的流动移居的过程中形成的一种家庭策略，而这种集体选择是当地社会与文化作用的结果。从丰富的田野资料和口述访谈中，陈杰逐渐找到了探索当地地方性知识的研究钥匙。

陈杰的博士论文田野点的选择也是在前往海南东北部 W 县侨乡的三个侨村进行初步田野调研的基础上最终确定的。A 村的侨居地是泰国，B 村的侨居地是新加坡，C 村面积最小，但侨居地是泰国及丹麦。田野点的选择对于博士论文尤其重要，在与陈杰多次讨论的过程中，我着重提醒他要关注地方社会的家庭以及社会互动。在陈杰前往三个点调研反馈的基础上，我们经过几次讨论将田野点选择在侨居地为泰国的一个单姓宗族自然村。这个后来起学名叫南村的村落，几乎每家都有侨居泰国的亲属，且在祖乡到他乡两地都有成熟规模的宗族组织和网络。陈杰在田野中深入访谈的"两头家"个案计 15 个（家族成员生活在村子的）；另据村民口述可以统计到的"两头家"有 57 个；此外，在南村期间，他接触和访谈的回乡探亲华侨及香港同胞超 30 人。目前呈现在大家面前的著作，就是在此田野点上，经过长时段田野调查基础上所获得的研究成果。本书有几个特点，我想和大家进一步分享。

一 从历史人类学的视角，展示海南岛汉族社会的流动特性

微观历史与跨大陆历史的长期交织构成了学界重新认识亚洲海域的基础。安东尼·瑞德（Anthony Reid）的研究立足东南亚本土社会的立场，描述洲际海上贸易和外国移民对东南亚社会的影响。他认为，人类的历史像一张无缝之网，没有哪一个地区能完全孑然独立，也没有哪一个地区能像东南亚那样与国际贸易如此紧密关联。正如布罗代尔的研究揭示了一个广阔海域的"共同命运"，又展示了其文化与社会的多样性，瑞德也相信将这种研究方法运用于素有"季风吹拂的土地"之称的东南亚也能获得巨大成果。南中国海温暖而平和的海域把东南亚联成一体，从 15 世纪至 17 世纪，海洋贸易的快速增长急剧扩大了区域内国际化大都市的规模与功能，并加强了各都市之间、各都市与外界的相互联系。围绕这些城市，东南亚国家开始形成并发展壮大，宗教、文化以及更多的世俗思想也在区域内繁荣兴起。① 37 年前，费孝通先生在探索中国内发型发展道路时，就对海南岛提出过很高的期待，"天涯仅咫尺，海角非极边"。② 我在多年前曾经讨论过，在环南中国海区域背景里，海南岛处于一个大陆体系和海洋体系相互推动中而发展起来的特殊的岛屿文化体系中，海南岛的社会和文化问题促使学界从方法论上重新思考"多元一体"这一概念，在海南岛的理论和实践的基础上重新审视多元化的族群构成与地域文化。通过梳理海南岛的人类学研究脉络，旨在探寻海南岛研究的方法论意涵，即基于山、江、海的这种复杂关系，把海南岛的研究作为环南中国海区域研究的重中之重，将民族走廊地区、少数民族社会、跨越国界华人社会、东南亚与中国华南交往体系的研究放在一个整体上来考虑，从一个侧面，可以看到海南岛作为开放的人类学研究实验室的意义所在。③ 中国文化在大陆体系里面消失的东西，可能会在海南岛里面能够看到，这是岛屿社会的特殊性，其中反映汉族社会的流动特性的侨乡研究最有代表性。海南早期出洋谋生的人们主要集中在岛屿东部与东北部沿海地区。海南研究从历史人类学的视角，有其重要的意义，有学者总结说，最近 500 年来，各方强权势力进入南中国海区域，纵横捭阖、兴衰更替的历史存有很多原始文献，有待进一步发掘，包括环南海航海记录、档

① 〔澳〕安东尼·瑞德：《东南亚的贸易时代：1450—1680（第二卷）》，孙来臣、李塔娜、吴小安译，商务印书馆，2010。
② 费孝通：《海南曲》，《费孝通文集》（第 10 卷），群言出版社，1999。
③ 麻国庆：《海南岛：中国人类学研究的实验室》，《广西民族大学学报（哲学社会科学版）》2014 年第 5 期。

案、大型调查报告、各区重要文献等，有助于我们加强认识自身与周边历史的演变过程。①

早在明清更替之际，就有海南人背井离乡，到海外闯天下。陈杰在本书中引用有关资料指出，从 1867 年至 1898 年的 22 年间，仅通过客运出洋的海南人（包括从琼州转香港出去）就达到了 24.47 万人，平均每年 1 万多人。清代中叶，海南岛人口约 150 万人；1928 年，人口也不过 220 万人。但移民到东南亚的人口，1930 年约 55 万人，1948 年超过 65 万人。而陈杰调查田野点南村所在的 W 县移民人数最多，且以侨居泰国为主，南村几乎家家户户都有侨居泰国的亲属。二战之后，海外华侨社会发生深刻的变化，90% 以上的琼侨及其后裔加入了当地国籍，成为居住国公民。但这些华人随着国内政治形势的开放，更加紧密地与家乡保持着联系。陈杰所描述的南村侨乡社区就是这样一个典型案例。

二 家庭策略与社会变迁

家庭策略（family strategy）这一概念，顾名思义是强调家庭本身的主体性、能动性和其应对复杂多元化社会中的调整与适应，并对家庭的运行和发展，做出合理的安排。在国外家族史的研究中，对家庭策略较早做出解释的是本尼迪克特·安德森（Benedict Anderson，1936－2015）。他在 40 多年前就强调："如果我们要理解亲属关系模式中的多样性及其变化，唯一有效的方法就是有意识地明确认识，维持一种亲属关系模式的家庭成员有无获得利益"② 在全球化背景下，随着资本、劳工、商品等跨国流动的日益频繁，传统的边界被逐步打破，一个整体性和多样性相结合的跨区域网络体系逐渐延展，而区域内多种社会网络及象征体系则是这个区域社会得以延续的基础。以我们团队长期聚焦的环南中国海区域而言，在物质交换的过程中，也带动了社会网络在更广泛层面上的扩展和流动。在这种跨界的生活中，要理解文化心态的生成、社会结构的转型，依然要从家庭出发，特别是从家庭策略的视角，"家"的概念在不同维度中发挥着不同的作用，在移民地重构产生的家，往往将传统元素整合进跨国家庭中，以塑造稳定且完整的"家"。陈杰书中呈现的在华南侨民中普遍存在的"两头家"形式，也架起了本地华人社会与中国本土社会的桥梁，为理解侨乡社会的传统文化和社会结构提供了较好的研究个案。

---

① 陈博翼：《稀见环南海文献再发现：回顾、批评与前瞻》，《东南亚研究》2020 年第 3 期。
② 转引自麻国庆《家庭策略研究与社会转型》，《思想战线》2016 年第 3 期。

在南村的案例中，陈杰回顾南村"两头家"大致形成和演变的历史。在50多年的时间里，"两头家"无疑是南村村民移居他地的社会结构性动力所在。他期望展现这段历史以探究侨乡人如何在不同历史时期因应政策、形势、文化与社会环境所采取不同家庭策略的主题。这种策略性的家庭生活，为我们理解"家"这个在中国社会中具有核心地位的基本社会单位是如何在历史结构与社会变迁过程中发生演变提供了例证。

在现代社会中，家庭策略往往依据男性和女性经济上的收益、结婚、生子和离婚的利弊、决策的机会成本而发生变化。而华南侨乡家庭的特殊性主要体现在移民性与宗族特征上。"两头家"就是早期华南侨乡一种特殊的婚姻家庭组织形式，采用家庭策略的视角，我们可以将宏观社会变迁的背景与家庭成员互动结合起来考察这一现象。"两头家"不是一种标准的婚姻家庭类型，是父系宗族社会的一种需要，也是早期华南侨乡移民集体选择的、迫不得已的一种家庭策略。这一家庭策略又进一步扩展影响到家族以及地缘关系网络中其他的个体家庭。反之，从个体家庭的"小窗口"出发，我们看到的是现代化、全球化带来的深刻影响，这种变化是实实在在、可以触摸的，所以我认为，家庭策略是理解跨界生活和全球社会的重要视角。"两头家"就是这样一把打开"小窗口"的钥匙。

三　宗族复兴与文化传承

中国的宗族兼有在血缘、地缘、利益三者基础之上的全部社会组织原则。它既是以血缘为主的亲属群体，又是聚族而居的地缘单位，同时还具有很多社会功能，即宗族组织的成员有许多依据共同利益而做的集体决策与行为。在控制基层社会方面，宗族的功能具有内外两面。内部功能是指对宗族内成员的控制与保护，外部功能是指通过控制其他宗族或与其他宗族相联合，进而控制与治理地方公共事务。当中央政府无法对基层社会实行有效控制时，势力雄厚的大族往往取而代之，充分显示其外部功能。近代以来，西方资本主义的扩张，国内的革命运动，使得中国的王朝秩序动摇并解体。在这一过程中华南华东等地的宗族得以在民间快速发展。在一定意义上传统社会的二元结构导致民众血缘和地缘更加得以统一，唤醒了宗族的社会网络。而在侨乡这一网络成为海外华人重要的生存策略。正如傅衣凌先生所言，传统中国农村社会的所有实体性和非实体性的组织都可被视为乡族组织，每一社会成员都在乡族网络的控制之中，并且只有这样才能确定自己的社会身份和社会地位。实际上也就是"公"

和"私"两大系统互相冲突又互相利用的互动过程……接着他又提到即使在中国沦为半封建半殖民地社会，在这一新的社会中，传统中国多元的社会结构并未有根本改变，相反的，它很好地适应了变化中的社会环境，表现了很强的生命力。直到今天，从社会、政治生活中存在的专制主义、官僚主义、裙带关系、迷信活动和宗族势力等等现象，仍然可以看到这社会结构的残余。[①] 这一"残余"即使在今天仍然能看到其强劲的生命力。改革开放后，沿海地区宗族的复兴和来自海外华人的推动有着直接的关系，在一定意义上也是文化的复兴和社会再生产的过程。

陈杰在田野调查之初关注的是侨乡社会与海外华人社会的互动与关系。随着研究的深入，他的田野资料中呈现出丰富而深刻的"两头家"案例，这些案例反映了文化的传承和社会的延续特点。如果对应孔迈隆的经济视角，即将家庭经济视为台湾南部客家农村维持大家庭的决定性要素，那么"两头家"中的男人在侨居地泰国娶妻有助于他"起水"（即发家致富）。陈杰在书中介绍"两头家"时，将在国内娶的妻子称为"唐山妻"，而将在南洋娶的妻子称为"番妻"。因而"番"与"唐山"构成了"两头家"对应的概念。正如他在书中所说："如伍世伟的父亲娶当地番妻后，可以依靠番妻从上一辈继承下来的大片土地谋生，因在泰国男女在继承权上是平等的，且早期泰国乡下土地资源丰富，华侨在当地娶妻后可以借此在泰国站稳脚跟。"

同时，"两头家"如果从文化视角即文化传统的维度也蕴含着丰富的意义。"两头家"得以在南村这类华南侨乡大量存在，离不开华南宗族社会反映的种种男性主导的礼仪、信仰等文化要素。南村人的观念中总要有男性子孙在家，在家乡娶妻生子，这样香火才可以延续。这是侨乡男子有动力在家乡与他乡都娶妻生子的文化因素，在他乡成家是为了谋生，而在家乡建立家庭把"根"留住，这为其家族后裔回归祖国故土寻根祭祖留下可能，这也是华南宗族文化强大凝聚力的生动体现。

改革开放以来，作为传统社会组织的宗族以及同姓团体的祭祖等仪式，出现了复兴甚至被重新创造的趋势。祖先作为社会结构永久连续的象征，在对祖先的追忆中，成为社会集团不断强化社会认同的重要方式。陈杰所描述的南村也是一个典型的宗族村落，在南村的地方语境中几个房支的亲疏远近是重要的社会规则，尤其在祭祀、大型的村落活动甚至日常村落资源的争夺中都会呈现

---

① 傅衣凌：《中国传统社会：多元的结构》，《中国社会经济史研究》1988 年第 3 期。

出来，这是以宗族血缘为脉络发展出来的文化规范与社会规则。同时，这个村落前往泰国的华人中也形成了一个扩大化的联宗组织和同姓结合团体，以及在血缘和地缘关系基础上形成的同乡同业社会经济系统，这也是"祖先力量"在移居地的再现与创新。旅居泰国的南村宗族首领多是在越南战争时期以开旅店而发家致富，而族人们也多数在这个行业所庇护的链条谋生。

著名人类学家许烺光对家庭与文化的关系有深入的研究。他认为，家庭形态的不同固然影响差异甚大，但是家庭中成员关系的特性才是影响文化的关键所在。许烺光认为，中国的家庭成员关系以父子关系为主轴，因此中国文化就是以这种父子轴的家庭关系为出发点而发展形成的。这种延续的观念扩大到整个民族，便成为维系数千年历史文化没有中断的重要力量。[1] 我曾在《类别中的关系：家族化的公民社会的基础——从人类学看儒学与家族社会的互动》一文中详细分析过中国社会"类中有推"的结合原则。[2] 在陈杰的文本中，我们多次可以看到其描述看到当地社会的"群"的边界，以及其"推"的原则，"在海外谋生的情境中，'兄弟'、'父兄'这样带有深刻宗族血缘意涵的概念是存留在每个华侨意识深处的。南村的伍氏村民在生活的方方面面显示出血缘亲疏远近，并以宗族房支的区分作为自己日常生活中的潜规则。"

陈杰在多次观察南村红白喜事等具有仪式感的村落活动后做了如下总结："南村的乡土社会经过几百年发展至今，其结构已经发生了巨大的改变。从宗族来看，伍氏宗族的五个房支是南村宗族划分的基本单位，往往在一些祭祀、红白喜事等具有浓厚大家族氛围的活动中可以看到各房支的划分若隐若现，村民对于自己属于什么房支是十分清楚的，但在平时的生活实践中并不是十分明显的表现出来，只是在一些特殊情境中才能感觉到这种划分是确确实实存在的。"

此外，改革开放以来的宗族复兴是与侨乡的祠堂修建、乡村学校复办以及以家庭为单位的祖屋新宅的修建为表征的。华侨与其侨乡亲属围绕"家"、"宗族"认同通过不同的家庭策略及日常实践建构起跨国的社会共同体。"两头家"是理解南村这类侨乡社会变迁的关键，改革开放后华侨与祖乡的联系日益紧密，尤其是"两头家"的华侨与家庭成员，他们推动了南村的宗族复兴。从家庭来看，他们寄来侨汇，修建祖屋，"做斋"祭念祖先，"做婆祖"来

---

① 麻国庆：《家庭策略研究与社会转型》，《思想战线》2016 年第 3 期。
② 麻国庆：《类别中的关系：家族化的公民社会的基础——从人类学看儒学与家族社会的互动》，《文史哲》2008 年第 4 期。

"许愿祈神"或"还愿酬神"；从村落宗族来看，他们策划重修族谱、祠堂、公共道路，并大力兴办乡村学校。

生活在东南亚等海外的华裔族群经历着长期的认同变迁。一般而言，第一代对中国的认同较深。陈杰在本书中关注了海南侨乡的华侨家庭问题。他发现，"两头家"是第一代华侨惯常采用的家庭策略。由于生于国内，受儒家"孝"传统及祖先崇拜观念等的影响较深，他们在下南洋前或积累足够金钱后回国娶亲，国内的妻子通常为正室。但是，华侨大部分时间不在故乡，他们便常在居住国另娶妻子，是为侧室。可以说，"两头家"是第一代华侨在儒家文化传统和现实生存需求之间的一种适应性抉择，是当时集体选择的家庭策略。第二代之后"两头家"的现象就基本不存在了。现在，经过较多代际繁衍，华人的认同出现了多元复杂的局面。此外，新老华人在文化、国家、族群等方面的认同面临着新的碰撞、抉择与适应等诸方面的新问题。

四 永远的家：流动、区域与网络

我们在讨论中国式现代化时，重要的焦点之一就是中国优秀传统文化和现代化的有机结合，传统和现代不是二元对立的，而是延续和创新的。家作为传统中国社会的核心价值和社会结构的基础，就是认识中国社会的关键概念之一。我在十几年出过一本书，书名就是《永远的家：传统惯性与社会结合》，重点阐述文化的继承性与社会结构的延续性和整合性。我记得很清楚，在北大百年校庆时，李亦园先生到费孝通先生家拜访。李先生就提到中国社会与文化的走向问题。费先生就说道："中国社会的活力在什么地方，中国文化（社会）的活力我想在世代之间。一个人不觉得自己多么重要，要紧的是光宗耀祖，是传宗接代，养育出色的孩子。""看来继承性是中国文化的一个特点，世界上还没有像中国文化继承性这么强的。继承性背后有个东西也许就是kinship，亲亲而仁民。"[1] 从中看出，费先生同样在强调文化的继承性问题，而能延续此种继承性的要素 kinship（亲属制度）是非常关键的。中国社会中的亲属关系之特点，主要通过家的文化观念和其社会结构和功能体现出来。家直到今天仍然是认识中国社会的关键词，也是中国社会的传统。其实任何传统都有一个再造的过程，这个过程恰恰构成了中国社会变迁的非常重要的文化的主题曲。我们会看到，放到今天，放到一些特殊的时候，文化传统的概念不断

---

[1] 费孝通：《费孝通文集》第 14 卷，群言出版社，第 387~388 页。

有新的方式给它新的解释。对于"传统"的延续、复兴和创造以及文化生产的研究，是人类学以及相关社会科学的一个重要领域。这里的传统主要指与过去历史上静态的时间概念相比，更为关注动态的变化过程中所创造出来的"集团的记忆"。霍布斯鲍姆（Eric Hobsbawm）关于在"国民文化"的创造过程中，"我们的历史和文化"所发挥的功能和扮演的角色的分析，以及对于传统的复兴和创造的再评价①，对于我们分析华侨、侨乡、他乡、儒家与家族、儒家与经济发展、社会网络等有着直接的参考意义。

在陈杰的研究中，留守华侨妻是一群鲜活的生命个体，她们是理解"两头家"这种家庭策略的关键，他在书中写道："在'两头家'中，留守的华侨妻扮演着重要的角色，在社会'男尊女卑''嫁鸡随鸡，嫁狗随狗'等封建思想的约束下，侨乡出现了大量的留守华侨妻，有人称她们为'活寡妇'。"在研究个案中，不少华侨妻个人也对命运进行了抗争，如书中提到的红英婆、忆瑾婆等人绕过丈夫移民香港的故事，但大多数华侨妻无法挣脱形势、文化、传统势力束缚的牢笼，终其一生独守空房，至年老无依无靠。对于华侨妻来说，"认命"是一个不断重复出现的最重要的主题。她们很多人对"认命"归于一个朴素的表达："我一辈子都没办法离开这个家"。因此，陈杰强调"不能过分强调妇女在传统父系宗族社会的地位，还应关注这群留守华侨妻如何在其特殊的婚姻模式、家庭结构、经济活动中增强自身能力，激发她们建立特有的人际关系和生活哲学。在'两头家'这种家庭策略下，她们不单只是被动的接受者。""两头家"的研究提供了重要且独特的理解侨乡女性的视角。

"两头家"是特定历史时期的产物，随着社会政治历史条件的变化，这种特殊的家庭逐渐减少，但很多拥有"两头家"背景的人仍健在，并且"两头家"至今仍然对侨乡及海外华人产生着深远的影响。"两头家"是侨乡与海外华人社会的重要联结纽带，它可以帮助我们进一步理解华人社会何以联结的社会与文化意义。特别是如何通过"从中心看周边"与"从周边看中心"的双向视野，来理解全球化时代背景下侨乡"民间跨境行为"后各种结构的构筑过程，海外华人在这些结构中培育和维系了把祖籍国和移居国社会连接起来的各种关系；它也是一个在当今社会中多数移民跨越地理、文化和政治上的边界建立社会性领域的过程。如孔飞力（Philip A. Kuhn）基于华人移民的历史研究，提出"通道—小生境"（Corridor-Niche Model）模式，以文化通道来解释

---

① E. Hobsbawm, and T. Ranger（eds.），*The Invention of Tradition*，Cambridge University Press，1992.

华南与东南亚地区的历史往来与互动。他认为，亲缘、乡缘等关系网络构成了华人移出地与移入地之间的潜在通道。在通道两端，移民文化又与地方本土文化相结合，改变了当地的文化生态，形成了特殊的"生态圈"。[①]再扩展开来，从人出发的环南中国海研究，或者说"自下而上"的微观视角，要重点把握"空间"、"区域"与"人"的三要素环节，再现和重构地区的国家利益与社会网络。[②]

"两头家"的研究是中国家族研究的重要组成部分，可以说是中国化的学术概念。这一概念可以成为全球家族研究的一个不可忽视的学术领域，"两头家"的研究是将历时性与共时性有机地结合起来，在社会、文化、民族、国家与全球化的概念背景下，讨论"两头家"对于认识中国社会和文化有着重要的方法论意义，特别是"两头家"对于理解华侨华人社会具有一定的解释力。在陈杰的研究中，"两头家"社区，即使是现在已经不再出现了，但社区的村民仍保留着历史和社会记忆。

在近百年社区选择的集体家庭策略的过程中，侨乡村民对于跨境谋生有着天生的熟悉感。改革开放后兴起的新移民潮流中，人们再次循着这些文化的纽带迁移到世界各地，特别是传统的华侨华人聚居地。南村侨乡人后来又开始谱写移居香港与再下南洋的群体故事。时过境迁，20世纪80年代后，随着新移民新华侨的大量出现，文化的跨界与交融在全球化背景下越发频繁，创造"和而不同"的跨区域社会体系，建立人类文化共生的心态观，也是我们建设"21世纪海上丝绸之路"重要的社会文化基础。这也是我从本书中联想到的一些问题，希望读者从各自不同的角度进行解读。在我看来，"两头家"也是认识华人社会的一把钥匙。

---

① 参见 Philip A. Kuhn, *Chinese among Others*：*Emigration in Modern Times*, Singapore：National University of Singapore Press, 2008, pp. 43–49。

② 麻国庆：《文化、族群与社会：环南中国海区域研究发凡》，《民族研究》2012 年第 2 期。

目录

引 子

盼郎归

八月十五月光光，抬头望月我心乱；

当初郎君去番日，十八相送泪垂垂。

临行种椰相订约，椰树结子郎才回。

只是咧——

月缺月圆今又光，树大树高果累累；

天天携子依树望，不见郎君回家门。

去年椰熟娶媳妇，今年孙儿吃椰水。

年年盼郎心切切，盼到何时郎才回。

　　海南 W 县是我国著名侨乡。1949 年前，不少男子为了谋生，婚后不久便离家别妻，远航东南亚各国。上面就是一首妻送夫下南洋时所唱的送别歌。这类歌谣在华南侨乡如潮汕、闽南等地广为流传，有"过番谣""侨乡歌"等叫法，这些歌谣唱出了华侨离乡背井、离父别母、舍妻弃子的思亲思乡之情；唱出了妻子独守空房、望穿秋水的辛酸与守望；唱出了夫妻之间的信任和真诚的爱情；也唱出了侨胞功成业就，衣锦还乡的欢欣。通过侨乡民间的歌谣，我们仿佛可以感受到当年侨乡的人们离乡别井的悲凉，体味到华侨艰苦创业的精神，甚至感受到侨乡妇女默默付出的青春与年华。

导　论

第一节　研究缘起

华南侨乡的移民给当地社会造成深刻的影响，其中华侨"过番"① 后，给其家庭带来的影响甚深。在中国的社会结构与文化传统中，"家"占有十分重要的地位，因而，本书以在华南侨乡早期存在的"两头家"现象为切入点，讨论华南侨乡的婚姻家庭、隐藏在移民流动背后的家庭结构、家庭观念、华侨与侨眷的互动以及华侨后裔文化认同等主题。

我的父母出生于海南 W 县侨乡，至今仍与海外的亲人保持着紧密的联系。后来父母移居到另一城市。每年春节，父母都会带着我们这些孩子返回老家。因此，这样一个与侨乡若即若离的关系给了我很多的优势，不会因为对侨乡社区太熟悉而少了异文化的冲击感和新鲜感，同时语言和身份的便利又使我很容易融入当地社区人们的社会生活中。

我在进入博士生阶段后，在导师何国强、麻国庆的指导下，将博士论文主题定为华南侨乡与泰国华人社会的网络研究。随后的学习和文献研究也是一直朝这个方向努力。从 2006 年 2 月起，我就开始进入华南侨乡的田野调查点。在第一次调查时，我走访了海南著名侨乡 W 县的三个村子，综合考虑田野点的进入难度以及研究对象类型等因素，最终选择了南村②。这个自然村的规模无论从人口还是从面积来说在当地是较大的，该村的华侨主要分布在泰国，有一部分南村人于 20 世纪 70 年代后移居香港。起初，我的论文计划是进行两地即华侨祖居地与侨居地的田野调查。对侨乡的研究，我于 2006 年 4 月 ~2007

---

① "过番"泛指到海外谋生。
② 本书各事例中的人名、村镇县地名均采用化名。田野调查时间是 2006 年、2008 年春节，书中记述的人物的年龄以及事件也是田野调查时期发生的，所以年龄的表述也是时年多少岁等。

年 2 月几次进入南村做调查；对侨居地的田野调查计划则因为信息出了差错未能实现。海外研究计划的夭折对我原先论文的设想造成了很大的冲击。在 2007 年 4 月的博士论文开题报告会上，各位老师对我的田野点南村里所出现的"两头家"现象表现出了极大的关注，导师麻国庆最先指出"两头家"现象研究的重要性和意义，其他老师不约而同对"两头家"现象的关注也证明了麻国庆老师的深刻洞见。当时，远在美国访学的导师何国强对我的论文选题也给予了极大的支持，提出了不少建设性的意见。经过一段时间的反复思考，我终于将博士论文主题确定下来，以"两头家"为切入点，对侨乡的婚姻、家庭与移民进行研究。

　　进入田野后，我慢慢走进了这个侨乡宗族村落乡亲们的生活世界中。南村每家都有动人的南洋故事，而我身为侨乡一分子的切身体验也让我更多地关注南村"两头家"的家族命运。随着对村子了解的加深，一个个平凡而又鲜活的人物在我的脑海中构建起了近百年来南村人移民海外的历史图景，其中让我最难以忘怀的是那些看似寻常的家庭故事。现今还生活在南村"两头家"的家庭成员，以及那些返乡的华侨和过往陈旧的侨信都让我脑海里移民家庭的图景逐渐清晰起来。这是我研究主题的学术意义与学术情感寄托所在。

第二节　问题意识

　　费孝通认为："家族在结构上包括家庭；最小的家族也可以等于家庭。因为亲属的结构的基础是亲子关系，父母子的三角。"[1] 父、母、子构成核心家庭基本的三角结构。"婚姻的意义就在建立这社会结构中的基本三角。夫妇不只是男女间的两性关系，而且还是共同向儿女负责的合作关系。在这个婚姻的契约中同时缔结了两种相联的社会关系——夫妇和亲子。这两种关系不能分别独立，夫妇关系以亲子关系为前提，亲子关系也以夫妇关系为必要条件。这是三角形的三边，不能短缺的。"[2] 生育制度的基本结构是父母子的三角，也是现在可以观察到的人类社会普遍的基本结构。

　　费孝通强调婚姻与生育的关联性，他认为婚姻与生育的关系重于两性的关系。后来许多研究者将费孝通这个对家庭形象化"三角"的概括用于相对静态的乡土社会的分析。

---

① 费孝通：《乡土中国　生育制度》，北京大学出版社，1998，第 39 页。
② 费孝通：《乡土中国　生育制度》，北京大学出版社，1998，第 159 页。

但这个三角结构远不是一种简单静态的家庭结构，费孝通还说："这三角结构是一个暂时的结构。在一定的时间，子方不能安定在这三角形里，他不能永远成为只和父母系联的一点。他要另外和两点结合成新的三角形。于是原有的三角形也就无法保持它的完整性了。这并不是原有三角形的意外结局，而是构成这三角形的最终目的。三角形的破裂是他功能的完成。"① 由此可见，家庭的三角结构还有一种动态的变化，子方那一点最终要分裂组成新的家庭三角。麻国庆在《分家：分中有继也有合——中国分家制度研究》一文中对这个三角结构做了一个动态的分析，即在"分家"形势下如何分中有继也有合，是一种家庭的再生产。② 麻国庆在这篇文章中以文化的观念来论述分家制度中"分中有继也有合"的特征，这体现中国文化中的"家"在大传统与小传统上的高度整合，"分家"不是对立的，而是有联系的分离。

从费孝通稳定的家庭三角结构的论述，到麻国庆关于分家制度文化的阐释，我们可以看出家庭三角结构对中国家庭结构分析的意义。家庭三角结构在一般情况下是稳定的，但也必然要经历一个动态的"分"的过程。但家庭三角结构能解释非一夫一妻婚姻形态的家庭吗？由于移民造成的家庭现象又将如何解释呢？

对此，费孝通还指出："我们若要说父母子的三角是基本形态，还得说明多婚制并不是多角，仍是这三角形的变相。"③ 家庭三角结构是稳定的，但在侨乡的"两头家"不同，它是家庭"父母子"三角结构的变相，主要特征是"两头"。丈夫作为三角形重要的一点，他可能在祖乡及侨居国分别成立两个家庭，也就是作为两个家庭三角形共同的顶点。

"两头家"显示出它的特殊性，它与中国古代存在的一夫多妻制不同，中国古代的一夫多妻制下的妻妾们可能同居一个屋檐下，而"两头家"的妻子们则分居两个国家。一般情况下，丈夫在侨居国与当地的妻子儿女形成较为固定的家庭三角结构；而在侨乡则是留守的妻子，有些有儿女有些没有儿女，再加上不定时返乡的丈夫形成不完整的家庭三角结构。因此，在侨乡这边有时甚至不构成家庭三角结构，因为丈夫出国后难得有机会返回家乡长住，所以有些留守的妻子没有生育子女。即使具备父母子三角结构的家庭，也因为丈夫大部

---

① 费孝通：《乡土中国　生育制度》，北京大学出版社，1998，第215~216页。

② 麻国庆：《分家：分中有继也有合——中国分家制度研究》，《中国社会科学》1999年第1期。

③ 费孝通：《乡土中国　生育制度》，北京大学出版社，1998，第168页。

分时间居住在海外，导致这样的家庭名存实亡。

　　所以，我认为三角结构在解释分割于不同空间的移民家庭时会存在局限性。因而要讨论这种特殊的家庭，需要引入一个新的研究视角，即家庭策略的视角。"两头家"这样特殊的家庭结构是如何形成并维持下来的？这种特殊的家庭结构下的成员采取了怎样的家庭策略？形成与支持这些家庭策略后面的文化动力是什么？社会结构因素是什么？经济原因又是什么？"两头家"的运行机制是什么？由于社会历史时空的变化，这些家庭又会经历怎样的变化？

　　这些问题将我的思考投向一个近来西方社会学人类学探讨中国家庭组织的途径：着重分析传统家庭组织的区域性及时间性的差异。[①] 而这类研究需考虑到人口及结构上的差异，并导致出现标准家庭、童养媳及招赘婚、离婚、寡妇再婚及各种收养方式等家庭安排的发生比率及原因，如 Pasternak 和 Wolf 的研究证明中国某些地区招赘婚及童养媳普遍发生的情况并非偶然。一方面，这种婚姻的分布和差异反映了中国家庭对地区性经济、生态和社会环境的调适。而且，这些地区的非标准的婚姻形式不是权宜的安排，而是有传统习惯及地方性习俗支持与规范的。因此，这些安排都是有正面意义的：至少当地人们普遍遵守，并认为这种安排是恰当的。另一方面，这些安排又被视作因形势所逼而偏离理想模式的反应。[②] 所以，"两头家"的研究也是这种非标准婚姻家庭形式的研究，它在特定的地区（侨乡）大量存在，并为当地人所认同。这是侨乡人在当时特定的社会历史背景下应对移民行为集体选择的一种家庭策略。

　　"两头家"这种家庭结构是在特定历史条件下出现的特殊现象。本书将描述"两头家"的历史发展过程，从中探究这种家庭在应对具体的时空及社会环境变化时是如何采取不同的家庭策略来维持中国文化中"家"的基本价值。直至现代，时空背景已经发生了巨变，如民族国家的建立、现代法律制度的推行、妇女自我意识的觉醒等，都断绝了再形成这类家庭的可能性，孕育了"两头家"的"社会"与"文化"的土壤不复存在，华南侨乡这种特殊家庭形态已经不再产生了。

　　要理解"两头家"在华南侨乡社会中的意义，我们就必须从生活事实来

---

① 孔迈隆认为西方学者研究中国家庭组织大致循两种途径："第一种是从理想家庭制度与实际家庭安排的关系着手来描述中国传统的家庭。第二种研究着重分析传统家庭组织的区域性及时间性的差异。"孔迈隆：《中国家庭与现代化：传统与适应的结合》，载乔健主编《中国家庭及其变迁》，香港中文大学社会科学院暨香港亚太研究所，1991，第 15 页。

② 参见孔迈隆《中国家庭与现代化：传统与适应的结合》，载乔健主编《中国家庭及其变迁》，香港中文大学社会科学院暨香港亚太研究所，1991，第 15 页。

说明家庭内部以及家庭和家庭之间的社会联结，并进一步说明社会联结所产生的社会影响。本书通过田野调查，收集侨乡社会在近半个世纪的变迁过程中，"两头家"的成员以及社区其他成员的口述史、家庭史和侨批，以此来寻找这些"社会事实"，而且这些"社会事实"镶嵌在近百年侨务史与侨乡地方社会变迁的进程中。这些"社会事实"也就是本书所关注的主题："两头家"的婚姻、家庭及移民和蕴含于中国文化中的"家"的特殊意义。

第三节 "两头家"的相关研究

一 侨乡与海外华人研究

中国对外移民的历史悠久，特别是向东南亚的移民，有史料记载的至迟可以追溯到唐代，这也是东南亚称华侨为唐人的原因。[1] 关于移民的原因，可以举出经济的、政治的、社会的等诸多理由。这些情况分别被认为是迫于华南沿海地域生产力低下、政治性的变动以及社会诸阶层诸集团相互间的纷争（客家和土著的械斗等）所造成的。[2]

侨乡与海外华人研究主要是探讨移民对迁出国及侨居国的文化与社会的影响。"推拉"理论是一个很好的视角。在探讨中国移民之所以离开祖国的"推力"的同时，也有必要就中国移民到达异域的"拉力"作探讨。

以往"传统的"华侨研究只是把移民当作移动对象来研究，即研究中国移民尤其是向东南亚移民历史进程的维度，却忽略了移民归国往复所形成的多地域间移动网络这一事态，而在这些网络联结后面重要的社会结构是侨乡的家庭，"两头家"这种家庭形式则是华侨家庭特征的集中体现。

（一）侨乡研究

"侨乡"即"华侨的家乡"，这在当代中国是一个约定俗成的概念。按照《华侨华人百科全书·侨乡卷》的定义，"侨乡"指的是这样的一些特殊地区：第一，华侨、归侨、侨眷人数众多；第二，与海外亲友在经济文化、思想诸方面有着千丝万缕的联系；第三，尽管本地人多地少，资源缺乏，但由于侨汇、侨资多，因而商品经济比较发达；第四，华侨素有捐资办学的传统，那里的文

---

① 李长傅：《南洋华侨史》，上海书店，1991，第5页。
② 陈达：《南洋华侨与闽粤社会》，商务印书馆，1936。

化水平、教育水平较高。我认为，《华侨华人百科全书·侨乡卷》依据华侨人数激增，经济力量增长，晚清政府开始重视海外华侨的实力及作用，并正式向海外派遣官员拓展侨务等因素，以1840年之后的晚清时期作为"侨乡"概念形成的年代，是可取的。①

1925年，葛学溥（Daniel H. Kulp Ⅱ）对广东凤凰村进行研究并写出《华南的乡村生活：广东凤凰村的家族主义社会学研究》，从以上侨乡的定义和分类来看，凤凰村是一个典型的侨乡社会，虽然葛学溥研究的着眼点不是侨乡的文化特征，但是从他对这个村庄的家庭社会学描述中，几乎处处都可以看到凤凰村移民对社区的影响。因而这部著作也是社会人类学领域里最早可以参考的侨乡研究之一。

20世纪三四十年代，社会学家陈达在其著作《南洋华侨与闽粤社会》中，系统运用家族访谈与实地考察的比较研究方法，对华侨社区环境与社会变迁以及华侨群体的生计状况、家庭婚姻、日常生活、信仰观念等做了描述，由于这部著作对南洋华侨生活方式的形成、闽粤侨乡社会状况的变迁、华侨与侨乡的关系等问题进行了深入的探讨，因此成为研究第二次世界大战以前南洋华侨社会与闽粤侨乡社会状况的经典之作。

周大鸣于1994~1997年在《凤凰村的变迁》一书中对葛学溥的《华南的乡村生活》进行了回访追踪研究，回应了自葛学溥以来学者们对华南汉人社会研究的一些关键问题，如宗族、民间信仰、国家与村落社区关系等。凤凰村是一个典型的侨乡，周大鸣的回访追踪研究与葛学溥的研究相对照，这对于侨乡社会变迁研究无疑有着深刻的启发意义。

以往的研究，除了陈达的著作外，其他着力立足于侨乡，突出侨乡社会和文化特色的研究并不多。刘朝晖对陈达在《南洋华侨与闽粤社会》一书中所提到的调查点——厦门新江社区，进行再调查并完成其博士论文。他在研究中考察了新江社区的历史、文化和社会结构，以此审视侨乡社会是如何完成乡土性—去乡土性—超越乡土性的社会历史过程。② 但该研究偏向整体性的分析，最终回到功能主义的传统上，并不侧重于对侨乡微观社会事实和家庭现象的详细分析。

---

① 此处依据的是方雄普、冯子平主编《华侨华人百科全书·侨乡卷》（中国华侨出版社，2001）的观点，详见该书第803页；转引自李明欢主编《福建侨乡调查：侨乡认同、侨乡网络与侨乡文化》，厦门大学出版社，2005。

② 刘朝晖：《超越乡土社会——一个侨乡村落的历史、文化与社会结构》，民族出版社，2005。

（二）海外华人社会研究

在海外华人社会及侨乡研究成果方面，我们可以找到很多关于家族制度以及其外延社会组织的普遍性和特殊性的讨论。华人学者的海外华人研究，如果以田汝康1953年出版的《沙捞越华人》[①] 为起点，至今已有近70年的历史，它也成为人类学家研究海外华人的经典著作之一。该书是典型的民族志研究，内容涉及当地华人的政治、经济、社会和文化领域。由于社会政治环境的限制，在田汝康之后对中国研究感兴趣的人类学家无法进入中国内地进行长时段的田野调查，故而将研究的目光投向海外华人社会，其中李亦园基于马来西亚华人社会研究提出的"文化调适"的理论框架较有影响力。

1. 文化调适的框架

在港台人类学者对海外华人的研究中，李亦园的著作《一个移殖的市镇：马来亚华人市镇生活的调查研究》[②] 较具有代表性，他是以研究东南亚华人为切入点而开始其中国文化研究的。在这样的背景之下，"文化调适"自然成为研究的理论架构。所谓"文化调适"，即指移民海外的中国人在移居地的文化适应。事实上，这也是当时的东南亚华人研究所普遍接受的理论架构。正如由李亦园、郭振羽主编的《海外华人社会研究丛书》总序所言："当时研究的理念，是把海外华人社会当成中国文化的一个实验室，企图借实地调查以了解中国文化以及中国人的社会组织在本土以外的环境下如何适应与发展，同时也可以与中国文化的另一个实验室——台湾的研究互为比较，以便在某一程度上达到社会科学方法论所说的控制比较。"但这一类研究没有把华人社会放在华人所处的现代国家体系与全球化背景中进行思考。

从文化调适的"实验室"观点出发，李亦园认为海外华人社会文化研究的理论架构包括四个层次（见图1）。

李亦园的文化区域划分对我研究"两头家"的文化比较有着重要的参考意义。比较而言，在强势客地文化区域如欧美等地，华人男子是难以和当地主体族群的女子结为夫妻的，不同社会文化背景对"两头家"的成因和情况有着决定性的影响。华南侨乡的侨居地主要是东南亚地区，即上面所区分的弱势客地文化区域，这些侨乡都存在"两头家"的现象。广东五邑侨乡的侨居地

---

① Tien Ju-kang, *The Chinese of Sarawak: A Study of Social Structure*, London: London School of Economics and Political Science, Department of Anthropology, 1953.

② 李亦园：《一个移殖的市镇：马来亚华人市镇生活的调查研究》，正中书局，1985。

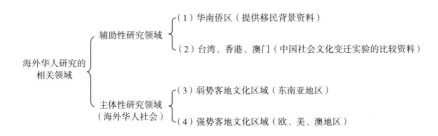

图1　海外华人社会文化研究理论架构

资料来源：李亦园《中国社会科学院海外华人研究中心成立并举办"海外华人研究研讨会"祝贺词——兼谈海外华人研究的若干理论范式》，载郝时远主编《海外华人研究论集》，中国社会科学出版社，2002，第15页。

以美国、加拿大为主，这类相关的研究材料很少出现"两头家"的例子，他们大多是单身前往打工，定时寄钱回去给留守在家的妻儿，在移居地再娶一妻的情况较为罕见。

但是李亦园的麻坡华人研究，也具有"文化调适"理论的一些明显的局限。这些局限主要表现在"文化调适"结果的形态上。随着社会的发展变迁和时间的推移，华人必须不断进行文化调适，但其发展的趋势并非作为中国文化实验室的一种形态，而是华人社会本土化的加深。

郭振羽在研究新加坡家族组织时，着重突出了"家族主义"，他认为，海外华人由于客观条件的限制，他们在初期无法"重建"中国本土的社会组织与亲属关系；原有的观念和行为模式，须作有选择性地保留和扬弃，以适应新的社会环境。[1] 但海外华人的家族传统的变迁不仅仅只是调适，而是经历了一个在"新土"扎根，以"新土"为家的过程；开始由"侨居"转向"定居"，进一步转向"本土化"。

海外学者在二战后相当长的一段时间内无法进入中国大陆从事调查研究工作，因而他们只能如前述李亦园所提到的，把海外华人社会当成中国文化的一个实验室，企图借实地调查以了解中国文化以及中国人的社会组织在本土以外的环境下如何适应与发展。关于海外华人社会的研究产生了许多较有影响的著作，较有代表性的有：莫里斯·弗里德曼根据海外华人社会的研究和第二手材

---

[1]　郭振羽：《"家族主义"和社会变迁：新加坡华人家庭组织的分析》，载乔健主编《中国家庭及其变迁》，香港中文大学社会科学院暨香港亚太研究所，1991。

料写出一批关于中国社会（宗族）组织和文化的论著①如《中国东南的宗族组织》和《新加坡华人的家庭与婚姻》等；主张"中华文化持续论"的蒲塞·维克多（Purcell Victor）②在《东南亚华人》一书中对东南亚华人的族群、文化、宗教等方面进行研究并认为其与祖籍国保持一致性。

2. 历史维度的分析

李亦园在总结人类学理论范式在华侨华人研究中的特点时，认为传统的范式着重于共时性民族志式的长期田野调查研究，但缺乏时间的深度，因而应加入历史的视角进行分析。王赓武对海外华人社会的研究，多从历史的维度来考察。他认为海外华人对中国文化的认同来源于早期移民携来的乡土文化，有助于他们在异域生根，又与中国的家人和故土相连。由于这对他们在国外生活至关重要，所以就认为无论身在何地，都应该把这种以他们的广东或福建的家乡为中心所代表的文化传诸后世。③ 王赓武对于中国文化认同的讨论与后来杜维明关于"文化中国"的讨论有着不同向度的侧重。这也是海外华人对华南祖乡的家庭认同的宏观解释。王赓武在论及海外移民史时将其分为四种模式，即"华商""华工""华侨""华裔"模式。④

较为有代表性的著作是李明欢的《欧洲华侨华人史》⑤、曾玲的《越洋再建家园——新加坡华人社会文化研究》⑥ 等。这一类研究显示了海外华人社会

---

① 莫里斯·弗里德曼在《中国东南的宗族组织》一书中借助新加坡和中国香港的田野以及关于汉人社会的早期文献，试图建构中国东南的地方宗族模式。这个宗族模式对后来的汉人宗族研究的影响十分深刻。此外，在《新加坡华人的家庭与婚姻》一书中，弗里德曼对新加坡华人的家庭组织、围绕着"家庭"的家庭与家户的组织功能、亲属关系，以及会馆和婚丧仪俗等做了深入的分析，进而了解新加坡华人社会的特质。

② 蒲塞·维克多在 1965 年出版的《东南亚华人》（*The Chinese in Southeast Asia*）一书中的研究主要集中在海外华人的双重认同、城市中华人社区的资源、职业与经济活动、族群关系、华人社区结构/组织、领导与权威、学校与教育、宗教与巫术、家庭与亲属关系等方面，进而提出关于社会与文化变迁的理论。

③ 王赓武：《海外华人的文化中心》，载郝时远主编《海外华人研究论集》，中国社会科学出版社，2002。

④ 王赓武：《中国与海外华人》，香港商务印书馆，1994。

⑤ 李明欢结合历史学的资料和社会学的研究方法创作出二战后第一部较全面地论述欧洲华侨华人历史与现状的综合性著作，他在书中记录中国移民走入欧洲、创业欧洲的历史的同时，还认真思索跨文化移民群体如何在移中谋生，在变中成长，如何自觉不自觉地游刃于个人抉择的微观层面与社会结构的宏观层面之间，历经凤凰涅槃。李明欢：《欧洲华侨华人史》，中国华侨出版社，2002。

⑥ 曾玲结合文献与田野调查资料，将宏观考察与个案研究综合起来展现华南移民在新加坡土地上重建家园的历史过程。曾玲：《越洋再建家园——新加坡华人社会文化研究》，江西高校出版社，2003。

的研究已经从历史学研究走向了与社会学、人类学研究结合的趋势。

3. 移居地文化脉络下的族群互动

通过以上两种范式，我们可以看出近几十年来人类学的海外华人研究的概况。第一种范式更多地基于功能主义的传统，认为海外华人社会是汉人社会的延伸，其在海外所表现的文化事象，如亲属、经济与政治，还有志愿性团体等是"文化调适"的结果。第二种范式研究则是历史学取向的研究，是在分析构建华人历史的过程中逐渐实现了与社会学及人类学的结合。

由此，台湾人类学者叶春荣对几十年来人类学的海外华人研究的批评显得尤为重要。叶春荣认为，几十年来无论东南亚还是北美的海外华人人类学研究，仍然承继弗里德曼的方向，把海外华人社会看作汉人社会的延伸；把海外华人当作了解汉人社会的一面镜子。这样的研究没有超越功能学派的范式，取得新的进步。因而，叶春荣主张，海外华人社会研究的新方向一定要把华人社会放在当地社会（receiving society）的文化脉络下了解，而不能把华人社会看成是个孤立的汉人社会，或汉人社会的延伸。[①]

在叶春荣的论述之后，李亦园认同叶春荣所提倡的新方向，但同时指出早在叶春荣之前，陈志明在其论文《华裔和族群关系的研究——从若干族群关系的经济理论谈起》[②] 中的探讨已经深入而完整地建构了华人在移居地与土著/多数民族的族群关系图像。李亦园还认为叶春荣忽略了陈志明的研究，没有对"当地社会的文化脉络"这个新方向的内涵做进一步的论述和拓展。[③]

由是观之，海外华人的人类学研究正处于激荡融合之中，还有广阔的探索空间。近十年来，这个领域呈现更丰富的成果与范式，其中最重要的研究方向就是海外华人与侨乡综合的跨国网络研究。

（三）海外华人与侨乡研究新方向与挑战

早期研究移民现象的学者多数认为，移民远离原居地，试图融入移居地社会，并视新环境是他们的乡土（homeland）。但是有越来越多采用跨国主义分

---

① 叶春荣：《人类学的海外华人研究：兼论一个新的方向》，载《中研院民族学研究所集刊》（第 75 期），1993。
② 陈志明：《华裔和族群关系的研究——从若干族群关系的经济理论谈起》，载《中研院民族学研究所集刊》（第 69 期），1990。
③ 李亦园：《中国社会科学院海外华人研究中心成立并举办"海外华人研究研讨会"祝贺词——兼谈海外华人研究的若干理论范式》，载郝时远主编《海外华人研究论集》，中国社会科学出版社，2002。

析取向的研究者认为，国际移民已不再被视为一种单向的过程，他们在移居地重新建构其生活及认同，同时与原居地之间进行着频繁的人口、资本、商品、资讯、文化、政治等互动，都会对原居地产生深远的影响。①

1. 国际移民与海外华人研究

班国瑞（Gregor Benton）与彭轲（Frank Pieke）共同主编了《欧洲华侨华人》②，该书汇集了欧洲学者 20 世纪 90 年代研究欧洲华侨华人历史及现状的主要成果。在该书的基础上，他们又进一步策划了一套由欧洲各国学者执笔、以英文依欧洲国别撰写的华侨史系列丛书。之后，斯坦福大学出版社出版了彭轲等人的专著《跨国华人：福建移民在欧洲》。③ 该书是基于作者在福建和欧洲各地华人的深度调查而写就的"全球民族志"，把跨国华人的概念和"中国的全球化"联系起来。全球化不是单维的全球一体化的过程，而应该被理解为不同的文化在全球舞台上的相互竞争。这些研究还有一个特点：它不是历史回顾，而是对正在发生的流动情况的细致分析；其侧重点不在社团，而在流动者个体。

其他重要的作品还有哈里·康（Harry Con）等主编的《从中国到加拿大：一个加拿大华人社会的历史》④；周敏关于美国华人社会的著作《唐人街：深具社会经济潜质的华人社区》⑤ 以及《美国华人社会的变迁》⑥ 等。

2. 全球化背景下的中国移民

大规模国际人口迁移是近现代史上一种国际性的普遍现象和趋势，而其时中国是世界人口第一大国，国际移民的问题将会越来越重要，真正了解中国国际移民的深层原因，把握中国国际移民的特点，就要求学者们不得不回溯中国

---

① Nina Glick Schille, Linda Basch and Christina Szanton Blanc, "From Immigrant to Transmigrant: Theorizing Transnational Migration," in Ludger Pries (ed.), *Migration and Transnational Social Spaces*, England: Ashgate, 1999; Caroline B. Brettell, "Theorizing Migration in Anthropology: The Social Construction of Networks, Identities, Communities, and Globalscapes," in Caroline B. Brettell, James F. Hollifield (eds.), *Migration Theory: Talking across Disciplines*, New York: Routledge, 2000; Michael Kearney, "The Local and the Global: The Anthropology of Globalization and Transnationalism," *Annual Review of Anthropology* 24 (1995).

② Gregor Benton, Frank N. Pieke (eds.), *The Chinese in Europe*, Houndmills, Basinstoke, Hampshire: Macmillan; New York: St. Martin's Press, 1998.

③ Frank Pieke, Pal Nyiri, *Transnational Chinese: Fujianese Migrants in Europe*, Mette Thuno and Antonella Ceccagno: Stanford University Press, 2004.

④ Harry Con, Ronald J. Con, Graham Johnson, Edgar Willmott (eds.), *From China to Canada: A History of the Chinese Communities in Canada*, Toronto: McClelland & Stewart Limited, 1982.

⑤ 周敏：《唐人街：深具社会经济潜质的华人社区》，鲍霭斌译，商务印书馆，1995。

⑥ 周敏：《美国华人社会的变迁》，郭南审译，上海三联书店，2006。

人侨居海外的历史，从历史和传统文化资源中找到更多的启示。

中国改革开放后，市场经济进一步渗透到中国农村，农民开始不约而同地踏上了出外务工的征程。在大多数情况下，内地村民的目的地是中国的沿海发达地区，但对于有着深厚移民传统和根基的侨乡，他们有可能作出不同于内地人的选择。早期中国东南侨乡的先辈们，背负着谋生的艰辛，远渡重洋到东南亚谋生，这里因为西方资本输出所以需要大量的劳动力。这样的事实在以安德烈·贡德·弗兰克为首的学者在以拉丁美洲的研究为基础总结出来的依附理论中得到了一定程度的反映，这些理论以拉丁美洲为分析模本，以资本主义世界体系为宏观背景，采取的是马克思主义或者左派的研究方法，目的是分析资本主义在外围地区的真实作用以及找到解决外围地区不发达状态的道路。① 而东南亚国家在民族国家成立的初期被卷入资本主义体系的发展中，远在中国东南沿海的大量劳动力在这个过程中被大量吸纳进该地区的经济体系中，这也是近代大量华侨产生的历史时期。

在实行改革开放政策之后，我国沿海毗邻资本主义世界前沿的地区，通过大量的"海外关系"，引进外资和技术，兴办了一批"三来一补"企业和"三资企业"。由此我国东南沿海地区的经济迅速发展起来，但在很多情况下，侨乡的人们还是愿意走出国门，远渡重洋去海外谋生。这后面隐藏着一种怎样的经济动机或者文化动机？而早期的传统的血缘、地缘资源又给了他们怎样的动力支持？这些问题在近期的侨乡研究中涉及得还不多。

在20世纪90年代亚洲金融危机后，在中国经济水平与东南亚一些国家差距无几的情况下，华南侨乡的年轻劳动力仍然延续着先辈们跨洋谋生的道路。有些学者从家族主义的角度来解释这种移民的动机，一个家庭可能基于分散风险的考虑，而让家庭中某个（某些）成员移居并谋生国外，这在以家族主义为社会基本组织原则的中国农村中更容易理解。

人类学家麻国庆认为，在迈向现代化的过程中，海外华人与祖国的血肉联系成为中国经济发展的一个有利条件，这是基于一个跨国文化共同体的认同。跨国文化共同体主要是指超越国家边界的同一族群或具有共同宗教信仰的文化共同体。而在各个国家，尤其在东南亚地区，华人的经济活动通常借助各类组织，与祖国及其他国家的华人企业建立超越国家边界的经济、文化联系。而在这些联系中，传统的"三缘关系"（血缘、地缘和业缘）发挥着主要作用。其

---

① 〔德〕安德烈·贡德·弗兰克：《白银资本——重视经济全球化中的东方》，刘北成译，中央编译出版社，2000。

中地缘关系尤为重要，说相同方言的群体形成自己的方言认同。在海外华人社会，新的文化创造或文化生产已经超越了血缘关系，如宗族组织的非血缘化与社团法人化、祭祀祖先的象征化与非宗教化。宗族关系是汉人社会结构的基本分类法则，也是生存适应上的文化手段。海外华人经济的文化适应，也常常借助拟制的宗族关系来发展壮大自己。[1]

此外，在现代化进程加快的背景下，都市出现了越来越多的新移民，因而除了传统的乡村侨乡研究外，都市侨乡成为新的侨乡研究议题。[2] 有学者开始关注都市新移民在海外整合与交往方式，都市新移民和祖国的联系这些现象。在这些褪尽乡土性的都市新移民身上，如何关注其在不同文化语境下中华文化特质的种种反应与适应是一个新的研究方向。

在全球化的背景下，海外华人与侨乡的联系始终处于一个动态变化的进程当中，传统宗族、信仰等在新时期的条件下也开始以不同的方式创新、整合和凝聚海外华人与侨乡社区的联系，这也为改革开放后进入市场经济转型的中国提供了经济和文化上的支持。传统的文化资源如何创新或者在新时期下有不同的创新和生产，是未来华人研究重点关注的问题。

3. 跨国网络与华南侨乡

跨学科和跨国合作研究是近年来侨乡研究的新趋势，使用当今流行的跨国网络理论（Transnationalism）来研究海外华人与侨乡的关系，使侨乡研究领域有了更广泛的影响。尽管人类学家已经运用跨国网络理论来论述当代海外华人的跨国网络，但运用这个理论进行相关的民族志研究还相当缺乏。

最早且深有影响的研究跨境宗族网络的著作是华琛（James L. Watson）的《移民与宗族：在香港与伦敦的文氏家族》[3] 一书。他以人类学翔实的田野调查作为基础，通过对一个跨境宗族网络的研究，深刻地剖析跨越两种文化的迁移对传统宗族社会的影响。这本书后来成为研究欧洲华侨华人问题的学者及研究中国传统宗族问题的学者的重要参考资料。

---

① 麻国庆：《走进他者的世界》，学苑出版社，2001，第 331~332 页。

② 张应龙：《都市侨乡研究——广州市荔湾区社区调查》，载陈志明、丁毓玲、王连茂主编《跨国网络与华南侨乡——文化、认同和社会变迁》，香港中文大学香港亚太研究所，2006，第 365~388 页。

③ James L. Waston, *Emigration and the Chinese Lineage*: *The Mans in Hong Kong and London*, London: University of California Press, 1975.

柯群英在《重建祖乡：新加坡人在中国》① 一书中研究福建安溪柯氏宗族与侨居海外的亲属之间的互动时，运用人类学框架和散居族群研究（Diaspora Studies）② 结合的方法来理解侨乡研究中不断遇到的新社会关系的出现和兴起的过程；而郑一省在《多重网络的渗透与扩张——海外华侨华人与闽粤侨乡互动关系研究》③ 中，以田野调查资料为依据，用网络理论来分析华侨华人与闽粤侨乡的关系，提出了"多重网络"的概念，并从"互动"的角度来剖析两者业已存在的关系。

新加坡国立大学刘宏博士的《战后新加坡华人社会的嬗变：本土情怀·区域网络·全球视野》明确提出了"跨国华人"的范畴。他把"跨国华人"定义为："那些在跨国活动的进程中，将其移居地同（自己的或父辈的）出生地联系起来，并维系起多重关系的移民群体。他们的社会场景是以跨越地理、文化和政治的界限为特征。作为跨国移民，他们讲两种或更多的语言，在两个或更多的国家拥有直系亲属、社会网络和事业，持续的与经常性的跨界交往成为他们谋生的重要手段。"④ 刘宏认为现在有三类"跨国华人"：一是"再次移民者"，即一批从传统的华人移居地（东南亚）迁至发达国家的早期移民（其人数超过 200 万人），这些移民在新旧移居地之间形成跨国网络；二是早期移居海外的华侨华人，因中国改革开放和经济发展而与中国重新建立密切联系；三是最近从中国出来的新移民，包括技术移民、家庭团聚移民和非法移民。⑤

在香港中文大学陈志明等人主编的《跨国网络与华南侨乡——文化、认同和社会变迁》一书中，以跨国网络的角度从四个层次介绍了学者们在这一理论上的人类学实践。一是海外华人与侨乡宗族组织、宗族活动和宗族复兴等方面的互动关系，"海外关系"成为一种文化资本，被社会不同层次利用和表述。二是宗教、文化与认同的层次：传统或创造的宗教、文化活动在侨乡与海外华人之间的互动中发挥着重要的作用。侨乡人与海外华人的跨国网络关系往往是在文化交流的层面上构建起来的。三是从经济角度分析海外华人与侨乡的关

① Kuah Khun Eng, *Rebuilding the Ancestral Village*：*Singaporeans in China*，Aldershot, Brookfield：Ashgate，2000.
② 目前关于 Diaspora 存在多种不同的译法，如散居族群、离散族群、流散族群、裔群、流移者、大流散等。
③ 郑一省：《多重网络的渗透与扩张——海外华侨华人与闽粤侨乡互动关系研究》，世界知识出版社，2006。
④ 刘宏：《战后新加坡华人社会的嬗变：本土情怀·区域网络·全球视野》，厦门大学出版社，2003，第 215 页。
⑤ 刘宏：《中国—东南亚学：理论建构·互动模式·个案分析》，中国社会科学出版社，2000。

系，即从传统的对家族成员的侨汇、侨乡公共事务的善举到对侨乡的商业投资行为。通过这些经济行为考察海外华人投资的动机及其与侨乡的父老乡亲和当地政府官员的互动机制。四是介绍在当代中国经济与社会转型的情况下，侨乡所面临的结构性变迁。[①]

综上所述，改革开放以来侨乡的转型并不意味着侨乡与海外华人关系的中断。以宗教、宗族和文化为基础的认同感，仍会持久地建构着侨乡与海外华人的跨国网络关系，而且这种关系可能在更广的意义上开展，例如跨地域、跨国界的联谊会。这一现象的存在有来自侨乡、海外华人和国际社会三个方面的因素：对于侨乡来说，海外华人作为侨乡的象征资本，有其自然威望和社会价值，可被宗族利用来复兴许多民间活动，并协调与政府的关系；对于海外华人来说，侨乡是他们的祖先之地、文化之源，即使他们对侨乡没有义务，也依然有兴趣认识和了解侨乡，从另一个角度来讲，海外华人对于侨乡社会共同的文化认同，也增加了其在海外发展的良机；而从国际的角度来看，合作成为国际社会的主要呼声，侨乡和海外华人的网络关系也被视作国际合作的一个部分而受到海外华人所在国的支持。基于以上的认识，学术界关于运用跨国网络理论的研究存在大有作为的空间。

二 "家"的相关概念

在汉语中，"家"是一个伸缩性极强的概念，作为一种象征符号，这种模糊性正是汉语中"家"的重要特征。它可以扩展到社会和国家，作为一种具体结构，表现在姓、宗族和家庭与家户上。[②]

汉语里的"家庭"对应英语中的"family"，指的是由父母及小孩组成的团体，从社会关系上是近亲团体，而其中包含了两种意涵，就是最亲近、可确定的血亲关系及它所隐含的财产关系。一般来说，家庭有五种基本功能：生产功能、消费功能、人口再生产功能、养育子女和赡养老人的功能、满足家庭成员生理和心理需要的功能。家庭的这五大功能并不能完全解释中国汉族社会中家庭的功能，它忽视了中国儒家文化中祖先延续的祭祀功能，这正是"两头

---

① 陈志明、丁毓玲、王连茂主编《跨国网络与华南侨乡——文化、认同和社会变迁》，香港中文大学香港亚太研究所，2006，第3~9页。
② 麻国庆：《家与中国社会结构》，文物出版社，1999，第18页。

家"作为"唐山"① 这一头得以保持的重要原因之一。

汉语里的"家户"则对应英语中的"household"，在中国现代的语境中，主要指的是以经济为基础居住生活在一起，同一户籍制度下的血缘团体单位。但在对汉族家族的人类学研究中，常常不能很好地区分家庭和家户。二者主要区别在于家庭以血缘关系为主要特质，家户则以地缘关系居住在一起为主要特质。

在中国作为具体的家的两个基本单位，一是家庭，二是家户。家庭是以婚姻为基础的一个生活单位，父母子三角形的出现就是一种血缘结合的单位的形成。而家户本身是一个超血缘的单位，非血缘者也被包含在其中。家的这两个最基本单位，又构成了中国社会中两种基本关系的基础，即血亲关系和地缘关系的基础。如下列图式：

图 2　"家"的单位图式

资料来源：麻国庆《从非洲到东亚：亲属研究的普遍性与特殊性》，《社会科学》2005年第 9 期。

前者的序列是以血亲和姻亲为主线发展出的生活组织单位，后者的序列是以户作为生活单位而延伸出来的地缘组织。这两种序列在村落社会中既互为联系，有时又是相互交叉的。② 麻国庆总结的关于家的血亲关系和地缘关系的图式对于本书研究"两头家"有很大的参考意义，"两头家"作为一种特殊的家庭，它的本质包含了血亲和地缘上的结合，使侨乡与海外华人社会构成了紧密的联系。

宗族在中国是指以父系血缘为基础所形成的单系的集团组织。它包括出自同一父系祖先的若干直系、旁系后嗣结成的亲属集团。其特征主要有：在系谱上强调父方的单系联系；有共同的祭祀活动，包括祭祀共同的远祖及历代祖先；群体内部有强烈的认同意识；有共同的族产；可包括房支等不同范围的亲

---

① "唐山"：唐代以来华侨对祖国的习惯称呼。参见周南京主编《世界华侨华人词典》，北京大学出版社，1993。本书用"唐山"代表国内，"番"代表海外。"唐山"与"番"是两个相对的概念。

② 麻国庆：《从非洲到东亚：亲属研究的普遍性与特殊性》，《社会科学》2005 年第 9 期。

属组织；人口增多，可能经由房支分离而形成新的宗族组织。

家族一般包含家庭和宗族。相对而言，家庭与宗族都是有具体规则的单位；家族一方面指具体的家庭与宗族，另一方面指由两者间衍生出的关系的外在化的一种符号，如家族主义、家族势力、家族影响等。我所调查的南村完全由伍氏家族组成，无论是在当地的社会还是泰国或香港的移民社会，伍氏家族的势力和凝聚力都十分明显。

在汉语中，家是一个模糊的概念，有点类似于英文中的 home。家可以从最小单位的核心家庭一直扩展到民族、国家的层次。对于"家"的理解，主要基于涂尔干关于共同体的凝聚力及制度性强制的定义，换言之，"家"源于一个血缘群体对于某一特定物理空间的有效控制，从而使"家"成为实体，一种"存在的标识"①。"家"是微观的共同体，通过公开而持续的交流，通过劳动、权利和职责的分工，通过同餐共食，通过轮流享有资源的规定，"家"得以将家庭成员们凝聚为一个共同体。而且，这一系列举措也建构起无所不包的体系，从而有可能在需要保持同一性之时，也严厉控制其成员的所思所想和言行举止。②

传统概念局限于地域、群体、宗教和国籍范畴内对"家"的认同观进行分类剖析，而当代人在迁移过程中对"家"的认同会表现出多种形式，其可能存在于回忆与期盼、保守与创新之中，也可能呈现概念化、情感化或具体化的特征。社会学家格奥尔格·齐美尔（Georg Simmel）曾经提出，或许可以把"家"说成一个"独特的综合体"：它既是生命的一种表现形式，同时又是构成、反射、集结生命的一种特殊途径。③

本书所讨论的"家园"更多的是一种精神上对家庭的自我认同意识，有点相似于英文 home，这对于"两头家"研究当中海外与祖乡的"家"彼此互动与认同有着重要的意义。对于家园的理解比较接近于哈布瓦赫的集体记忆理论：家庭不仅是一个社会单元，而且是集体记忆的载体，家庭成员之所以成为家庭成员，不是单纯取决于血缘关系，还取决于成员之间的共同历史，这些历史在家庭中的活动、成员之间的聊天中会经常重现，并构成成员之间的身份认同及共同的生活史，所以尽管亲人被迫分居异地，这种由共同记忆和历史构成

---

① M. Douglas, "The Idea of Home: A Kind of Space," *Social Research* 58 (1991).

② 李明欢：《社会人类学视野下的"迁移"与"家园"》，《吉首大学学报（社会科学版）》2005 年第 3 期。

③ Georg Simmel, *On Women, Sexuality and Love*, New Haven, Conn.: Yale University Press, 1984.

的认同和情感会成为一种力量，使他们去克服分离的状况。① 哈布瓦赫心目中的家庭是一个共同体，这与本书将要讨论的家庭自我认同有着直接的关系。这种想象的共同体之所以不灭，不仅是因为它与社会之间的功能关系，更重要的是记忆和情感的连绵再造，而所谓的家庭价值不是维持功能的价值，而是历史实践的沉淀。换言之，家庭是一个想象的共同体，而想象资源来自对家庭关系的认知以及生活经验上的感知。家庭成员在日常生活的实践中建构了家庭这个共同体，且家庭共同体的空间有一定的张力。本书研究的第一代移民之所以维系着对家乡的认同，维持"两头家"的形式，通过家乡的人、物质化的空间（祖屋、祖坟、乡村小学等），从而构建起他们对于"家园"想象的资源。这些"资源"包括"两头家"当中涉及的人和物，以及长时段累积起来的历史事件和琐碎的日常生活，为构建想象的"家园"提供了认知、感知与认同的资源。

对于以上概念的厘清，有助于我推进这样的理论思考方向：家庭—家户—家园。同时，我们可以找到汉文化语境中"家"的一个共性的文化和社会上的特征，即汉语里的"家"是一个相当模糊的概念，对它的理解必须放在一定的脉络和文化情境当中。在了解相关概念后，下文将大致回顾近代学者对中国社会中"家"的研究。

三 "文化传统"与"社会结构"框架下的"家"

费孝通认为："家并没有严格的团体界限，这社群里的分子可以依需要，沿亲属差序向外扩大。"② 麻国庆总结了费孝通关于"家"的多层性集中体现在阶序关系和差序格局中，并将其结构性特征从上到下归纳为：礼教的家、家的扩大——族、家的基层——家庭、跨越血缘的家——户。这样的归纳分析有助于我们厘清费孝通关于"家"作为文化与社会结合的原理。③

费孝通提出的中国人波纹式的人际关系"差序格局"，常被引用为讨论中国家族的范围具有伸缩性的论据。而王崧兴在此基础上进一步指出，中国的家族制度研究趋向两个层次不同的概念来分析：一方面，中国人的家族建立在繁

---

① 〔法〕莫里斯·哈布瓦赫：《论集体记忆》，毕然、郭金华译，上海人民出版社，2002。类似的观点参见林蔼云《漂泊的家：晋江—香港移民研究》，硕士学位论文，清华大学，2005。

② 费孝通：《乡土中国 生育制度》，北京大学出版社，1998，第 39 页。

③ 麻国庆：《社会结合和文化传统——费孝通社会人类学思想述评》，《广西民族学院学报（哲学社会科学版）》2005 年第 3 期。

殖分裂的基础上，俗话说的"树大哪有不分枝"，即家族内包含有分裂的种核——兄弟的"房"，分家也就是这类分裂的种核成长的结果；另一方面，从枝叶到枝干、树干及繁殖长成后的树木，所有的枝叶都可归于同一树根。同样地，中国人的家族也有结合的趋势。这是以强力的兄弟、父子关系，即父系继嗣观念为基础，分家之后形成的家族仍然随时有结合的可能性。所以，因分裂特性而形成且作为日常生活经济单位的称为"家庭"，而因结合特性而形成的，多少是属于观念上的则称之为"家族"。"家庭"因是分裂特性形成的，故具有排斥性，相反，所谓的"家族"，则是因结合特性而形成，可因不同情境需要而形成大小不同的群体，它是具有伸缩性的。所谓波纹似的人际关系应是指"家族"发展出来的社会关系，并不是"家庭"内的人际关系。①

在海外学者中，葛学溥 1925 年以广东省汕头市附近的凤凰村为调查地进行研究，提出了著名的家族类型说②，之后学者对华南宗族的社会学、人类学研究逐渐地成为这一地区人类学研究的主流之一。此外，葛学溥在研究中提出了一个自己新创造出来的核心概念"家族主义"（Familism），他认为家族主义是一种社会制度，所有的行为、标准、思想、观念都产生于或围绕着这个基于血缘聚居团体利益的社会制度。葛学溥的家族主义的提出对于后来的汉学家对家族制度的研究有着深远的意义。

在葛学溥注意到汉人宗族对理解中国社会的特殊意义后，莫里斯·弗里德曼把汉人宗族理论推向人类学争论的新高峰。他根据大量的文献资料以及在新加坡和香港的田野调查写出两本专著，一本是 1958 年出版的《中国东南的宗族组织》③，另一本是 1966 年出版的《中国宗族与社会：福建和广东》④。他比较了葛学溥和胡先缙⑤的研究，同时综合了 20 世纪三四十年代费孝通、林耀华、陈翰笙等中国学者的研究成果，把宗族研究推向理论化，成为一个承上启下的学者。

台湾学者陈其南则认为，从中国社会结构的层面去看，房的概念才是厘清

---

① 王崧兴：《中国人的"家"制度与现代化》，载乔健主编《中国家庭及其变迁》，香港中文大学社会科学院暨香港亚太研究所，1991。

② 〔美〕丹尼尔·哈里森·葛学溥：《华南的乡村生活——广东凤凰村的家族主义社会学研究》，周大鸣译，知识产权出版社，2006。

③ 〔英〕莫里斯·弗里德曼：《中国东南的宗族组织》，刘晓春译，上海人民出版社，2000。

④ Maurice Freedman, *Chinese Lineage and Society: Fukien and Kwangtung*, London: The Athlone Press, 1966.

⑤ Hu Hsien-chin, *The Common Descent Group in China and Its Functions*, New York: Viking Fund Publications in Anthropology, 1948.

汉人家族制度的关键。陈其南通过对房和中国家族制度的系统研究认为，房所指涉的范围是系谱关系上的成员资格；其核心观念，即儿子相对于父亲称为一房，直接明确地阐明了一个家族内部的关系；房所指涉的范围很清楚地不受世代的限制，二代之间可以称为房，跨越数十代的范围也可以称为房。① 陈其南还从韦伯关于新教伦理与资本主义的关系的命题入手讨论，认为应将东亚地区，特别是中国社会中与经济发展和资本主义有关的儒家伦理应该更严谨地界定在家族伦理的层面上，强调传统家族伦理对近代东亚的经济发展，特别是工作伦理和成就动机有积极的作用。② 陈其南的这种论述也在一定程度上从"文化"的角度回应了葛学溥提出的"家族主义"，这也是理解海外华人在经济上取得成就的重要解释工具。

麻国庆认为，中国的家族制度的研究有"文化"与"社会结构"两个取向，中国一批卓越的人类学先驱接受了西方的人类学传承，进行中国社会的家族与祖先祭祀研究时，在潜意识中已经关注了"文化"与"社会结构"的综合研究，即对作为文化仪式的祖先祭祀与作为社会结构基础的家族、宗族的内在的联系性及其与中国文化的整体性的关系，给予了相当高的关注。③ 这方面的重要研究包括：杨堃的博士论文《祖先祭祀》，林耀华的《义序的宗族研究》④ 与《金翼》⑤，费孝通的《乡土中国　生育制度》⑥，许烺光的《祖荫下》⑦ 等。

综上所述，在不同的有关家的不同概念和定义当中，人们对它的认识可能会模糊不清，但在研究中我相信一点，即在汉族文化中的"家"的文化逻辑是大体一致的，即以父系血缘为中心，可以沿着亲属差序而延伸。我不想囿于以上诸多概念的纷争，本书中的"两头家"更多地接近一种具有伸缩性"家"的概念，因为从血缘上来说，它包括两个不同时空的近亲团体，而在经济上只能过侨批⑧、侨汇、侨物来联系，在某种程度上唐山那头"家"更多的是一

---

①　陈其南：《家族与社会》，联经出版事业公司，1990，第130页。

②　陈其南：《家族与社会》，联经出版事业公司，1990，第298页。

③　麻国庆：《从非洲到东亚：亲属研究的普遍性与特殊性》，《社会科学》2005年第9期。

④　林耀华：《义序的宗族研究》，三联书店，2000。

⑤　林耀华：《金翼》，庄孔韶、林宗成译，三联书店，2008。

⑥　费孝通：《乡土中国　生育制度》，北京大学出版社，1998。

⑦　〔美〕许烺光：《祖荫下：中国乡村的亲属、人格与社会流动》，王芃、徐隆德译，南天书局有限公司，2001。

⑧　侨批，是指海外华侨通过海内外民间机构汇寄至国内，连带家书或简单附言的汇款和领取包裹的凭证，是一种信、汇合一的特殊邮传载体。

种文化意义上的"家"，它缺失了许多一般家庭的功能和特征。

四 "两头家"的研究回顾

在早期的东南亚华人社会，"两头家"盛行于侨居在外较久的华侨之中。久在南洋的人，携眷不便，又不能时常返回家乡，容易与家乡疏远，一般会在侨居地再娶，再娶时以南洋本地女子为最多，这些再娶的南洋女子往往被视为侧室。"两头家"是当时环境的产物，随着政治条件的变化，这种特殊的家庭逐渐消亡，但拥有"两头家"家族背景的人仍大部分健在，至今这种特殊的家庭形式仍对侨乡及海外华人社会产生深远的影响

"两头家"是在侨乡形成的过程中随之产生的特殊的婚姻家庭形式，它的一个重要特点是两头"家"空间上分割，"两头家"中的男主人以工作并居住在"番邦"① 为主，来回于番邦与家乡两地。考察这种特殊的婚姻家庭形式，可以给我们在跨越时空背景下研究流动的"家"提供可贵的借鉴意义。

1. 前人研究

对于"两头家"的专题研究并不多见，但许多关于海外华人及华南侨乡的研究中，"两头家"作为联结海外华人社会与华南侨乡的一种社会家庭结构，经常被附带提及，我认为"两头家"的现象恰恰可以解释这种联系两地社会的特殊性。中国文化中"家"的特殊性与重要性在"两头家"现象中也得到了特别的演绎。在华南研究占有重要地位的学者葛学溥和陈达的著作中，我们可以找到如下的论述。

葛学溥虽没有明确提出"两头家"这个概念，但他在书中有这样的描述：

> 在凤凰村娶妾被人视为财富和荣耀的象征。在 182 个婚姻家庭有 14 个是一夫多妻家庭。
>
> 一夫一妻和一夫多妻在这儿是并存的。一个男人只能结一次婚除非他是鳏夫。他不能和妾结婚。虽然他有正妻和一些附属妻子，但是只能是正妻参加结婚仪式。
>
> 但有例外，在这个宗族许多世纪以来就存在。移民把妻子或妾留在凤凰村，在海外又结婚。这些妻子被视为妾而由社区接受。因为社区对此无能为力，所以社会舆论理性地对待这一情形。他们简直做了最好的非传统

---

① "番邦"：旧指外国或外族。在南村，当地人们在说到外族或外国的事物时，只用一个字即"番"表示，本书为行文方便，大多用"番邦"。

的实践。实际情况表明外国妻子在村落和家庭群体中有着权威的地位；经常她们的地位比村里的原配夫人还高。因为她们的孩子与原配的孩子享有平等的继承权。这种情形可以看做重婚或一夫多妻。一个男人可能一个妻子和几个妾，而移民可与另外的妻子正式结婚并将妻子带回家。凤凰村普遍的婚姻是一夫一妻和一夫多妻制共存。①

而陈达在《南洋华侨与闽粤社会》一书中第一次指出了"两头家"这种婚姻家庭现象，并做了较为深入的介绍：

> 南洋华侨往往维持"两头家"，土人妇常居南洋，发妻常居故乡，因此平常家庭并无冲突。有些"两头家"的主妇，虽经长时间，亦各相安无事。不但如此，两个妇人有时候还可以彼此爱护。
>
> "两头家"盛行于侨外较久的华侨，因久在南洋的人，容易与家乡疏远，且因经济比较充裕，可以再娶，娶时以南洋妇女最为便利。
>
> 在第一次结婚（时）……，娶南洋女子或侨生女子者人数颇少，因此我们知道"两头家"是不多的。不过在结婚二次或二次以上的华侨，"两头家"比例增多，因在161人中，娶本地女子者91人，娶南洋土人女子者41人（内有暹罗女子32人，安南女子9人），娶侨生女子者17人。南洋土人女子几乎全数是"两头家"的主妇，侨生女子有许多亦是为维持"两头家"而娶的。
>
> "两头家"是环境的产物，因南洋华侨除非光景富裕，不能携眷同往南洋，且又不能时常回返故乡，因此只可斟酌情形，在南洋再娶。再娶时，或为土人妇，或为侨生的中国女子，而以土人居多，因此种结合往往不具永居性，且南洋所娶的往往视作侧室。因此"两头家"的实例虽多，华侨们自己及社会的舆论，对于南洋妇多少有些歧视。
>
> 至于和异种女子结婚者的动机，当然是复杂的。譬如暹罗女子，目睹中国小商人，勤俭耐劳，嫁后可以终身有靠。至于男子方面，因远居异域，不谙语言与习惯，娶一暹罗妇，当然得了一个有力的助手，特别是在乡间做买卖的人。"两头家"的家主，对于两家担负各种责任，不过有些男子于娶了暹罗妇女之后，往往对于家乡的妻室，逐渐疏淡，以至没有汇

---

① 〔美〕丹尼尔·哈里森·葛学溥：《华南的乡村生活——广东凤凰村的家族主义社会学研究》，周大鸣译，知识产权出版社，2006，第144页。

款或家信寄回。但这样的例子是不多的，大多数的男子，如果有"两头家"的，都维持两个家庭。丈夫回国，暹妇很少同来的，因语言不通，且天气较冷，生活上于她是不便的。她的儿子大致于幼时送回中国，以便学习语言文字及历史地理等基本知识。她的女儿不一定回国求学。①

图3摘自该书的例子，1934年，主人公61岁。他幼时家贫，17岁往暹罗谋生。先在店铺当学徒，后来在曼谷开店，经营大米、水果及杂货等业。经历了不少挫折之后，他终于成为巨富。他有发妻和四妾。从图3中可见，这些妻妾所生育的子女，多数住在泰国，其余的则住在最靠近故居的城市——汕头市。

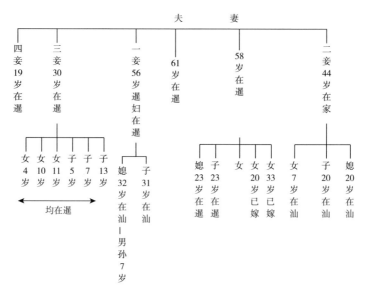

图3 "两头家"家庭结构

注：汕指"汕头"，暹指"暹罗"，即泰国。

资料来源：陈达《南洋华侨与闽粤社会》，商务印书馆，1938，第127页。

此后，海外汉学家对于东南亚华人的研究成果十分丰富，但是华人家庭的研究并不多见，具有代表性的是莫里斯·弗里德曼（又译为傅利曼）的《新加坡华人的家庭与婚姻》②。他对新加坡华人的家庭与婚姻进行了详细的讨论，

---

① 陈达：《南洋华侨与闽粤社会》，商务印书馆，1938，第155~157页。

② 〔英〕傅利曼：《新加坡华人的家庭与婚姻》，郭振羽、罗伊菲译，正中书局，1985。

认为新加坡华人的家庭婚姻传统源于中国东南部的福建、广东，但又异于中国本土，主要表现为婚姻的"个体化"（individualization），亲属关系观念模糊，丧葬多依赖会馆组织协助等。但在这些结论之外，他认为华人社会组织虽然发生了变化，但在华人家户中仍可以发现若干过程与原则，显示新加坡华人社会与中国本土社会强固的连续性。

在该书中，弗里德曼虽然没有对新加坡华人在华南故乡的家庭进行详细的描述，但介绍了新加坡华人存在的一夫多妻现象："我们很难衡量，一夫多妻制在本地有多普遍。华人本身的看法是：下自文员，小店老板，上至大企业家，都有娶多妻的情形，而且这种趋势随财富而递增。"[①] 早期的东南亚华人往往以多妻妾来显示自己的钱财和地位。"在俱乐部中，生意场合和朋友酬酢上，有钱人并不隐瞒多妻的事实。相反的，添个小老婆常被用来显示经济稳固的象征。买辆美式大轿车和讨个小老婆都是显耀富的方式，使人对他的生意有信心，她也可振奋丈夫的斗志。华人常说，许多人在讨了个姨太太之后运气就好转了。"[②] 这些现象多是中国传统社会中纳妾制影响下的产物，不过弗里德曼囿于当时的研究条件，只关注当地华人社会的婚姻家庭情况，对当地华人的中国故乡的家庭关注不多，而"两头家"更没有提及。

国内关于华侨华人及侨乡的研究成果十分丰富，但在社会人类学视野下考察华侨及侨乡婚姻家庭的研究并不多见，一般的研究往往会顺带式地介绍侨乡的婚姻家庭，而"两头家"经常被提及。如刘朝晖根据1527年至1867年的族谱对厦门新江社区有记载的2226名移民做婚姻家庭方面的统计，他发现当地移民家庭存在四种情况：①失婚；②国内的单边家庭；③番邦的单边家庭；④双边家庭。其中的"双边家庭"即本书要讨论的"两头家"。"双边家庭"又有三种现象：家妻+南洋的华人女子为妻、家妻+番女为妻、家妻+南洋的华人女子为妻+番女为妻。在刘朝晖的统计中，当地的"双边家庭"只占家庭数量中的11%。[③]

刘朝晖主要借助早期族谱的材料介绍"双边家庭"，并没有具体的个案材料。曾少聪在《闽南地区的海洋民俗》一文中对侨居菲律宾的闽南华侨"双

① 〔英〕博利曼：《新加坡华人的家庭与婚姻》，郭振羽、罗伊菲译，正中书局，1985，第130页。

② 〔英〕博利曼：《新加坡华人的家庭与婚姻》，郭振羽、罗伊菲译，正中书局，1985，第128页。

③ 刘朝晖：《超越乡土社会——一个侨乡村落的历史、文化与社会结构》，民族出版社，2005，第98～101页。

边家庭”做了较为详细的介绍：

> 许多华侨长期居住海外，在原籍虽有妻室，却分居两处。后来，有些华人随着经济收入的提高，便在海外再行结婚，配偶一般是土著妇女，或中外混血的侨生，或少数国内新去的妇女，这就形成了国内和海外的双边家庭。发妻在家乡服侍公婆，养育子女，为事实的家长，续妾在海外协助丈夫发展事业，丈夫为家长。在这双边家庭里，丈夫在菲律宾赚钱，他会寄钱回家，赡养父母和妻子儿女。丈夫通常在间隔三年或几年回家一趟，与结发妻子和儿女团聚。华侨男子在菲律宾与土著的女子结婚后，他通常会把与结发妻子生的长子接到吕宋继承家业。一方面是因为中国人的传统注重长子，长子在家里有较多的义务，同时他也获得较多的财产。另一方面是菲律宾华人对和土著女子结婚所生的子女多少略带偏见，更愿意把家产和自己的事业留给与华人结婚所生的儿子。①

曾少聪还就两个具体的例子来说明，在双边家庭里并不是所有的结发妻子都留在家乡，在菲律宾的妾都留在吕宋。“双边家庭”是可以变动的，一边的妻子或妾都有可能移居到另外一边，变动的情况视每个家庭的具体情形而定。

曹云华在《变异与保持：东南亚华人的文化适应》一书中总结了“两头家”的两个重要特征：一是一妻多妾，这在上述弗里德曼的研究中有了详细的介绍；二是族际通婚，在 20 世纪初期以前，华人男子大多与当地人通婚。曹云华还将“两头家”的社会经济根源归纳为三点：第一，早期华人移民“叶落归根”的特点，他们要在家乡建立家庭把“根”留住，把“根”留住最好的办法是在家乡建立家庭，生儿育女。第二，居住国环境所决定，早期华人移民多为男性，只是到了 20 世纪 30 年代女性移民才多起来，因而华人必须积累够一定的钱才回国娶亲。此外，华人在居住国生活和工作面临诸多困难，娶当地女子成为促进自己事业成功的一条捷径。第三，当时中国和东南亚各国的婚姻制度均允许一夫多妻（或多妾）的现象存在。

到了 20 世纪之后，华人与东南亚当地民族通婚的现象有减少趋势，曹云华认为主要有以下几个原因：土生华人已经发展壮大成为一个独特的社会，男女性别比接近平衡；从中国南方迁移到南洋的华人妇女逐步增加，使华人社会

---

① 曾少聪：《闽南地区的海洋民俗》，《中国社会经济史研究》1999 年第 4 期。

男女性别比例悬殊现象逐步改观；从 20 世纪初期起，华人民族主义不断发展，在民族主义情绪的作用下，华人与当地异族妇女的通婚可能被视为对本民族的不忠或被看低。①

熊蔚霞、郑甫弘在《抗日战争时期闽粤侨乡的侨眷生活》一文中提到，在外华侨的婚姻并无限制，许多华侨在南洋娶当地女子为妻，也常带回家乡，后又孤身南渡。"走在闽南乡下，我们常可以看到一些黑皮肤，穿花裙的'番婆'，那都是从南洋带回来的异族夫人。"② 这些南洋女子也是侨乡侨眷妇女的一部分。她们来到了人地两生、言语不通的中国，在精神与物质上遭受的痛苦与"番客婶"们没有什么两样。

2. "两头家"的社会背景及历史

"家"的传统中的"家族主义"是中国传统社会组织的核心原则，在中国人的理论与实际行为中，社会有一种家族化的趋势。正基于此，宗族关系是汉人社会结构的基本分类法则，也是生存适应上的文化手段。海外华人经济和文化上的适应，也常常借助拟制的宗族关系来发展壮大自己。

"两头家"之所以在 1949 年前的华南侨乡广泛存在，并为当地人所认可，有其社会根源。首先是移出地华南侨乡的文化传统与社会结构。从文化传统的角度观之，华南侨乡的汉人以儒家文化为基础，儒家文化中的"孝"的观念是祖先祭祀与社会结构相互关联、延续的文化意识形态。而由社会结构的角度来看，葛学溥在前述著作中提出了华南乡村深具影响力的概念——家族主义（Familism），这个词原初在英文中是没有的，是他创造的一个新词并将其定义为：作为社会组织的一种形式，其所有价值都是由家庭群体的生计、延续、功能所决定的。这种以家庭和家族的福祉为中心的家族主义不仅是华南侨乡传统家庭制度的组织原则，也是传统中国社会组织的基础。华南侨乡的社会结构在弗里德曼那里得到详细的论述，弗里德曼虽没有亲自到过华南侨乡进行实地考察，但他基于海外华人和前人的研究材料，建构了影响深远的华南汉人宗族范式。华南侨乡以"孝"为理念的祖先崇拜、祖先祭祀与以"家族主义"为核心原则的家族、宗族社会结构，也就是"两头家"现象得以广泛存在的"文化"与"社会"的土壤。

"两头家"侨居地东南亚各国情况各异，因我不能前往实地考察，故仅就前人之研究成果做大致介绍。施坚雅（G. William Skinner）在 20 世纪 50 年代对泰

---

① 曹云华：《变异与保持：东南亚华人的文化适应》，中国华侨出版社，2001。
② 熊蔚霞、郑甫弘：《抗日战争时期闽粤侨乡的侨眷生活》，《南洋问题研究》1992 年第 4 期。

国华人做了大量的调查研究，在《泰国华人社会：历史的分析》一书中，他提出了影响深远的"华人同化论"的观点。这本著作从人类学的视角出发，调查深入，史料扎实，内容广泛，其中不乏泰国华人与当地女子通婚情形的描述：

> 似乎只有语言和贫穷是华人男子与泰国女子通婚的唯一障碍。早期的华人移民大多从低下的行业做起，但过几年后，他们大多都和泰国主流的男性一样富裕了。而且在这个过程中，华人移民也开始掌握一些简单的泰语。华人移民对于泰国的佛教也并没有什么顾忌。因而，事实上有几个积极诱因促使泰国女子嫁给华人男子：首先，在泰国本土人口中擅长从事商业活动的是女性而不是男性，她们有着商业的专门知识，因而她们懂得欣赏中国丈夫勤勉的优点；其次，华人男子比泰国本族群的男子更懂得体贴；另一方面来说，华人男子娶了本地女子更有利于他们与本地的顾客打交道，也有利于他们取得经商所需的货款。此外，娶泰国本地女子的开销比在中国本土所举行的婚礼要便宜得多。①

施坚雅的描述让我们看到了泰国跨族群通婚的概况，这也是他论证华人同化的重要依据之一。此外，华侨娶当地女子的一个重要因素是早期东南亚华人社会的性别比严重失衡，施坚雅也对其进行了描述：

> 直到1893年中国妇女还没有人能够从中国移居外国，据陈达1923年的研究，还有琼州领事报告1882~1892年的数据显示：在抵达东南亚的中国人当中，妇女的比例不超过2%或3%。在当时的移民背景下，男人出外赚钱养家，为了家族的利益，女人则一般留守在家里。也有未婚女子迁移到南洋，但这些情况一般是她们的家庭穷苦，家人被迫将其卖给了卖淫行业。②

范若兰的研究描述了各方言群的男女性别比："广府妇女总人数虽少于福建妇女，但性别比最高。1931年，海南人的性别比最低，仅为1000：151。但20世

---

① G. William Skinner, *Chinese Society in Thailand：An Analytical History*, Ithaca：Cornell University Press, 1957, p. 127.

② G. William Skinner, *Chinese Society in Thailand：An Analytical History*, Ithaca：Cornell University Press, 1957, p. 127.

纪 30 年代女性移民浪潮大大提高了各方言群的性别比，广府人性别比提高最快，为1000：960，其中新加坡的广府妇女甚至超过广府男子，比例为 1000：1219，福建人性别比上升为 1000：864，客家人上升到 1000：831，潮汕人为 1000：797，海南妇女人数仍然最少，但增长迅速，性别比上升到 1000：554。"①

各方言群性别比的不平衡其实反映了华南地区各方言群不同的文化传统，也与 20 世纪 30 年代各方言群妇女移民模式有很大关系。海南华人性别比较低不仅是因为海南华人人口少，更是因为海南禁止和限制妇女出洋的文化传统。与经济发达的闽粤地区相比，海南社会更封闭、保守，男外女内、男尊女卑、男女大防等伦理规范已浸透人们的思想，对妇女出洋这种违背祖制的事，海南地方宗族和一般民众反对最为激烈。"自民十以前（1921），妇人出洋，悬为厉禁，以其宗法思想丰富，故守男治外女治内之古训，并且恐妇女出洋，被人诱拐，沦为娼妓，与体面攸关，其禁律之严，古今中外，罕有其匹。"② 妇女出洋的禁令不仅在海南实行，而且海外的琼籍宗亲会馆也严格遵守。

"两头家"是早期东南亚华人的重要婚姻家庭形式，它是华人适应当地环境的结果。第一代华人有不少人采取这种家庭形式，但出生在东南亚的第二代华人和 20 世纪 50 年代以后移民的华人，基本上都是一头家，即把家真正安在了居住国。新中国成立后的婚姻法，禁止重婚纳妾，东南亚各国也相继在制度和法律上废除纳妾制。移出地与移入地都在法律和制度上慢慢断绝了"两头家"现象产生的根源。此外，从 20 世纪 30 年代起，华人眷属、妇女、儿童迁入移居人数增多，为华人男子在当地娶妻提供了便利；20 世纪 50 年代，在政策的影响下，东南亚华人加入侨居国国籍。侨居国与中国的社会背景的变化也让"两头家"现象基本成为历史。

从以上国内外学者的研究我们可以看出，"两头家"现象存在于侨乡与东南亚华人社会由来已久，但各种华侨华人的研究往往偏重于宏观的研究，而忽视了微观的研究；关注华人的经济发展、华人社会组织，而较少关注华人的婚姻与家庭，因而"两头家"虽然是一种早期华人社会与华南家乡联结的重要家庭组织形式，但受到的关注远远不够。"两头家"的婚姻家庭形式曾经广泛存在于福建、广东、海南等华南沿海侨乡。随着时代的变迁，虽然跨国、跨区域的移民行为愈演愈烈，但"两头家"这种家庭形式基本式微了。综观有关

---

① 范若兰：《移民、性别与华人社会：马来亚妇女研究（1929—1941）》，中国华侨出版社，2005，第 102 页。

② 云愉民：《新加坡琼侨概况》，海南书局，1931。

华侨华人的研究文献，有关"两头家"的研究十分稀少，大多是在研究华侨华人的综述成果中的婚姻家庭部分做简单的介绍，而关于"两头家"的形成、演变、现状的专题研究尚未发现。

本书以华南侨乡南村为个案，对当地20世纪50年代前广泛存在的"两头家"进行研究，并发掘"两头家"如何在当地成为众多华侨集体选择的家庭策略，也探索人类学视野下华南侨乡家庭的特殊性。

五　研究反思及关注点

总结以上不同层次的"家"、"两头家"、侨乡与华人社会以及研究对象的相关研究，我有如下反思。

第一，传统的家庭研究关注相对静止、封闭的社区。全球化时代，中国社会越来越开放，交通运输、通信等科技手段日新月异，人们已经不再局限在一个封闭的社区生活，人口流动越来越频繁。而作为社会结构最基本的单位——家庭也必然发生剧烈的变化，家庭的传统功能在现代生活下是变弱了还是增强了？或者有新功能产生？家庭的结构将发生怎样的变化？家的文化和观念又将如何变迁？这些领域的研究仍有无穷无尽的探索空间。

第二，侨乡的婚姻家庭专题研究较少，"两头家"的专题研究更是匮乏。侨乡是鸦片战争后至新中国成立之前这一段较长的特殊历史时期的产物，大多数的侨乡分布于华南沿海的汉族聚居区。侨乡本质上是一个农村社区，在人口大量出洋谋生对地方社会造成方方面面的影响下，才形成侨乡特有的社会文化特征。以往对于侨乡的研究偏向于历史学、经济学宏观层面的研究，而对于侨乡的婚姻家庭方面的专题研究较少。"两头家"是海外华人与侨乡社会联结的重要家庭形式，深入挖掘"两头家"这种侨乡地区特殊的婚姻家庭形式，有助于我们了解汉人社会在移民过程中的家庭策略和家庭认同意识，这也是中国"家"观念特殊性的表现。

第三，全球化时代下，人口流动加剧，以新的方法论和视角来研究中国婚姻家庭的研究成果不多。面对新的形势，学者对新的研究方法以及视角的发掘，对诸如婚姻、家庭等人类学经典的研究主题有着现实的需要，而在上述研究综述中，在方法论上具有创新的研究成果尚不多见。

通过对以上研究的总结和反思，我根据自己的研究主题关注以下几个方面的研究成果与创新，并希望自己的研究在这些方面有一点贡献。

第一，口述史与生活史、家族史方面。以往的研究大多见宏观而不见微观，我期望通过对研究对象的深度访谈，突出个体的情感特征，以及其与家庭成员之间的关系，并将个体与社区的社会结构与文化相结合，描述社会历史的变迁在个体的生活史中所发生的映射。

第二，家庭策略方面。本书尝试用家庭策略的视角来把握"两头家"的家庭及成员生活变迁史，该视角可以较好地把握个人、家庭和社会的关系。家庭策略的形成是一个过程，是家庭成员之间关系的互动结果，其取向取决于各成员在家庭中的地位以及家庭成员的个性和职业。同时，家庭策略也受到地方社会的文化习俗、社会经济背景和宏观的国家政治变动的影响。

第三，家庭研究的两个层面：现实和意识。在本书中，"现实"指的是家庭的共同物质基础，如祖业、家庭姓氏、家庭住房、家庭财产、家庭生计等具体的家庭组织形式。认同意识是起源于心理学的术语，而家庭自我认同意识是人们把什么等同于"家"的意识。在本书中，"家"的意识指的是由于时空的分离，"两头家"的第一代、第二代华人以及他们祖乡的亲属如何相互认同彼此作为家庭的成员，并因此所具有的家庭共同体文化认同。引入家庭自我认同意识这个概念，便于分析社会变动时期的家庭状况，记述意识和现实的区别、家庭成员之间的不同，以及时空分离造成各自对家庭认同的差异。

第四，跨国家族网络与传统复兴方面。在侨乡传统复兴的现象中，海外华侨的资本、文化心理对侨乡文化资本的整合有重要的推动作用。"两头家"就是跨国宗族网络的细胞化家庭单位，华侨和侨眷在日常实践中展演着这个传统的复兴进程。

第四节　研究方法与研究思路

一　口述史、生活史与日常实践

生活史（life history）仅仅是一种纪实手段，它通过构筑某一特定的个人或家庭的个案来表述某一特定文化中人们的规范性经验的特征。口述史则指个人对事件的回忆以及对原因与影响的解释。

自传/传记/生活史的研究早在 20 世纪初就已成型，较著名的有托马斯和兹纳涅茨基在 1921 年出版的《身处欧美的波兰农民》[①]，被称为是社会学领域

---

① 〔美〕W. I. 托马斯、〔波〕F. 兹纳涅茨基：《身处欧美的波兰农民》，张友云译，译林出版社，2000。

中第一部广受关注的生活史研究著作。从 1916 年起，由芝加哥学派领袖派克
（Bert Park）主导的社区研究为自传/传记/生活史研究在社会学上的应用奠定
了良好的基础。

在当代，生活史运用方面的重要先驱人物是西敏司（Sydney W. Mintz），
他在《蔗糖工人》[1] 一书中对一个贫穷的波多黎各中年男子个人经历进行了描
述，由此来反映当地文化与政治的变迁。西敏斯的研究没有选择"有代表性"
的个案，而是描写了"普通人的自传"。林耀华的《金翼》虽然不是个人的生
活史研究，但通过一个家族中各成员的经历，在不同历史时期的境遇再现了
20 世纪 30 年代前后中国农村生活的情景。林耀华力图展示出"人类的生活就
是摇摆于平衡与纷扰之间，摇摆于均衡与非均衡之间"[2]。黄树民的《林村的
故事》则是"采用生活史的方法（life history approach）描述'林村'在过去
35 年来的变化。此书的主角是在林村长大的党支部书记叶文德，由此可见中
国历史上骚动不安的一页重要篇章。这个像故事般发展的情节，以叶文德为主
干。我们透过他的生活来了解政府如何改变村民和村中的风俗"[3]。

而奥斯卡·刘易斯（Oscar Lewis）的著作《桑切斯的孩子们》[4] 及《拉威
达》[5] 包含了多种生活史和心声（以访谈录音材料的编辑手稿形式出现），以
便提供较之于民族志学家能够提供的单一权威性心声更为多样化的系列透视
观点。

在这里，生活史不再简单地是一种生命周期仪式、社会化模式，以及某一
代人的历史（这些是由某一个人所经历的事物贯穿起来的叙述框架），或者是
有关个人的叙事形式。的确，生活史在最充分完全的意义上解构了：不是促成
研究对象的消失，而是阐明显扬某一个人社会的和建设性的因素，这些因素使
他或她在社会中的语境中获得能力。生活史是研究对象的经验与日常实践，详
细地说明塑造和构成生活史的文化意义就非常具有重要性。

澳大利亚学者杰华（Tamara Jacka）在《都市里的农家女：性别、流动与

---

① Sidney W. Mintz, *Worker in the Cane: A Puerto Rican Life History*, New York: W. W. Norton,
1974.

② 林耀华:《金翼》，庄孔韶、林宗成译，三联书店，2000，第 209 页。

③ 黄树民:《林村的故事——一九四九年后的中国农村变革》，素兰、纳日碧力戈译，三联书
店，2002，第 19 页。

④ Oscar Lewis, *The Children of Sanchez, Autobiography of a Mexican Family*, New York: Random
House, 1961.

⑤ Oscar Lewis, *La Vida: A Puerto Rican Family in the Culture of Poverty—San Juan and New York*,
New York: Random House, 1966.

社会变迁》① 一书中，描写了 20 世纪末 21 世纪初那些离开农村家乡到城市寻找工作、加入被认为是和平时期世界上最大的国内迁移浪潮的中国女性的故事。杰华在深度民族志研究的基础上，试图理解流动者本身是如何体验流动的。杰华集中关注从农村到城市的流动者，特别是女性流动者的经验，关注她们谈论那些经验的独特方式，以及那些经验如何影响了她们的认同意识。通过对都市里的农家女的一手材料的说明，杰华提供了关于农村女性与城/乡经验之间如何协调的有价值见解，以及这些经验如何影响她们的世界观、价值观和人际关系的方式。杰华对于妇女个案故事的描述与分析并进而让读者理解社会性别与社会变迁之间的关系，以及全球化与现代化如何在最个人的层面上得到体验的方式，这个研究给我很大的启发。

出生在香港，移民到加拿大的人类学者温婉芳（Yuen-fong Woon）以小说形式撰写《活寡妇》② 一书，从社会性别的角度描述辗转于广东台山、中国香港和加拿大之间的移民家庭故事。作者 20 世纪 70 年代初访谈了居住于加拿大的 12 个 "金山客"，1984~1988 年访谈了在四邑出生但在加拿大居住的女性，1986~1994 年在广东开平和台山进行了几次短期田野调查。该书虽为小说体，但由于是作者基于访谈和调查资料撰写而成的，所以它作为人类学家研究侨乡的作品具有较高的参考价值。故事主要从女主人公黄秀萍的视点展开，通过连串的情节描写，我们可以了解女性在中国宗族中的地位、村落权力关系、华人家庭的谋生情况和世代之间的差距、华裔加拿大人的认同问题，还可以看出华人社会与加拿大主流社会的关系等。我认为温婉芳的写法十分值得本书借鉴，而本书也是基于这样的方法，大量地采用现在可以访谈到的 "两头家" 的老年妇女的访谈资料，再加上南村的社区调查，借以建构南村伍氏家族移民家庭的生活历史图景。

文化人类学这门学科所探讨的是生活世界语境中的日常实践，因此，学者们必须把所有的符号行为趋向形式都纳入自己的考察视野当中。法国著名学者布迪厄在《实践感》③《实践与反思》④ 等著作中，以 "实践" 作为联结主观世界和客观现实的中介因素，并引入了 "惯习" 和 "场域" 等核心概念来探

① 〔澳〕杰华:《都市里的农家女：性别、流动与社会变迁》，吴小英译，江苏人民出版社，2006。

② Yuen-fong Woon, *The Excluded Wife*, Montreal, Ithaca: McGill-Queen's University Press, 1998.

③ 〔法〕皮埃尔·布迪厄:《实践感》，蒋梓骅译，译林出版社，2003。

④ 〔法〕皮埃尔·布迪厄、〔美〕华康德:《实践与反思：反思社会学导引》，李猛、李康译，中央编译出版社，1998。

究人类生活，发展出一套具有反思性的社会学实践理论，力求展现社会空间与个体的关系的现实图景。而法国文化学者米歇尔·德·塞尔托也对移民的日常实践做了这样的一个定义：日常实践是移民为应付自己所处的状况而进行的各种实践活动。在这种日常实践中，他们在日常生活中根据自身的需要错开，或者根据自己的条件去重新解释各种未必对他们有利的条件，通过这种办法来绕行或克服自己的困难处境。[1]

广田康生在《移民和城市》一书中以"越境移民族群"及其"互动者"为主体的"日常实践"构成了一个"跨国社会领域"；[2] 刘新则用一个中国农村农民的日常生活实践的变化追问国家政治进程对农村社会的影响。[3]

本书的对象是由南村村民与其海外华人亲属所组成的跨国社会共同体——"两头家"。这个社会共同体是由"两头"家庭成员的日常实践所缔造出来的，是近代华南移民的浪潮中时隐时现于人们日常生活中的具体家庭策略总的表现。在这个微观的视野下，关注南村及生活在泰国的南村籍华人在不同历史时期下所进行的个体日常实践，我们或许可以对中国传统农村社会移民的个体文化选择行为的逻辑和规则有更深刻的理解。

二 社区研究

自马林诺夫斯基（又译为马凌诺斯基）的《西太平洋的航海者》[4] 这部著作之始，人类学者开始注重社区微观的调查，把社区的、文化的和心理的所有方面作为一个整体来处理。而对中国农村社会的研究，自20世纪20年代葛学溥的"凤凰村"以后，有杨懋春的"台头村"、费孝通的"江村"、林耀华的"义序"和"黄村"、杨庆堃的"鹭江村"等。中国的人类学者用"深描"的写法为我们展示了中国乡村社会丰富的人文类型，这也是费孝通对利奇等人质疑一个典型村落的研究如何反映整个中国农村社会的回应。

丁元竹认为最有影响力的社区研究的基本理论和方法有四种：一是以芝加哥学派为代表的人文区位学（Ecology），它主要是从空间和时间对人类组合方式和行为活动的影响来研究社会。二是以马林诺夫斯基、R.布朗和帕森斯等人为代表的功能主义方法，其核心观点认为，在一个特定社区中，社会生活的

---

① 转引自〔日〕广田康生《移民和城市》，马铭译，商务印书馆，2005。
② 〔日〕广田康生：《移民和城市》，马铭译，商务印书馆，2005。
③ Liu Xin, *In One's Own Shadow: An Ethnographic Account of the Condition of Post-reform Rural China*, University of California Press, 2000.
④ 〔英〕马凌诺斯基：《西太平洋的航海者》，梁永佳、李绍明译，华夏出版社，2002。

各方面都是密切相关、相关联系的。每一种社会活动都不是孤立地存在与发展的，都具有为社会整体服务的功能。三是费孝通的方法，也就是他把功能研究与自己在中国研究实践中注重类型的比较与应用相结合而得出的综合方法，即以综合的实地调查和认识解决现实问题为目的。四是区域主义研究的方法，研究的特色是以市场机制为主线，注重区域间的社会关联（包括交换关系、婚姻圈、文化传播、社会网络等）。①

以往的社区研究中，大多关注整体，较少关注个体，这就涉及一个"具体认识"与"整体认识"之间的矛盾。对我的困惑有很好启发的村落研究是生活史的研究，如林耀华的《金翼》②与黄树民的《林村的故事》③，这两本著作都以小说叙事的写法，从一个家族史与个人生活史的视野来反映所处社区的文化与社会结构及其变迁。

因此，我期望采用口述史所取得的生活史和家庭史的素材，结合社区研究的方法，采用"历时性"的研究，主要关注侨乡村落的社区变迁，同时兼顾社区的延伸——海外华侨。而串起口述史和社区研究的主线是本书所重点讨论的"两头家"现象，"两头家"的起源、形成和发展、变化及终结的过程也反映了当地侨乡社会的一个历史变迁。

三　家庭策略

近年来，西方学者在对东方和西方的家庭研究中普遍注意到家庭决策绝不仅仅是一种相互商量和民主的过程，其中充满了支配与被支配、充满着夫妻争执和父母与子女的争论。而在本研究里，在近代华南侨乡的移民历程中，很多家庭选择了"两头家"这种特殊的婚姻家庭形式来应对移民的局面，这成了侨乡移民家庭策略的一种集体选择。许多社会历史学家认为策略是个体生活和集体行为的桥梁，是从非个人社会结构和力量向个人生活的转变。社会学家视家庭策略这个概念为解释社会变化过程和结果的手段，同时也把家庭和亲属关系描述为历史变化的积极参与者的手段。④

---

① 丁元竹：《社区研究的理论与方法》，北京大学出版社，1995；转引自周大鸣《凤凰村的变迁》，社会科学文献出版社，2006，第66页。
② 林耀华：《金翼》，庄孔韶、林宗成译，三联书店，2008。
③ 黄树民：《林村的故事——一九四九年后的中国农村变革》，素兰、纳日碧力戈译，三联书店，2002。
④ Phyllis Moen, Elaine Wethington, "The Concept of Family Adaptive Strategies," *Annual Review of Sociology*, Vol.18,（1992）：233-251.

回顾 20 世纪西方较为成熟的家庭社会学人类学理论，主要有家庭生态理论、生命历程研究和家庭危机理论，这些理论从不同方面涉及家庭策略。而生命历程研究将在本书中占据重要的位置。

樊欢欢在《家庭策略研究的方法论——中国城乡家庭的一个分析框架》一文中总结以往家庭策略给我们带来的两点启示：首先，家庭策略的研究，提供了一个将宏观社会变迁的背景与家庭成员互动结合起来进行考察的视角和机会。其次，这样的一种研究特色决定了我们必须使用一种综合的研究方法。也就是说，从变动、相互联系和个性与共性的结合这一视角去把握家庭策略的产生和执行。[①]

关于家庭和社会变迁的关系，近年来家庭史和社会学的研究提出了家庭策略的概念，该类研究倾向于将家庭作为一个能动的主体，探讨家庭面临新的外部环境时是如何应对的。但这样的研究并不是将家庭简单化为一个"整体"，相反，研究中普遍注意到家庭策略的形成是一个过程，是家庭成员之间关系的互动结果，其取向取决于各成员在家庭中的地位。在家庭要做"决策"时，如果没有一个平等的协商机制，有的成员的意见就会比另一些成员更重要，这就是发生在家庭中的权力关系。[②]

樊欢欢还在上述论文中指出家庭策略研究应关注的几点：第一，家庭策略的形成过程，即谁在家庭策略的形成中起主导作用？其他成员又在其中扮演着怎样的角色？第二，家庭策略形成的基础，即宏观的社会历史背景。第三，家庭策略的成因。这关系到个人的命运，包括其职业、价值观、社会地位等。第四，影响家庭策略的其他因素。如家庭策略形成过程中的互动、家庭结构的特征、家庭成员的人格特征等。第五，家庭策略实施的结果。随之而来的一系列家庭决策则都从属于这一策略，从而形成一个彼此互相联系的过程，同时又表现出一种整体的特性。第六，日常生活与重大决策的连属性。"过程—事件分析"研究视角使我们得以摆脱将日常生活与重大事件截然分开的分析方式，所谓家庭策略是一个前后相继、绵延不断的过程，生活中每一个小的决定都反映并构成了总体的家庭策略。[③]

---

① 樊欢欢：《家庭策略研究的方法论——中国城乡家庭的一个分析框架》，《社会学研究》2000 年第 5 期。
② 谭深：《家庭策略，还是个人自主？——农村劳动力外出决策模式的性别分析》，《浙江学刊》2004 年第 5 期。
③ 樊欢欢：《家庭策略研究的方法论——中国城乡家庭的一个分析框架》，《社会学研究》2000 年第 5 期。

　　闫天灵在《清代民国时期移民山区的"招夫养夫"婚俗试探》一文中对移民山区的"招夫养夫"现象进行了介绍。他认为移民是推动文化交流与文化变异的重要力量，许多新的民俗文化特质往往是在移民过程中产生的。清代民国时期全国主要移民山区普遍存在的"招夫养夫"婚俗，就是移民活动影响婚姻习俗变迁的一个典型例证。[①] 但我以为闫天灵对于这个婚俗现象的分析并不深刻全面，除了"招夫养夫"之外，在封建社会中还有其他的几种婚姻形态与之并存，如转房婚、交换婚、童养媳等。这些当时存在的婚姻形态都具有共同的特征——贫困。但贫困仍不足以解释这类婚俗的存在，如果引入家庭生存策略的视角，似乎更能把握具体个案形成的文化机制。

　　此外，美国学者苏成捷（Matthew H. Sommer）在《作为生存策略的清代一妻多夫现象》一文中，从清代的法律案件卷宗和 20 世纪初的民事习惯调查两种史料的分析中，对中国穷人中间存在的非兄弟形式的典妻现象，即"招夫养夫"的做法进行了深入的研究，他认为"招夫养夫"是属于一妻多夫谱系的，并进而讨论这类一妻多夫现象的主要动机是贫困以及它与中国传统婚姻体系的关系。苏成捷最后的结论是表现形式不同的一妻多夫现象是一种生存策略，是"小人物"应对重大的社会和经济问题的一种方式。[②]

　　苏成捷的研究从另一个侧面给本研究提供了重要的参考依据，而对于家庭策略的研究，布迪厄也有过专文论述。布迪厄认为亲属关系可以被视为"策略性行为"的产物，而不是血缘的自动和天然结果。[③] 布迪厄还把婚姻"理解为一种社会策略，其定义取决于它在一个旨在获取最大物质和象征利益的策略系统中的位置；或者，'优先'婚姻不再被认为是遵守规范或符合一个无意识模型的产物，而是一种再生产策略，其含义来自一个由习性生存的、趋于实现相同社会功能的策略系统"[④]。

　　家庭的适应策略是一种富有成效的方法，它把家庭放在更宏观的历史、文化、社会和经济背景下来考察。然而策略仍然存在概念和方法论的问题。西方

①　闫天灵：《清代民国时期移民山区的"招夫养夫"婚俗试探》，《中南民族大学学报（人文社会科学版）》2006 年第 3 期。

②　〔美〕苏成捷：《作为生存策略的清代一妻多夫现象》，李霞译，载黄东兰主编《身体・心性・权力》，浙江人民出版社，2005。

③　Pierre Bourdieu, "Marriage Strategies as Strategies of Social Reproduction," in Robert Forster and Orest Ranum（eds.）, *Family and Society: Selections from the Annales Economies, Societies, Civilisations*, trans. by Elborg Forster and Patricia M. Ranum, Baltimore and London: The Johns Hopkins University Press, 1976.

④　〔法〕皮埃尔・布迪厄：《实践感》，蒋梓骅译，译林出版社，2003，第 24 页。

学者对家庭策略的讨论往往缺乏对华南汉族村落"家"的传统的多维度考察，如家族主义原则、宗族组织、妇女地位、祖先崇拜等一整套文化与社会系统的把握。

在此，我需要对本书中所使用的家庭策略的概念进行一个界定。

首先，从微观层面分析，家庭策略是"两头家"及家庭成员为维系"两头家"所采取的一系列具体生活策略，它们受文化习俗、社会结构及个人性格的影响，并反映出个体、家庭与社会的变化关系。

其次，从宏观层面分析，"两头家"是华南侨乡的一种家庭策略。它是为应对移民局面所采取的具体措施的总和，也就是总策略。这种总策略还表现在"两头家"成为华南侨乡许多移民家庭在特定历史时期的集体选择。

有了上面的界定，我们还可以将家庭策略的分析单元细化及操作化。

个体/家户/家庭

个体指的是"两头家"中具体的家庭成员，在决策过程中，往往是个体而非家庭整体作出决策。家户指其中的一头"家"，即共同生产，共同居住的"小家"。家庭则指"两头家"的整个家庭，这是以父系血缘关系为主的"大家"，有时可以扩展到与"两头家"有直接关系的家族的层面。个体可能会追求其独具一格的策略，有时甚至会相互对比以求不同。家庭成员追求的目标可能或者不可能代表家庭整体的意见。这需要放在决策的具体情境中分析。

总之，对家庭策略的研究加深了对个人、家庭和社会变迁三者之间相互关系的理解。引入家庭策略的分析视角对于本书讨论"两头家"及当地社区移民过程中产生的诸多家庭现象是一个很好的办法。

四 研究思路

根据"两头家"的情况，本书主要有以下几个研究思路。

1."两头家"——互动与观照

本书的核心思路是把"两头家"，一起放在历史的维度下齐头并进地叙述，利用口述史、书信、档案等材料，描述"两头家"的历史发展演变，进而展现"两头家"处在不同的空间和时间下的互动与观照。

2."两头家"：时间、空间、事件三个维度

"两头家"分处于不同时间和空间下，两条线如何发生关联，我设想通过具体的事件，如侨批、侨汇、侨物，侨房的修葺与建造，以及各种日常生活实践来建构"两头家"三维立体的联系。家庭史及两地社会变迁是主线，是"经"；而家庭成员的日常生活及社区事件的各个方面是"纬"。经纬相连构成一个家族社区历史发展的脉络。

3. 以小见大："两头家"与地方社会

我期望将"两头家"的个人生活史、家庭史放在历史的维度中讨论。关注"两头家"在南村社会结构中的重要性，借以讨论"两头家"如何影响这个社区的移民历程。在个案的家族史以及社区移民历程的讨论过程中，我从"以小见大"的视野观照当地"地方社会"与"国家"的关系，鸦片战争后是华南侨乡形成的重要时期，侨乡的社会变迁反映了国家政治经济形势的变化。新中国成立以后，侨务政策的更迭也深刻地影响了侨乡社会的变化。

4. "两头家"的"虚"与"实"

这里所指的"虚"与"实"是相对的概念，在书中主要有三个层次的意涵。

首先，从家庭的功能来看，在南村的"两头家"，丈夫与番妻在海外发展事业、生儿育女，海外那头家相对来说是"实"的，而在祖乡的原配可能上有老下有小，有的甚至没有生育儿女，独守空房，仅靠侨批、侨汇与海外的家庭发生关系，因而这头家是"虚"的。

其次，本研究因为受时间和经费的限制，我未能前往海外从事田野调查，所以海外那头家主要通过对回乡探亲的华侨的访谈、书信、亲属的口述、其他研究成果等材料构建起海外那头家的情况；而南村这边，我进行了长时间的田野调查，收集了大量的口述、观察、文字的材料。因而从写法上来说，海外那头家是以文献材料和访谈的"虚写"，而南村这头家是实地田野调查的"实写"，两条主线贯穿本书始末。

最后，从心理层面的家庭认同意识来看，第一代华侨大多抱有一种"落叶归根"的文化意识，但后来因为形势变化，他们转而"落地生根"了。虽然第一代华人已经大多融入当地社会，但在许多人的心目中还是难以割舍对中国故乡"家"的认同。而"两头家"中，番妻及其儿女如何看待唐山的家及亲属？而唐山妻及其儿女又如何认同海外的亲属们？这样的相互观照与认同在"两头家"这样特殊的家庭形式中得到了不同表现。从"两头家"彼此对家庭的认同意识中，我们可以看到中国文化的家如何从具体生活的家到理想的家、身份认同的家的虚实之间的转换。这种对家的认同多是基于血缘、地缘、业缘的联系。

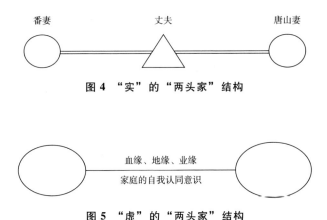

番妻　　　　　　　丈夫　　　　　　唐山妻

图 4　"实"的"两头家"结构

血缘、地缘、业缘

家庭的自我认同意识

图 5　"虚"的"两头家"结构

从以上的综述来看，我们可以在中国农村包括侨乡村落与海外华人社会的研究中找到一个共性的文化和社会上的特征，即汉语里的"家"是一个相当模糊且具有张力的概念，对它的理解必须放在一定的脉络和文化语境当中。

当今时代，人口不断迁移，家庭的流动性、网络性，使我们不得不更多地把家庭研究放在一种跨越时空与文化的边界，动态演变的视野下考察。而"两头家"则是在侨乡形成的过程中随之产生的特殊的婚姻家庭形式，它的一个重要特点是在时间空间上的分割，"两头家"中的男主人以谋生居住在番邦为主，来回于番邦与家乡两地。考察这种特殊的婚姻家庭形式，对我们在跨越时空背景下研究流动的"家"有很好的借鉴意义。

本书在介绍"两头家"时，将在国内娶的妻子称为"唐山妻"，而将在南洋娶的妻子称为"番妻"。"番"与"唐山"构成了"两头家"对应的概念。"两头家"内部的结构，它对当地社会的影响，以及由此产生的文化都将在本书中论述。

侨乡的研究普遍缺少一种微观的、对家族甚至家庭、个人生活历程的观察与分析，而本书侧重于具体的个案，以"两头家"描述具有多样性和多层性的侨乡家族史，反映移民与社会变迁过程。本书关注的重点是南村村民的家庭生活。在中国文化传统当中，"家"是一个重要的文化因素，也是一个重要的社会因素。具体来说，个人在时代背景下，对地方文化脉络、传统习俗如何作出自己家庭生活的选择，是本书一个十分重要的关注点。而从本书一些重要的个案"两头家"可以看出汉语里的"家"如何在那个特殊年代进行演绎。南村是侨乡的一个典型，我希望用"虫子眼睛的视角"对它进行深入描写①，以反映华南侨乡社会变迁的一些普遍共性的问题。另外，本书的调查点位于华南农村，属于地理与文化上的边陲，具有从"周边"看"中心"②的研究价值，但在学术界仍较少受到关注。"中心"与"周边"在不同历史和空间的背景下有着不同的含义。本研究的价值在于其案例深具"中心"与"周边"含义。通过对中国华南社会和东南亚华人社会中的家族主义与家族组织、亲属网络与社会组织、民间结社与民间宗教组织等典型的社会结构的实证比较研究，我们可以讨论在以大传统文化即儒家文化为基础的社会中，"中心"与"周边"在社会结构上的同质性和异质性的问题。即只有把华南与东南亚社会的研究作为一个完整体系，纳入从社区到区域再到国家或国家之间的合作的空间整合来考虑，才能达到一个新的高度。从纵向看，这个体系涵盖了华南移民从祖籍地到海外移居地发展变迁的历史脉络；就横向而言，这个体系则显示了源自同一祖籍地的华南移民，因移居地人文环境的差异而呈现出不同类型的调适形态。③

第五节　田野工作及资料来源

我在进入博士生阶段后，最初将博士论文主题定为华南侨乡与泰国华人社会的网络研究。2006 年 1 月初到 2 月底，我对海南 W 县三个侨乡村落做了预调查，前两个点是 W 县侨办推荐的。最后论文的田野点选定在 J 镇南村，并在当地与村民共度春节。这次田野调查后，我与南村的村民建立了良好关系。

我回到学校与老师讨论研究主题做了一些理论准备后，于 2006 年 4 月初至 6 月中旬，到南村做了两个半月的田野调查，这次调查收获颇丰，经历了众多华侨返乡的一个清明节，对南村的家族结构有了清晰的认识，并开始关注"两头家"的现象。

2007 年 1 月中旬至 2 月底，我在春节期间对侨乡又做了田野的短期回访，此时还是在华南侨乡与泰国华人社会的框架下全力搜集南村有关华侨的各种资料。

2007 年 3 月中旬，我有幸参加了教育部组织的"中国优秀大学生赴新加坡访问团"对新加坡进行为期半个月的访问交流，这是我第一次直观地感受到

---

① 刘新说他用"虫子眼睛的视角"来关注中国农村老百姓的日常实践，借以理解改革开放后中国农村社会的变化。Liu Xiu, *In one's Own Shadow*, University of California Press, 2000.
② 麻国庆：《作为方法的华南：中心和周边的时空转换》，《思想战线》2006 年第 4 期。
③ 麻国庆：《作为方法的华南：中心和周边的时空转换》，《思想战线》2006 年第 4 期。

海外华人社会的文化冲击，这也激发了我许多理论的灵感。但"鱼与熊掌不可兼得"，我在新加坡访问的时间正好与后来的国家留学基金管理委员会的面试时间相冲突，这也让自己前面准备了一年多时间前往泰国进行田野调查的计划落空。于是，在与导师麻国庆、何国强反复商讨后，我将论文主题最终确定为探讨侨乡的特殊家庭形式"两头家"。"两头家"这个主题也可以把自己之前调查的许多材料勾连起来。这也是我博士论文"柳暗花明又一村"的转折。

"两头家"的主题一经确立后，我将原有的田野材料和文献综述又重新梳理了一遍，于 2007 年 8 月下旬至 11 月初进行了两个半月的田野调查。这次调查将问题聚集在"两头家"现象中，收集了丰富的侨批、生活史的素材。

本书的文献材料大致分为以下几类：一类是官方文献材料，如 W 县档案馆收藏的 1951 年至 2006 年的材料、2005 年南村的户口登记表、2003 年南村侨情调查情况档案表（南村部分）、部分南村农业生产材料；一类是地方民间文献，如南村 1902 年版十卷伍氏家谱及 2001 年版伍氏总谱（南村）及部分碑刻；还有一类是海外华侨华人资料，如纪念特刊，等等。

本研究依托的最基本的材料是田野材料，主要是我在南村用非结构式访谈、实地观察、侨批以及电话回访等方法收集得来的。在长时间的深入调查后，我累积田野笔记约 15 万字，访谈材料约 8 万字，侨批信件 217 封约 6 万字。我深入访谈的"两头家"个案计 15 个（家族成员生活在村子的）；另据村民口述可以统计到的"两头家"有 57 个。此外，在南村期间，我接触和访谈的回乡探亲华侨及香港同胞有 30 多人。

田野工作的过程是进入当地社会、不断联结和深化社会关系的过程。由于我在南村有亲戚，所以无论是在语言上，还是在社会关系上，都为搜集材料提供了极大的便利。正是因为有这些便利条件，我才可以直接观察到村民日常生活的世界，他们所说的故事，也可以通过多种声音来交互印证。我在书中大量采用的事实材料，主要由口述材料及信件组成。这两种材料相互参用、相互印证，可以让我更真实地描述"两头家"的生活史。

第六节　本书结构

我通过分析"两头家"家族成员生活史资料、往来的信件，进而分析南村侨民及眷属的个人经历及家族策略，这些材料有助于我分析和复原南村人在历史情境中复杂的文化动机。他们生动、鲜活的生活个案将为我们展示侨乡家庭策略在历史脉络中的运行机制和文化动因。

本书的第一、二、三、四、五章根据历时性的维度将南村村民的生活史材料分阶段论述，主要人物是"两头家"中的家庭成员，在家乡的是秀英、惠樱、红英、世伟、冬燕等人，而访谈的是从泰国返乡探亲的伍家厚、伍征阶等人。

第一章主要描绘"两头家"起源的社会背景，对南村的社区概况进行介绍，同时介绍泰国海南籍华侨概况，用早期的个案来说明南村人的移民模式，并论述移民与乡土、"孝"与"远游"之间的关系。

第二章介绍"两头家"大量形成的阶段。1937～1949年的战乱使南村人的向外移民达到高潮，在这段时间过门的华侨妻子开始了她们坎坷的人生经历。这些小人物采取不同的生存策略来应对社会的动荡变化。"两头家"中人物关系呈现复杂多变的状况。

第三章描述1950年后风起云涌的政治变动对侨乡家庭的冲击。作为集体现象的"两头家"因两地的社会文化背景的变化而终结。华侨婚姻问题成为这一时期侨乡社会的突出矛盾，南村一些"两头家"解体了。在这个时期维系下来的"两头家"也呈现不同境况。在时代背景下，个体及家庭的每一个决策都会对家庭造成深刻的影响。

第四章介绍南村"两头家"形成中的转折阶段。20世纪70年代，侨务政策松动后，"两头家"的男主人为了改善唐山那头"家"的生活状况，帮助其在家乡的亲属以探亲名义移居香港。"两头家"作为南村社区移民的原动力，给许多侨乡人新的示范作用：海外关系、真假难辨的证件材料都成了他们成功移民的社会资本。有些侨乡人无法移居香港，退而求其次，利用探亲的途径到香港打工赚钱也是一个不错的家庭策略。在移居香港变得困难后，南村人又踏着先人的足迹寻求移民到传统的侨居地泰国。移民泰国的进程其实是与移居香港同步的。在这章中，我们发现移居香港现象的出现，大多数是源于"两头家"男主人的平衡策略，即改善唐山那头"家"的生活又不至给国外那头"家"带来麻烦。这个时期"两头家"家庭策略最主要的特点就是复兴的移民行为。

第五章描写了"两头家"的现状，留守的唐山妻生活境遇各不相同，有的依靠海外家庭的侨汇支持而衣食无忧，但也落个孤独的晚景；有的华侨已经过世，或者年老了只能依靠与番妻生下的儿女；有的华侨无力再给家乡汇款，失去经济支持的唐山妻生活境况十分凄凉。本章还描述了"两头家"的后代们的关系。此外，南村新一代移民的婚姻家庭问题可以看作"两头家"的余波。

在历时性地描述南村"两头家"的历史发展过程后，第六章对"两头家"进行横向的社会和文化分析，并将其分为物质基础、社会结构基础、文化基础三类。其中物质基础包括社区经济、侨批侨汇侨物、祖屋、道义经济；社会结构基础包括宗族、两头"家"的互动；而文化基础则包括"家"的传统文化价值、妇女地位、民间信仰。

结语部分总结了"两头家"的内部结构、运行机制、文化特征，并认为"两头家"不是一种标准的婚姻家庭类型，是父系宗族社会的一种需要，是早期华南侨乡移民集体选择的一种家庭策略。最后，我还探讨了"两头家"研究对现代移民家庭研究的意义。

限于条件，我没有进行泰国的田野调查，所以没有办法详细了解泰国那头"家"的情况，而主要通过侨批、口述以及其他文献材料来建构那边的家庭。这样在写法上表现为虚实结合的书写策略。

第一章

"两头家" 的起源

在文献中我们很难找到华南侨乡"两头家"最早出现的确切时间。在南村族谱上记载的最早的"两头家"是 1867 年出生的伍传明,他组成"两头家"的时间大致在 1900 年。

"两头家"起源的社会经济背景如何?唐山的"家"与番的"家"两地的情况又有什么不同?南村村民对于娶番婆有着共同的记忆,即"去番不娶番婆不起水"①,这又是基于什么样的文化和社会的暗示?本章将就"两头家"起源的社会基础、地方文化象征做一个全景式的描述。

第一节 唐山的"家":南村

一 琼侨出国动因

海南岛地处中国南疆,长期以来是接受移民的地方,清代中叶,人口约 150 万人;1928 年,人口也不过 220 万人。② 然而移民到东南亚的人口,1930 年约 55 万人,1948 年超过 65 万人。③

海南人在海外人数仅次于广东、福建,海南移民主要聚居在东南亚。其中,泰国 120 万人以上,马来西亚 70 万人。海南的移民多来自海南岛东部及东北部诸县市,其中以 W 县④人数最多。

从海南岛的地区版图上来看,海南岛的西部与南部离东南亚地区最近,但

---

① "起水",海南土话,是飞黄腾达、致富的意思。南村当地人对去番的华侨娶番婆抱着一种默认甚至赞许的态度。
② 陈铭枢总纂,曾蹇主编《海南岛志》(上),神州国光社,1933。
③ 苏云峰:《海南历史论文集》,海南出版社,2002,第 194 页。
④ W 县后改为市,为避免引起误解,本书统一用 W 县。

这些地区极少向海外移民，移民多的地区反而集中在距离东南亚最远的海南岛的东部与东北部。为何 W 县华侨最多？

就内在动因而言，我认为是人口与经济压力。我们先看看以下几方面的概况。

1. 自然地理

W 县东北部为平原台地，西南部属低丘陵地带，其他地区多为起伏不平的小丘陵，海拔多在 50 米以下。W 县稻田肥力不高，主要是因为含砂量大，养分缺乏，比例失调，土壤偏酸，地下水位偏低，易干旱。再加上该地区地处沿海，常有灾害性天气如寒潮、旱涝、海潮、台风及发生在局部地区的冰雹、龙卷风、地震等。

2. 地狭人稠

西汉元封元年（公元前 110 年）W 县设县以来，来自中原的汉族移民陆续迁入。宋、元、明、清数代，W 县各姓氏的祖先或官或商，或迁或戍，来到W 县。本地人以操闽南方言和海南话为主，早期曾一度出现黎族与汉族杂居的情况。明永乐十年（1412 年），W 县有民户 7078 户，23363 人，其中黎族308 户，739 人。1928 年，W 县面积仅 2283 平方公里，占海南岛面积的 7%，而人口达 44 万余人，占全岛总人口的 20%，为全岛之冠。①

3. 经济原因

19 世纪初，泰国发生多年的战争终于停止，但此时全国人口不过 450 万，呈现不足状态，而当时海南地区人口呈现过剩状态。同时泰国建筑、咖啡、火锯等行业需要大量人工，工资也比较高，对华工有较大吸引力。1892 年曼谷至大城府的铁路开始修建，来到泰国的华侨数量逐步上升。1893 年，从海南到曼谷的琼侨 3612 人，比上年（1892 年）增加 2074 人，增长 1.35 倍；之后几年到泰国的琼侨数量快速增加，1894 年为 6255 人，1895 年为 4361 人，1896年为 4393 人，1897 年为 5429 人，1898 年为 7329 人（这年恰逢海南发生粮食大灾）。②

由此看来，W 县"地狭人稠"，加上自然灾害多、苛捐杂税重，这是促成W 县人大量出洋谋生的人口与经济因素。此外，我认为还有以下几个原因。

1. 政治原因

首先，王朝的更迭与政治迫害。海南孤悬南海，每每是王朝更迭时进攻的最后一站，而前朝的忠臣遗民往往遭到追击与迫害，由海路避难南洋者众多。

---

① 陈铭枢总纂，曾蹇主编《海南岛志》（上），神州国光社，1933，第 73~75 页。
② 寒冬：《海南华侨华人史》，海南出版社，2008，第 98~99 页。

其次，政局动乱与战争逼迫。民国建立后，内乱不断，海南人每一次出洋的高潮与政治变动紧密相关，因遭追捕、迫害而出洋的革命志士甚多，为避战乱、地方不靖、土匪为害、抓壮丁而出洋的百姓也甚众。

2. 琼岛的对外交通贸易与口岸开放

琼岛与南洋的交通贸易，有上千年的悠久历史。侨民因经商贸易而留居异国的情况也日多。清乾隆四十年（1775 年）五月，两广总督李侍尧在给朝廷的奏折中就指出，"编氓牟利异域，久假不归"的情况有失大清体统，因而要求对边界"严为申禁"①。这反映了广东沿海此类现象的普遍与严重。

1858 年，琼州被迫开放为通商口岸，这是近代琼侨出洋人数大量增加的转折点。海口港由此成为近代"猪仔"贩运、"苦力"贸易的主要聚散地之一。

3. 血缘、地缘、业缘的连锁移民

琼侨以血缘、地缘、业缘结成如家庭、宗亲、乡谊、同行等各种连带关系出洋谋生，正如南洋问题研究学者何启拔所指出的那样，是"侧重家庭主义与乡土主义社会习俗的以族援族，以戚引戚，进而以乡引乡的自然结果"②。

4. 移民文化

海南岛作为全国闻名的侨乡，海南人侨居海外的传统是有其历史脉络的。但系统地探讨海南人移民文化的研究不多。历史上，海南侨乡地区的汉人祖先主要来自闽南地区，闽南人素有移民海外谋生的传统，海南人的语言、文化、精神特质与闽南一脉相承。中原汉人自汉代起移民琼岛，明清尤甚，这些汉人入琼后大体上还保留着鲜活的祖先移民历史记忆，一旦出现社会经济上的变动，这些人就会重新走上移民的道路。海南人民富有开拓进取精神，从南宋开始就有人向海外拓展，明代更是有大量海南人向海外移居，至现代形成海外移民高潮，而移居地主要集中于东南亚的泰国、新加坡、马来西亚，还有远至美国、澳大利亚等地的。这种经常性的多向性的人口交流给海南带来四面八方的外来文化，而海南的文化因子也散落在海外各地。

上述琼侨出国的主要原因都是相辅相成、互为作用的，其中以经济因素为共同的基础。以往的学者对海南侨乡地区形成的独特的移民文化则阐述较少，本书着重考察导致琼侨出国的文化因素是很有必要的。

海南岛无论是地理还是文化都属于中国大陆文化的边陲，在长期的历史演变过程中，逐渐形成一种"岛屿文化"的形态。国内外学者对于海南社会文

---

① 陈翰笙主编《华工出国史料汇编》（第一辑，第一册），中华书局，1985，第 3 页。
② 何启拔：《琼崖华侨与琼崖社会》，载《边政公论》卷五第一期，1946。

化的研究，处于学术界的边缘位置。对海南的民族学人类学研究，可以上溯到20世纪早期，其中如中国早期体质人类学先驱刘咸对海南岛黎族进行的体质研究，其后还有德国人史图博调查写成的《海南岛的黎族：为华南民族学研究而作》。20世纪30~50年代，杨成志、王兴瑞、江应樑、岑艺雅、曾昭璇、梁钊韬、刘耀荃、容观瓊等前辈学人对海南少数民族黎族、苗族、回族的社会文化结构也进行了一系列综合研究。

张三夕认为海南岛具有几个独特的文化品质：（1）贬官文化塑造了海南岛的一种历史文化传统；（2）华侨文化增强了海南岛文化与外部文化的双向流动性；（3）移民文化在某种程度上造成海南岛文化的"杂糅"。① 而王翔则认为近代南洋琼侨具有浓厚地域色彩的职业类型和经济机能，其原因可归之于历史渊源、文化传统、教育水准、经济地位和移民社会规范等方面，琼侨的经济活动对当地和故乡的经济发展都产生了积极的影响。②

在海外，来自不同侨乡的华人会组成以自己方言认同为中心的组织，麦留芳在《方言群认同》③ 一书中，详细分析了新加坡、马来西亚地区华人方言群的划分以及他们之间的经济交往。当使用相同方言的中国人在社会生活中，一方面组成各类团体，另一方面拒斥操别的方言的中国人参与这种团体时，方言群认同便在发挥作用中。在该书中，麦留芳按方言、地缘划分，东南亚华人社会主要包括五大方言群，即福建人、广府人（或广东人）、潮州人、客家人和海南人。海南人的人数、经济实力等一般在东南亚华人社会排位靠后。琼侨出洋的目的在赚钱谋生养家，以便改善在家乡的经济与社会地位。此外，有许多人是来来往往，所以实际在南洋落地生根者，不若闽、粤、客、潮诸帮众多。琼人之出南洋，与他属不同。他属出洋，多为单向移民；而琼人则有较强的双向性，以致在他乡落地生根者较少。④

综上所述，琼侨出国的原因呈多样性、相互交织、错综复杂的特点。每一个因素必与另外一个因素发生联系，而琼侨选择移民最终来说就是一种适应生活环境中"文化传统"与"社会结构"的生存策略。在福建侨乡、广东侨乡等丰硕的研究成果面前，有关海南侨乡以及海外琼属华人的研究是十分匮乏

① 张三夕：《从古代的政治流放地到现代的经济特区——论海南岛与大陆文化认同的历史性特征》，《海南师范学院学报（人文社会科学版）》2000年第3期。

② 王翔：《近代南洋琼侨的职业类型与经济机能》，《海南大学学报（人文社会科学版）》2002年第1期。

③ 麦留芳：《方言群认同：早期星马华人的分类法则》，中研院民族学研究所，1985。

④ 苏云峰：《海南历史论文集》，海南出版社，2002，第205、208页。

的，如何开拓这一研究领域所具有的学术意义也是值得学者们关注的问题。

二 南村历史及概况

《振南学会会刊》（振南学会也即兴中学校筹建董事会）中有一段溯及南村移民南洋的历史：

> 原来我们的地方，多是闭门不出，坐井观天，而循古守旧，那黑暗社会的一部分，到了近世交通，多数的人们，仓皇外出，感知金钱万能，辗转商场之间，甚有不远千里，捷足先登之慨，由是社会生机，渐发萌芽，人间的演进，稍知争出风头的了。
>
> 指我乡而言，在十八世纪中叶以前，并没出洋作客的，只自耕而食，甘受痛苦的，俗话说"家里费百文钱，身穿背心衣，居住砖瓦屋"，这是世家富厚，已为一般人所觊觎了，可知那时乡间的生活程度，环境窘迫，实在说不出来。逮十八世纪末，同时我乡的兄弟，因受经济压迫，出门谋生者，不计其数，历年以来，直到现在，财政小称裕充，经济稍优越窘迫的环境了。若我们乡人出门来历，专侨居暹罗为最多，最初开始为传林公之先祖□□而破天荒的，那时他们的渡洋，只是搭帆船，而随风飘荡的，当时他们的营业，独专力农业如耕稼植棉为最，古话说"凯旋归客无他债，只凭积棉若干袋"可见一斑了，及十九世纪当中，暹地森林米粟新开纪元，靠着为活者，利倍成三。时我乡开森公营业于曼谷，专以林木为业，那商务之发达，极称一时之盛，不幸森公弃世，旋即歇业，森公平生置产，也归乌有。由此乡中之一椿倚，因之经济日就没落，过数年后，时开永公又管椰业于黑土席的地方，一时稍有得手，这时乡人来暹者，亦日见其众，得开永公俱有良心，暂时招待之事，非常周到，从这同侨的营工性质，觉得托钵有门，遂暂可赚三五块钱，以为彼时糊口的代价了，及十九世纪将终，我们同侨的小贩生活……有暹京白越桥的地面，同侨之排作廊者，不下十有余店，传言南街的套话，有由然也，现在呢？物质日趋文明，暹政日就改善，商场亦随之发达，我乡的同侨，也非一、二、三期的生活景象了。总之，我们当下的经济能力，附托于暹罗者极大，将来我乡之生产何如，当视外方商业的盛衰为断。①

---

① 《振南学会会刊》由南村侨领伍家理等人于 1928 年在暹京（泰国曼谷）编纂而成，后于 20 世纪 90 年代由侨领伍家厚从泰国带回中国。

从上面记述中，我们可以看到南村人出洋的历史有 150 年以上。若用"推拉"理论来分析，南村移民的"推力"是当地土地贫瘠，谋生不利。随着世代变迁，村人也感知不能如坐井之蛙，而应放眼外面的世界。当偶有在外成功，衣锦还乡者，其回来的光彩及其财富会让村人羡慕不已。"争出风头"，光宗耀祖的愿望遂在乡间形成，而在村里自耕自食几无发财致富的机会，所以有了出洋谋生获得成功的榜样作用，年轻男子就奋而前往了。这样的故事在许多第一代华侨的故事中屡有耳闻。而"拉力"也就是移居地的"吸引力"，泰国是鱼米之乡，土地十分肥沃，谋生容易。移民前往当地可以不忧衣食。当地人经济意识较华人淡薄，而华人大多具有勤俭创业、图谋致富的抱负与禀性，相较而言，华人比泰国本地人有经商优势。南村的移民都属于同一宗族，结构性连带关系成为移民的"拉力"的重要因素。"移民效应"可以在宗族村落中产生重大影响，在乡者羡慕那些功成名就的移民，初来乍到的新移民也容易在宗族网络的帮助下找到谋生的途径。

南村是隶属 J 镇柳村行政村的一个自然村，位于 J 镇东南部，距 J 镇墟市 5 公里，交通方便，产业以瓜菜种植和"三鸟"① 养殖为主。南村人移居海外历史悠久、华侨众多，素有"华侨之乡"之称。

2007 年南村的总田数为 551.53 亩，户籍人口有 71 户 264 人，其中有七八户是孤寡老人，有十几户是居住在 J 镇或在 W 县及其他城市的家庭，有些在泰国、中国香港、澳门生活的乡亲的户口仍在编。

南村的创村始祖是伍礼昭，从与 W 县相邻的 Q 市的刀坝村移居而来。他有四个孙子，分别是伍修仁、伍修义、伍修智、伍修勇，他们分别繁衍出四个房支，按顺序分别为长房、二房、三房、四房。发展到今天，这四个房支有强有弱，其中四房人丁最旺，一共有 37 户 152 个男丁（此数字来自 2007 年农历二月初四开光，"圣娘军期"② 活动上统计的数字，依这个标准，户数、男丁数大于户籍本中的数字）。而二房繁衍的后代也不少，因为该房支繁衍较快，其祖公的土地容纳子孙愈显拥挤，部分后代迁至邻近的澄坊村。二房共 28 户 126 个男丁。在每年祭祖时，澄坊村的二房后裔还要到祖村来祭拜。此外，在四房之外南村还

---

① "三鸟"是指鸡鸭鹅三种家禽。

② "圣娘军期"是当地的一种民俗，三年两度，圣娘会轮流巡游到各村，此时即为军期。闹军期也称闹军坡，当圣娘巡游时，老百姓都来围观，各家各户也做好酒菜宴请来自各方的亲朋好友。南村圣娘军期时的费用需要各家各户按户和人丁来收取，出外谋生的家户也计算在内，在泰国、香港、澳门、国内其他地区居住的南村人都会出钱参加。此次圣娘军期的时间为 2007 年农历二月初四至初六（2007 年 3 月 22 日—2007 年 3 月 24 日）。

图 1-1　南村一角

有一房支叫"长房长",这一房支的来历是这样的:长房长的祖先是南村的创村始祖伍礼昭的兄长伍礼辉,伍礼辉有两个儿子,其中伍乐贤后来移居南村,其实就是投靠叔父伍礼昭。伍乐贤生伍修信,而后其繁衍的后代就叫"长房长",这个房支发展至今只有 5 户,28 个男丁。南村五个房支的谱系见图 1-2。

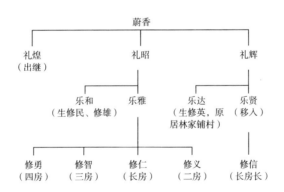

图 1-2　南村房支谱系

表 1-1　南村各房支概况

项目	户数（户）	男丁数（人）	捐资数目（元）
长房	23	106	1635
二房	28	126	1960
三房	25	70	1325

续表

项目	户数（户）	男丁数（人）	捐资数目（元）
四房	37	152	2445
长房长	5	28	405
总计	118	482	7770

资料来源：笔者根据南村 2007 年农历一月初六圣娘军期仪式捐资表统计而得，每户 25 元，每丁 10 元。

1950 年之前，南村存在大量"两头家"现象。从清光绪年间 1902 年版本的《伍氏家谱》来看，南村从创村始祖伍礼昭传至现在，按字排辈有：礼、乐、修、明、定、湘、南、泰、运、开、传、家、征、世、泽、光、国，共计十七代人。据老人们的说法，大概是从一个"泰"字辈的祖先开始移居暹罗，迄今大概有 200 年的历史。从上述家谱中看，最早有迹可循的"两头家"有这样的记载：

> 传甫：字毅侯，开运五子，生于同治丁卯年（1867 年）；
> 姒：中坊村云氏，监生宗摩之妹，生于同治戊辰年（1868 年）；
> 续妻：郭坊村云氏，生于同治壬申年（1872 年）；
> 妾：赵氏；
> 派男：家怀，暹生；家悟，暹生，俱妾生。
> 终于光绪己亥年（1899 年）。[1]
> 家怀：系暹生，生于光绪庚子年（1900 年）；家悟：系暹生，生于光绪癸卯年（1903 年）。[2]

又如：

> 传秉：生于同治辛未年（1871 年）；
> 妻：朱坊村黄氏，生于光绪庚辰年（1880 年）；派男：家展，生于光绪甲辰年（1904 年）；
> 妾黄氏：派男家达，生于光绪癸卯年（1903 年），系长，暹生。[3]

---

[1] 《伍氏家谱》光绪壬寅年（1902 年）版本，第 6 卷，第 13 页。
[2] 《伍氏家谱》光绪壬寅年（1902 年）版本，第 6 卷，第 13 页。
[3] 《伍氏家谱》光绪壬寅年（1902 年）版本，第 4 卷第 9 页。

上面的传甬的家庭应是南村有记载的最早的"两头家",在调查中,村民告诉我,伍氏族谱在记载华侨的暹罗妻子时,如其不是华人后裔,没有汉姓的话,一律依例记为"赵"。至于为何选"赵"为暹妻的汉姓,村民也无从考证。由此可见南村存在的"两头家"这种家庭形式由来已久。此外,上面传秉的家庭应该也是"两头家",两个儿子分别生于暹罗和中国,生于暹罗的家达年纪虽长,但只有庶子的身份,在族谱中的排序在晚其一年在中国出生的同父异母的兄弟家展之后。这在族谱中也有记载:

> 暹生、南生、奸生、市生、凡外生者原收附录,如或放钱而同收者,亦有等次不同,或则收洁,或则注某处生二字,或则注某处生不得承宗六字,此乃等次不同也。[①]

由此可见当时番妻和番妻所生子女地位是不如唐山妻及其子女的。

"两头家"访谈个案计 15 例,这些人还生活在村子里;另据我所调查的村民可以追忆和族谱记载的情况可以统计到的"两头家"个案有 57 例,全村根据参加 2007 年"圣娘军期"的户数,计有 118 户,"两头家"占全村家庭总数的 50% 以上。根据调查统计,南村 20 世纪 70 年代后移居香港的家庭有 16 户,其中属于"两头家"的家庭有 8 户,占移居香港家庭总数的 50%;出嫁香港的女性有 21 人,移居香港的人数约 200 人(包括子女后代);出嫁泰国的女性有 10 人;移居泰国的人数有 18 人。

三 南村的人口及家庭结构

(一) 人口的历史变化

南村属于柳村行政村,我从 W 县档案馆找到几份残缺的档案,档案中的数据可以反映南村的人口变化。这些资料虽不能全面反映具体的变化,但也能让我们推测南村人口大致的变化。新中国成立后,南村的人口随着生产的发展逐步增加。1972 年,南村人口达到 339 人,这也是之后几年南村人口数量的最高点,1975 年是 330 人,1979 年是 296 人,1985 年是 278 人。这些数字反映了在改革开放后,南村大量人口因为"两头家"的存在,主要借泰国的亲属关系,以探亲为名,大量迁移至香港,这导致南村户籍人口大幅减少。

---

① 《伍氏家谱》光绪壬寅年(1902 年)版本,第 1 卷,第 71 页。

表 1-2　1958~2007 年南村人口情况统计

年份	总户数（户）	总人口（人）			一年内人口变动（人）			
		合计	男	女	出生	死亡	迁入	迁出
1958	—	257	—	—	—	7	—	—
1959	—	250	—	—	—	12	—	—
1960	—	238	—	—	—	4	—	—
1961	—	234	—	—	—	—	—	—
1972	—	339	—	—	6	3	1	13
1975	97	330	155	175	6	3	1	9
1979	86	296	135	161	4	—	3	19
1985	83	278	—	—	—	—	—	—
2002	80	284	141	143	—	—	—	—
2007	71	264	136	128	—	—	—	—

资料来源：因部分年份资料不全，笔者根据 W 县档案馆的资料制作而成。"—"表示没有资料。

表 1-2 的资料还反映出南村性别比的不平衡，如 20 世纪 70 年代的人口数据，女性人数多于男性人数，其中的主要原因是男性村民早年下南洋谋生，这与本书所研究的"两头家"有直接的关系。新中国成立前南村有大量的男丁外出南洋谋生，稍有积蓄后会回家娶妻，有的则是娶了妻后才前往南洋，而女性相对较少外出，究其原因主要是当地的宗族势力强大、重男轻女的观念根深蒂固。男主外、女主内，男人外出赚钱谋生，女人在家操持家庭，上有老，下有小。女多男少这种人口状况在侨乡地区尤其明显，在周大鸣对凤凰村的追踪研究中也有类似的人口情形，凤凰村男女性别比例从不平衡发展到平衡，从 20 世纪 20 年代起女性人口就多于男性人口，这种现象延续到 20 世纪 50 年代。造成这种不平衡的原因主要是男性的外出移民与女性的长寿。到 20 世纪 80 年代后虽然成年女性仍多于男性，但儿童期和青年期的男性人口已超过女性人口。[1]

改革开放以来，农村人口流动成为乡土中国的一道景观。像中国的大部分村庄一样，南村人口也处于变动不居的流变状态。户籍人口、流动人口与常住人口的边界变得越来越模糊不清。村民的频繁出入和日渐增多的人户分离现象等也在客观上增加了人口和家户统计的难度。村干部在上报该自然村的人口时，有时用的是户籍人口，有时用的是口粮人口（分配口粮田的人），有时用的是实际常住

---

[1]　周大鸣：《凤凰村的变迁——〈华南的乡村生活〉追踪研究》，社会科学文献出版社，2006，第 104 页。

人口，或者甚至是不同版本的随意糅合。统计目的不同和口径差异导致所呈报的人口数不断变换。

至于村里户数的统计也是如此。正如观察乡土中国的一些境内外学者公认的，被西方学者形容为"黑匣子"（black boxes）的具有行政性质的"户"（household）变得比想象的更为复杂了。诚如 Croll 总结的，过去几十年中国农村改革的特点是发展落实到了农户。① 户成为发展的目标和实施的场所，家庭组织与活动因而成了农村发展计划的焦点所在。众所周知，土地、宅基地及其他自然资源的分配，税收的收取，信贷等资金的投放，前些年甚至是农资（种子、化肥、农药、薄膜）发放等都经由农户来落实。正因为如此，弹性地报送不同的户数也就有别样的意义。②

南村的情形也是如此，有些村民近年移民泰国后，他们的户口还没有被注销。有些村民在 20 世纪 70 年代和 80 年代通过各种渠道把他们的户口迁往城市，挂靠在亲人和朋友户下。户籍人口反映的情况与实际的人口情况有一定的差距。户籍问题的处理也是侨乡人选择不确定性的一种家庭策略。

（二）家庭结构的变化

美国学者奥尔科·朗以家庭夫妇数目为标准，把中国汉族家庭分作三类，即核心家庭、扩大家庭、主干家庭。③ 核心家庭指一对夫妇及其未婚子女组成的家庭，同时也包含一些核心家庭的变形，如一对夫妇现无子女或夫妇两人仅存其一而与未婚子女组成的家庭。扩大家庭指年迈的父母及其未婚子女与两对以上的已婚子女组成的家庭，甚至包括四代或四代以上的成员组成的家庭。主干家庭则是介于以上两种家庭类型之间，即父母及其未婚子女与一对已婚子女组成的家庭。主干家庭和扩大家庭的主要区别在于同辈的核心家庭数目，如有一个，则为主干家庭，如有多个，则为扩大家庭。

庄英章研究的核心家庭包括其变形"单身家庭"，即夫妇离异或分居或配偶死亡，且无子女或子女皆已分家独立。④ 而我在本书中单列出"单身家庭"，主要指那些终身未娶的农村男子，在南村没有发现终身未嫁居住在村子的女子。此

---

① Elisabeth Croll, *Changing Identities of Chinese Women*: *Rhetoric*, *Experience and Self-perception in Twentieth Century China*, London: Zed Books Ltd., 1995.

② 胡玉坤：《村落视野中的人口"数字游戏"及其省思》，《市场与人口分析》2006 年第 2 期。

③ Olga Lang, *Chinese Family and Society*, New Haven: Yale University Press, 1946, pp. 13~23.

④ 庄英章：《台湾农村家族对现代化的适应：一个田野调查实例的分析》，《中研院民族学研究所集刊》第 34 卷，1972，第 85~89 页。

外，因研究的偏重，我将"两头家"的独居老人、丧偶而且子女已分家独立的老人、两个单身兄弟或兄弟一方成家而另一方单身所组成的家庭都归入"其他家庭"的类型。

此外，台湾学者庄英章在总结台湾汉人社会的家庭特点之后，提出了"轮吃型家庭"和"联邦式家庭"作为补充类型。所谓的"轮吃型家庭"，李亦园和王崧兴也研究过，即父母在儿子成年后，"分随人食"，年老的父母在诸子之间"吃伙头"，父母在诸子之间按固定或不固定的时间轮吃，有时也包括轮住。而"联邦式家庭"则指农村青年外出工作，婚后各自组成核心家庭，有独立的家计，但没有脱离以父母为中心的本家，也没有分割祖先留下的共同财产，他们在经济上与本家仍互通有无，在宗教上、情感上和当地社会的认同上还属同一个大家庭。这种以若干核心家庭围绕着以父母为中心的非伙同性家计大家庭，庄英章称之为"联邦式家庭"。① 这种"联邦式家庭"对于解释南村这样的侨乡社区有着很大的作用，我将就族谱和调查的材料另外整理图表进行分析。

因此，我根据南村的常住户口登记表进行统计，将南村的家庭形式分为核心家庭、主干家庭、扩大家庭、单身家庭和其他家庭。我是 2006 年 2 月进入南村调查的，当时从村文书那里得到的常住户口登记表主要是 2002 年之前的情况。我进行了几次调查之后，根据新变动的情况又制作了南村 5 年来家庭人口统计表，表 1-3、表 1-4、表 1-5、表 1-6 是分别根据 2002 年和 2007 年的统计资料制作而成。

表 1-3 南村家庭类型统计（2002 年）

单位：户，%

项目	1 人	2 人	3 人	4 人	5 人	6 人	7 人	8 人	9 人	10 人	11 人	合计	占比
核心家庭		6	7	15	9	3						40	50.0
主干家庭			3	1	3	2	1					10	12.5
扩大家庭						1				2	1	4	5.0
单身家庭	5											5	6.3
其他家庭	11	8		1		1						21	26.3

① 庄英章：《台湾农村家族对现代化的适应：一个田野调查实例的分析》，《中研院民族学研究所集刊》第 34 卷，1972，第 85~89 页。

表1-4 南村家庭规模统计（2002年）

单位：户，%

项目	1人	2人	3人	4人	5人	6人	7人	8人	9人	10人	11人
核心家庭		6	7	15	9	3					
主干家庭			3	1	3	2	1				
扩大家庭							1			2	1
单身家庭	5										
其他家庭	11	8		1			1				
合计	16	14	10	17	12	5	3			2	1
占比	20.0	17.5	12.5	21.3	15.0	6.3	3.8	0.0	0.0	2.5	1.3

表1-5 南村家庭类型统计（2007年）

单位：户，%

项目	1人	2人	3人	4人	5人	6人	7人	8人	9人	10人	11人	合计	占比
核心家庭		4	8	15	7	2						36	50.7
主干家庭			3	2	2	1						8	11.3
扩大家庭					1	1	1		3		1	7	9.9
单身家庭	2											2	2.8
其他家庭	12	4		1		1						18	25.4

表1-6 南村家庭规模统计（2007年）

单位：户，%

项目	1人	2人	3人	4人	5人	6人	7人	8人	9人	10人	11人
核心家庭		4	8	15	7	2					
主干家庭			3	2	2	1					
扩大家庭						1	1	1	3		1
单身家庭	2										
其他家庭	12	4		1		1					
合计	14	8	11	18	9	4	2	1	3	0	1
占比	19.7	11.3	15.5	25.4	12.7	5.6	2.8	1.4	4.2	0.0	1.4

从表1-3、表1-4、表1-5、表1-6可以看出，2002年、2007年南村的核心家庭占了绝大多数，分别达50.0%和50.7%。而主干家庭所占比例分别为12.5%和11.3%，可见侨乡外出人口较多，家庭形式以核心家庭为主。而核心家庭的总

户数从 2002 年的 40 户减少到 2007 年的 36 户，分析其原因主要有下面几种：第一，一部分核心家庭是由两个老人组成的，其儿女已经分家独立，而在这 5 年中有些老人相继过世，或者其中一方过世，从而转变为其他家庭。第二，原有主干家庭或核心家庭中的年轻人这 5 年内结婚的数量很少，大部分出外工作，有的下南洋，他们即使结婚，妻子的户口可能也不会再入籍农村了。第三，进入 21 世纪后，南村青壮年大多出外工作，年青一代的婚龄也大大推迟，导致核心家庭数量减少。

扩大家庭所占的比例并不多，但 5 年间从 4 户增加到 7 户，这种情况并不能反映这些家庭向中国汉族传统大家庭的转变，而相对来说它们更接近于庄英章所提出的"联邦式家庭"。这样的家庭中两个或两个以上已婚儿子部分或全部在外独立工作生活，但他们并未分家，在经济上与本家互通有无，在当地社会、宗教信仰活动上属于本家的一分子，祭祀时备一份祭品共同祭拜。我的房东一家就是这样的例子，房东夫妇与大儿子、儿媳妇、孙子在一起生活，二儿子在泰国谋生，户口还挂在家里。2006 年，二儿子娶了泰国女子为妻，2007 年生下一个男孩，房东太太到泰国将孙子带回家乡抚养，这个家庭从原来的主干家庭变成了扩大家庭。这种有几个孩子出外独立谋生，成家后变成形式上的扩大家庭的例子比较多，传统农村以农业为主的生计模式的转变也能凸显家庭类型变异的特色。从调查来看，7 人以上的家庭无论是主干家庭还是扩大家庭都不是同居共食了，传统大家庭在侨乡农村已经式微了。

此外，表 1-5 中，共有 14 户是单人户，但我没有把他们全划入单身家庭的类型，因为有两户是"两头家"的老太太，她们各自的丈夫与南洋的妻子和儿女在海外生活；有几户是儿女成家后，单立一户丧偶的老人；其他的则是妻子或丈夫拥有城镇居民户口，而另一方的户口仍在农村。

由表 1-3、表 1-4、表 1-5、表 1-6 可以看出，从 20 世纪 70 年代我国推行计划生育政策以来，南村的家庭规模多为 4~5 人的核心家庭。表中所显示的 4~5 口之家所占户数的比例分别为 36.3%（2002 年）和 38.1%（2007 年），其中以核心家庭为主。根据我的调查，在 20 世纪 80 年代生育孩子的南村家庭，他们并不会全都遵守第一胎是男孩就不再生第二胎的生育政策规定，大多数家庭有了男孩后也会多要一个孩子，而超过两个孩子的家庭，前面两个孩子基本是女孩。由此可见，在计划生育政策的影响下，南村家庭生育子女的数量有了明显的下降，但基于重男轻女、传宗接代的传统思想，如果没有男孩的家庭总是想生一个男孩。例如有一个个案：丈夫 39 岁，妻子 36 岁，大女儿 16 岁，二女儿 14 岁，三女儿 10 岁，最后两个男孩为双胞胎，9 岁。从村庄户口材料和实际调查的情况来看，我发现居住在南村的无男性后代的农业户口家庭基本没有。

（三）性别比的历史变迁

南村常住户口登记表显示，2002 年南村有 80 户，人口 284 人，其中男性 141 人，女性 143 人（见表 1-7）；经过 5 年的变化，2007 年南村有 71 户，人口 264 人，其中男性 136 人，女性 128 人（见表 1-8）。由 2002 年和 2007 年的两组数据我们可以看出，南村的常住总人口在 5 年间减少了 20 人，总户数减少了 9 户。性别比可以表现出侨乡的人口经历社会变迁，人口流动的性别特征。尤其在 1950 年前年轻男子结婚后下南洋，妻子留守，这也反映了"两头家"这种家庭形式对当地社会的影响。

表 1-7 南村人口性别年龄组（2002 年）

年龄组分类	10 岁及以下	11~20 岁	21~30 岁	31~40 岁	41~50 岁	51~60 岁	61~70 岁	71~80 岁	81 岁及以上
合计（人）	29	63	31	61	30	23	17	24	6
男性人数（人）	17	36	15	30	17	11	8	7	0
占同龄组百分比（%）	58.6	57.1	48.4	49.2	56.7	47.8	47.1	29.2	0.0
女性人数（人）	12	27	16	31	13	12	9	17	6
占同龄组百分比（%）	41.4	42.9	51.6	50.8	43.3	52.2	52.9	70.8	100.0

表 1-8 南村人口性别年龄组（2007 年）

年龄组分类	10 岁及以下	11~20 岁	21~30 岁	31~40 岁	41~50 岁	51~60 岁	61~70 岁	71~80 岁	81 岁及以上
合计（人）	22	43	45	40	48	27	14	18	7
男性人数（人）	12	27	22	21	23	15	7	8	1
占同龄组百分比（%）	54.5	62.8	48.9	52.5	47.9	55.6	50.0	44.4	14.3
女性人数（人）	10	16	23	19	25	12	7	10	6
占同龄组百分比（%）	45.5	37.2	51.1	47.5	52.1	44.4	50.0	55.6	85.7

南村人口变化有以下几个特征。

第一，总人口呈明显的下降趋势。从表1-7、表1-8可以看出，南村已经呈现十分明显的人口老龄化趋势，2002年61岁及以上的有47人，占总人口的16.5%；2007年61岁及以上的有39人，占总人口的14.8%。在近5年中，每年都有不同数量的老人过世。同时南村的人口机械流动如农转非、升学上大中专、招工等时有发生，这也是造成人口下降的主要原因。此外，南村的婚姻变动也是人口下降的原因之一，婚姻变动主要呈现女性外流，而南村的男性，尤其是20世纪七八十年代出生的男性成年人多在外打工或下南洋谋生，因而婚期大大延迟，这也造成南村女性人口出多进少的状况。新婚家庭数量减少，也必然导致新生人口的减少。在南村，儿童的数量是相对少的，再加上前面所说老人的自然死亡，这就导致南村人口自然变动呈递减的趋势。

第二，男女比例大致平衡。从表1-7、表1-8来看，2002年男性141人、女性143人，性别比为98.60（以女性为100，下同）；2007年男性136人、女性128人，性别比为106.25。但如果仔细分析2002年和2007年的人口性别年龄组的数据，我们会发现这样一个显著的特点，男女比例在20岁及以下和71岁及以上的年龄组呈现巨大的差异。在20岁及以下的年龄组中，2002年男性53人、女性39人，性别比为135.90；2007年男性39人、女性26人，性别比为150.00。在71岁及以上的年龄组中，2002年男性7人、女性23人，性别比为30.43；2007年男性9人、女性16人，性别比为56.25。分析其原因大致如下。

首先，20世纪70年代末开始实施计划生育政策后，人们开始向不多生的观念转变，但南村宗族传统很强，生下男性后代继承香火，维续家族传承的观念对他们的生育行为影响很深；另外，农民养儿防老的观念也是南村人生男孩的一个重要因素。在这样的观念下，村民大多有"重男轻女"的观念，虽然越来越多的村民认为"有男有女"是最好的家庭组合，但对于他们来说，没有男孩是不能接受的。我从调查中发现，几乎没有一个家庭是无男性后代的。这必然导致村民的生育行为做策略性的改变，从计划生育的限制来看，如果村民生的前两个孩子中有男孩，他们就会遵守政策不再生小孩，反之，他们会想尽办法继续生育，直到生育出男孩为止。20世纪八九十年代是南村生育的高峰期，因为计划生育政策的实施也限制了他们的自然生育观，在这种策略性的选择下，男孩仍是每个家庭追求的，因而我们可以看到南村2002年和2007年20岁及以下的男女比例呈现极大的不平衡。

其次，在71岁及以上的年龄组，性别比出现很大的不平衡，女性人数大大超过男性,原因有二:一是南村女性普遍比男性长寿,这也和不同性别的生计模式及生活习惯有关。女性多从事农业及家务劳动,而男性多从事繁重的体力劳动或经商活动,而且男性多喜烟酒,更多地参加社会活动。中老年男性易患疾病,且意外死亡率也较女性高,因而长寿者不如女性多。二是侨乡社会的历史原因。1950年前,南村男性一直有下南洋谋生的传统,一般是青壮年就下南洋,稍有积蓄后会奉父母之命回乡娶妻,而女性是一般禁止外出南洋的。这些男人中有些事业有成,有些在南洋潦倒一生,他们的妻子有些生育有后代,有些独守空房一生。1950年后,下南洋的男人很难再返故乡,这些华侨妻便含辛茹苦地侍奉老人,抚养小孩。有些华侨妻没有生育孩子,但南村的华侨妻改嫁的较少,从一而终的传统贞节观念对妇女影响较深。南村的人口性别状况与周大鸣在凤凰村追踪研究的情形有相似之处,凤凰村也是一个侨乡,该村71岁及以上年龄组的性别比也十分不平衡,书中分析早年男性外出南洋谋生也是主要原因。[1]

本书研究的重点是特殊的华侨家庭形式"两头家",当年"两头家"的华侨妻仍有一些生活在南村中,有的育有子女,有的孤独一生。随着时代和社会的变迁,她们当中的一些人投靠丈夫或跟随子女迁移到中国香港、泰国,有的年纪渐大而自然老去。从统计的数据来看,她们影响着南村71岁及以上年龄组的性别比,但随着时间的流逝,这些独居的老人渐渐过世,我们从2002年到2007年的人口数据变化也可以看出这一点。如果时间往前溯几十年,甚至到1950前,我依照口述的调查材料可以呈现南村性别比严重失衡,许多年轻的华侨妻独立支撑起家庭的生活图景。

我发现很多家庭的真实结构并没有反映在户口登记表上,综合起来有以下几个原因。

第一,"两头家"的家庭中丈夫在海外,而妻子留守在家乡,这样的例子有三例,其中一例"两头家"的老太太有一个女儿,两人相依为命,这个女儿当时已将近60岁,她年轻时与同在一镇的丈夫结婚后一直住在娘家。老太太的外孙长大成家后搬回他父亲的村子,现在老太太与女儿及女婿一起住在南村;另外两例"两头家"的老太太则是没有生育儿女,其中一例的丈夫中年时就在南洋去世;另一例老太太的丈夫在南洋组成了另一头家庭,育有儿女。

第二,该村是传统的侨乡,外出人口较多,很多家庭是儿女出去泰国谋生,但户口并没有迁移出去,我了解到这个村子的人们乐于保留中国故乡的户口,尤

---

[1] 周大鸣:《凤凰村的变迁——〈华南的乡村生活〉追踪研究》,社会科学文献出版社,2006,第105页。

其是那些改革开放后出去的中青年人。他们这样做是一种策略性的动机，因为将来选择在哪里生活都是流动的，易变的，不可预期的，保留家乡的户口就相当于保留一种选择的可能。

第三，该村因为有较为悠久的移民历史，改革开放后，31 个家庭中有人迁居香港，而举家移居的有 13 户，将近 200 人。在这 31 个家庭当中，18 户有女孩嫁到香港，有的家庭有两三个女性嫁到香港，总计 24 人。此外，总计有 29 个家庭有人迁居泰国，其中举家迁移的有 4 户，有 16 名男性青壮年移居泰国。由于外部信息的畅通，还有移民的榜样作用，2007 年户口本上登记的 264 人中，只有不到 100 人住在村子里，以务农为主。而且在这些人当中，有一部分是到了退休年龄返回乡里养老的老人。南村人有 100 人左右居住在 J 镇上，另外有部分人在省城或县城居住。

第二节　侨乡人的另一头家：泰国

一　泰国华人社会的相关研究

泰国位于中南半岛。泰国北部和西部与缅甸接壤，东北部与老挝接壤，东南部与柬埔寨接壤，最南端与马来西亚交接。泰国华人占总人口的 10%。与其他东南亚国家的华人相比，泰国华人被当地民族同化的程度很高，华人在政治、经济、文化乃至生活方式的各方面都已完全融入泰国主流社会。

泰国华人社会的研究以施坚雅的研究[1]为标志性的成果，学者们较多关注泰国文化对华人社会同化的机制，但近期的研究成果并不多见，在比较其他东南亚国家出现的华人群体与本地族群的隔阂与冲突的情况下，我们仍可以对泰国华人社会呈现的同化现象做进一步的研究。

在东南亚华人将被完全同化及不被同化之间，理查德·考夫林（Richard J. Coughlin）采取了一种折中的看法，认为经由西化的结果，华人将成为一种中间型，心理上既认同中国，也认同其居留地，事实上其族群形象将保持不变。泰国华人的双重认同：既是中国人，也是东南亚人。[2]

泰国的一些学者认为，目前泰国实际上已经不存在一个华人社会了，泰国华

---

[1]　G. William Skinner, *Chinese Society in Thailand: An Analytical History*, Ithaca: Cornell University Press, 1957.

[2]　Richard J. Coughlin, *Double Identity—The Chinese in Modern Thailand*, Oxford University Press, 1960.

人已经彻底同化于当地社会。也有一些学者认为,虽然泰国华人被同化的程度在东南亚地区是很高的,但是,泰国仍然存在华人社会和华人文化。中国台湾学者戎抚天在研究了泰国华人的同化趋势之后,得出的结论是,泰国华人文化变迁的速度的确非常快,但是,泰国华人文化变迁的方向既非完全本土化,也非完全西方化,而是保留了部分华人文化特质兼具本土与西方的现代化。在与中华文化有基本关系的文化特质上,华人受到的影响却不大,如祭祖、家庭成员间的权利与义务关系,尤其在价值取向上,保留了很多中国传统的色彩。[1]

曹云华在《泰国华人社会初探》一文中认为,尽管泰国华人已经完全融入泰国主流社会,但是,华人社会在某种程度上仍然保留了自己的民族特质,就泰国大多数华人而言,他们仍然是华人。[2] 日本的吉原和男教授在《泰国华人社会的文化复兴运动》一文中讲述了这样的现象:在泰国,从20世纪60年代到80年代中期,同姓团体的一种类型——宗亲总会持续不断地产生。创立宗亲总会目的在于一是为华人的族群认同提供依据;二是宗亲总会所建的大宗祠是象征华人族群的具有纪念碑意义的建筑物。同姓团体大宗祠的修建标志着泰国华人社会的文化复兴运动的兴起。[3] 这个对于本研究有重要的启示作用,伍氏宗族在泰国华人社会的兴起也助推了"两头家"社会网络的维系与发展。

海外华裔学者包洁敏(Jiemin Bao)在加州大学伯克利分校以 Marriage among Ethnic Chinese in Bangkok: An Ethnography of Gender, Sexuality, and Ethnicity over Two Generations 为论文题目取得了人类学博士学位,她用访谈材料描述和分析了两代华人的性别、性、族群性等议题,[4] 这对于人们了解华人在泰国的社会文化下所进行的文化适应,以及不同代之间华人传统文化的变迁有着十分重要的参考价值。从她的研究中,我还了解到两代华人对华南祖乡认同意识的变化,以及与中国亲属互动关系的演变。

二 泰国琼籍华侨华人概况

据泰国报纸公布的资料,1996年泰国有华侨华人510万人,占泰国总人口的

---

① 戎抚天:《泰国华人同化问题研究》,载李亦园等《东南亚华人社会研究》(下),正中书局,1985,第42页。

② 曹云华:《泰国华人社会初探》,《世界民族》2003年第1期。

③ 吉原和男:《泰国华人社会的文化复兴运动——同姓团体的大宗祠建设》,王建新译,《广西民族学院学报》第3期。

④ Jiemin Bao, "Marriage among Ethnic Chinese in Bangkok: An Ethnography of Gender, Sexuality, and Ethnicity over Two Generations," Ph. D. Diss., University of California at Berkeley, 1994.

10%，其中琼籍华侨华人占泰国华侨华人的 28%，约 140 万人，W 县华侨华人占70% 以上，约 100 万人。庄国土认为，泰国华侨华人占泰国总人口的 10%，2007年泰国人口为 65068149 人，据此估算泰国华侨华人为 650 万人，加上近 20 年到泰国的 40 万至 50 万中国新移民，估计 2007 年的泰国华侨华人在 700 万左右。[①]

泰国琼籍华侨华人主要有以下几个特征。

（一）族群特性

介绍泰国琼籍华侨华人的文化特性文献并不多，杨建成主编的《泰国的华侨》引用了许多日本的研究成果，该书中这样描述泰国琼侨：一般来说，他们的性情"敦厚敏捷"，"笃守乡土观念，团体力量相当强烈，热心帮助内地慈善教育工作"，也有人认为他们"顽固不化，喜好和同族人聚会闲谈，传播谣言"，舍弃多余的肥沃土地而出乡，从事诸如耕作或体力劳动的工作，事实上不喜欢困难劳动，一般上是羡慕虚荣逸乐的人。[②]

这个描述的前半部分可称之为优点，后半部分可称之为缺点。对于前半部分，我多年耳濡目染，生活在海南人的圈子里，颇为赞同。而后半部分也不失之客观，我就此问南村侨领伍家厚，他也认为："海南人有进取心，有冒险精神，但海南人没有坚韧精神。在这方面海南人输各色人等。"

（二）职业特征

在行业方面，与闽南帮、潮州帮及广惠肇帮人士相比，海南人是"后来者"，移居南洋较迟，他们很难超越或取代其他帮的势力，挤入其他帮已经占据并相应稳定的职业领域，所以大多只能从事一些"边缘性"的服务业。

老一辈琼侨历经穷困，白手起家，大多为打工仔，当家仆、服务生、厨师等，极少数开火锯厂（木材加工厂）、火砻厂（碾米厂）、咖啡店、小食店。越南战争爆发后，泰国成了美军的后方大本营，他们从战场上死里逃生回到泰国，只图享乐，这就成为华侨华人发财的机遇，于是旅馆、夜总会、桑拿浴之类的行业应运而生，一大批琼侨跻身其中，发家致富。

我在本书将要提到的南村华侨例子中有不少人是在泰国农村开始谋生创业的。在詹姆斯·C. 斯科特的著作中他引用了泰国农民的经济状况，其中有 M.

---

① 庄国土：《东南亚华侨华人数量的新估算》，《厦门大学学报（哲学社会科学版）》2009 年第3 期。
② 杨建成主编《泰国的华侨》，"中华学术院"南洋研究所，1986。

莫尔曼对泰国北部村庄农民的农业生产的研究，说明当地农民关注生存优先于赚取利润。[①] 而且按照东南亚的标准，泰国农民是比较富裕的，泰国也是南村人向往的富饶国度。在本书后面将要介绍的不少"两头家"的个案与此有直接的关联。勤俭能干、精于理财的华人男子经常被当地人欣赏，而且泰国的传统社会流行"从妇居"，因此早期的南村过番的前辈们往往可以在泰国农村娶到当地番妻，找到谋生的立足点。

（三）社会组织与信仰

清朝同治年间在泰国的琼籍华侨就成立了琼州公所，后来又建立了琼岛会所。抗日战争胜利后又成立了工商联合会，后在三方努力下，于1946年2月正式成立"泰国海南会馆"。1990年4月琼籍工商界人士在曼谷成立了泰国海南商会。与此同时，从20世纪60年代到80年代中期，同姓团体的一种类型——宗亲总会持续不断地成立。泰国的华侨宗亲总会在第二次世界大战前几乎不存在，甚至20世纪50年代只有一个宗亲总会，20世纪60年代后半期至70年代前半期之间已发展到了54个团体，80年代中期又新增加了15个团体。[②] 泰京伍氏宗祠于1957年建立，以海南琼籍伍氏华侨为主，现任理事长伍征益是南村人，南村的伍氏宗亲在这个宗亲总会中一直占据着核心的地位。[③]

泰国琼籍华侨大多信仰"水尾圣娘"，它是海南的神灵，其生平及显灵事迹因年代久远，已无从考稽。从海南民间传说，以及 W 县海岸那座"白土尾塔"，对岸坡湖村水滨的一座"水尾圣娘庙"去追源溯流，应是"圣娘"降坛，建庙于此，享受民间香火，后人以她命名，尊为"水尾圣娘"。泰国各地多建有水尾圣娘庙，它是除了宗亲会外联结海南同乡重要的宗教信仰组织。而在祖居地 W 县的当地人平时并不直呼水尾圣娘的名号，而是简单亲切地称其为"婆祖"。（"婆祖"最初是海南人对"妈祖"的称呼，海南汉人多出自闽南，闽南人信仰妈祖，妈祖姓林，而迁居海南的人又以林姓居多，林氏族人呼妈祖为"祖婆"／"婆祖"，故海南人多将妈祖呼作"婆祖"，再后来演变为对

---

① M. 莫尔曼：《一个泰国村庄的农业变革与农民选择》（1968），转引自〔美〕詹姆斯·C. 斯科特《农民的道义经济学：东南亚的反叛与生存》，程立显、刘建等译，译林出版社，2001，第28页。

② 〔日〕吉原和男：《泰国华人社会的文化复兴运动——同姓团体的大宗祠建设》，王建新译，《广西民族学院学报》2004年第3期。

③ 《泰京伍氏宗祠成立三十周年纪念特刊》，1987。

所有女性神灵的称呼）。

泰国社会给人的印象是和谐安宁，佛教在泰国的社会生活中占据了重要的地位，华人在泰国的同化程度很高，这对我们探讨中华文化与异域文化的兼容性有一定的启发。

第三节　近代华南的移民与家庭

一　乡土与移民

费孝通在《乡土中国　生育制度》一书中对中国农村的乡土性有这样的描述：

> 农业和游牧或工业不同，它是直接取资于土地的。游牧的人可以逐水草而居，飘忽无定；做工业的人可以择地而居，迁移无碍；而种地的人却搬不动地，长在土里的庄稼行动不得，侍候庄稼的老农也因之像是半身插入了土里，土气是因为不流动而发生的。[①]

"中国社会是乡土性的"这一关键论点，成为"乡土中国"社会固定性的论述。费孝通在《乡土中国 生育制度》中提出的"差序格局""礼俗秩序""血缘、地缘关系"都是乡土中国社会中具有普遍意义的价值资源，并成为人们的行动逻辑。这些特性大都是从"土地里生出来"的。如果从文化适应的角度来看，这些"乡土性"无疑是一套生存的适应策略，具有传承性和稳定性。在南村这样的移民社区，这一套生存策略在社区成员外迁的情况下，是否会产生新的家庭策略来应对移民的局面呢？

王铭铭在《居与游：侨乡研究对"乡土中国"人类学的挑战》一文中对"乡土中国"这一概念做了诸多的反思，他认为塘东村这个滨海侨村的"地方传统"不是以纯粹的"乡土性"为特色，它的存在离不开"海外关系"的作用。[②]

王铭铭认为，在中国历史上，定居与游动是一个相互抵消的模式，"乡土"的安居乐业被视作"长治久安"的根本。[③] 于是，离开"乡土"的人们

[①]　费孝通：《乡土中国 生育制度》，北京大学出版社，1998，第7页。
[②]　王铭铭：《西学"中国化"的历史困境》，广西师范大学出版社，2005。
[③]　王铭铭：《西学"中国化"的历史困境》，广西师范大学出版社，2005。

常被形容为"游民"甚至"流氓"。而在中国东南沿海,以海外交通为出发点延伸开去,从"乡土"到"海洋",自北而南,再自南而"外",创造着几个世纪以来与"乡土"分分合合的历史。而在这些侨乡,"乡土性"与现实生活策略上的"移民性"一直交融在一起,而移居国外的乡民也以宗族、礼仪、血缘、语言,以及对故土的怀旧情绪来延续着他们的"乡土性"。

另一位人类学者刘朝晖试图在侨乡的社区研究中超越中国传统社会的"乡土性",他通过对原乡与侨居地的比较考察,展示了全球化背景下的中国沿海村落社会是如何完成"乡土性—去乡土性—超越乡土性"这一社会历史过程的。①

而在海外接受人类学训练的学者阎云翔②、景军③、刘新④等人的论著中,我们都可以看到"乡土中国"概念的持续影响。在不同的程度上,这些学者都从"乡土"触及了国家理论,他们分别对新等级制度、社会变迁的强制性计划和"改革"的话语进行诠释,揭示了"乡土"与新式国家体制之间的经济观念差异、文化冲突与"话语交锋"。此外,这批研究者开始关注中国内地农民在日常生活实践中如何诠释其身上的"乡土性"。

托马斯在《身处欧美的波兰农民》中曾说:"从传统的乡村文化移向现代都市文化的经历,就其实质而言是带有普遍性的。"⑤该书对中国学者反思中国村落社会的"乡土性",关注村民越来越活跃的移民性,采用全球化背景下的研究视角,意义深远。

下面我引用几封侨批来展示华侨对故乡"乡土"的怀念,这种乡土性的怀旧也反映了移民在离开乡土社会后,对家乡的一种文化认同。

南村伍家厚是一名泰国华侨,其言行在南村广受好评,对于南村的公益事业,以及村中父老贫苦祸难、生老送死等大小事他都力所能及地给予帮助。早年,他在乡间是一个务农的能手,他插秧的精整程度村中无人能及,令乡民叹服。他在 22 岁时,为逃避国民党政府抓壮丁远渡南洋。下面是两封他给堂弟

---

① 刘朝晖:《超越乡土社会——一个侨乡村落的历史、文化与社会结构》,民族出版社,2005。

② 〔美〕阎云翔:《礼物的流动——一个中国村庄中的互惠原则与社会网络》,李放春、刘瑜译,上海人民出版社,2000;〔美〕阎云翔:《私人生活的变革:一个中国村庄里的爱情、家庭与亲密关系:1949-1999》,龚小夏译,上海书店出版社,2006。

③ 景军:《神堂记忆:一个中国乡村的历史、权力与道德》,吴飞译,福建教育出版社,2013。

④ Xin Liu, *In one's Own Shadow: An Ethnographic Account of the Condition of Post-reform Rural China*, University of California Press, 2000.

⑤ 〔美〕W. I. 托马斯、〔波〕F. 兹纳涅茨基:《身处欧美的波兰农民》,张友云译,译林出版社,2000,第 4 页。

家壮的信。

信1—1

家壮弟：

又是夏天荷花怒放的时候了，出淤泥而不染，傲视群芳，令人肃然起敬。在南国，碧清的天空，高高地笼罩在大地上，洁净得找不到一丝半片的云翳，那炎炎的烈日，正在呈着它的威势，把火球般的光芒，猛射着大地，像要晒焦一切，毁灭一切的。

回忆弱冠在祖国，值此插秧时节，我也参与其中，其中我的农忙乐趣，永远烙印在脑海中，我发誓，倘我生命尚存在一天，我要再度归返祖国，重温我童年的美梦，更要在我双亲的墓前，痛哭一场，赎我浪迹天涯期间，尽菽水①承欢之职责。

兹付回港币五十元整，查收，并祝阖家愉快。

你所需之零件，各表行皆告绝迹，候有时可寄回。

兄家厚、家欣、家梁手书

一九七九年八月六日②

信1—2

家壮弟：

又是岁暮的时候了，每值此一季节，思潮起伏，又勾起我对故国的追忆。也许我诞生在礼仪之邦，我的血液中还保持泥土气息，每逢佳节倍思亲。

年关又将届了，未悉你打算返乡度岁否？念念。

兹付回港币一百元整，查收，并询

近好。

兄家厚、家梁、家欣手书

一九八〇年十二月二十九日③

---

① 菽水：指豆和水，指菲薄的饮食，形容生活的清苦；"菽水承欢"指晚辈对长辈的奉养。

② 该信件于2006年由村民伍家壮提供。本书收录了很多信件，在引用时对信件做了人名、地名修改等技术性处理。下同。

③ 该信件于2006年由村民伍家壮提供。

这两封信反映了伍家厚对于南村故乡"泥土"的感情，这也是他几十年念念不忘故土的主要动力之一。在本书后面的研究中，伍家厚的故事仍将多次出现。"一方水土养育一方人"，人浸淫在自己所成长的乡土环境中，因而人也就具有了家乡的地方性文化特征。乡土文化在中国传统以农业为主的村落中占据了重要的地位，也象征着中国人"根"的情结。关于移民与乡土的关系，台湾学者黄建淳执着于强调华人对祖国的绵绵深情、爱国主义、联系和贡献，他的一番论述较好地表达了移民与乡土的关系："总的来说，海外华人的社会组织和习俗……都是从中国的农村生活中带来的。从长远来说，中华文化的传播和保持，使海外华人社会和华人故乡的共同发展凝成一种牢不可破的关系。许多证据表明，那些生活在海外的华人，很难割裂他们的'中国心'。正因如此，绝大多数海外华人十分关切祖国的安全。这种情结并不取决于清朝或民国政府的存在，而多发乎珍视家乡的天性。"①

二 "孝"与"远游"

"孝道"是一种有经济价值的社会伴生物，实际上相当于老年保险，年迈的父母可依赖孝顺的儿子赡养安度晚年。这是从经济上的分析，而麻国庆更指出，儒家文化中的"孝"的观念，是祖先祭祀与社会结构相互关联、延续的文化意识形态。② 费孝通认为："亲子关系的反馈模式可以说是中国文化的一项特点。用这个模式不仅有相当悠久的历史，而且很早就有许多维持它的伦理观念。儒家所提倡的孝道可以认为是这种在社会上通行的模式的反映，转而起着从意识形态上巩固这种模式的教材。"③ 中国儒家文献的经典《孝经》称"孝"为所有美德的本源，一切教化由此产生。这就要求子女以孝的形式还报父母之"恩"。这一文化理念在家庭代际关系中表现为一种互相依赖的关系。④

这些学者对"孝"在家庭代际关系中的概括，让我觉得"父母在，不远游"的"孝"与移民的"远游"行为之间存在矛盾。移民"远游"也是在当

① 黄建淳：《晚清新马华侨对国家认同之研究——以赈捐投资，封爵为例》，海外华人研究学会，1993；转引自周南京主编《华侨华人百科全书·总论卷》，中国华侨出版社，2002，第58页。
② 麻国庆：《从非洲到东亚：亲属研究的普遍性与特殊性》，《社会科学》2005年第9期。
③ 费孝通：《费孝通文集》第9卷，群言出版社，1999，第41页。
④ 麻国庆：《家族化公民社会的基础：家族伦理与延续的纵式社会——人类学与儒家的对话》，《学术研究》2007年第8期。

时的社会结构与社会流动状况下所作出的一个策略性选择，而"两头家"则是弥补这种矛盾的一种较好的家族策略。下面我将就南村移民伍传锋的个案来分析"两头家"在侨乡的社会和文化中发挥的作用，并由此探讨华南侨乡家族的特殊性。

伍瑞庭公墓志铭

公讳传锋，南村人，瑞庭其字也。少失怙，终鲜兄弟，母刘躬亲抚养，伶仃孤苦，至于成立。其衣食教育全赖母刘十指之劳。完婚后，日益窘，思营小贩苦无资。母刘售其簪珥，购琐屑货品，往各乡贸易，博蝇头微利，用济饥寒。惟其志不在小，请于母，欲出游南洋。母以有远志，允之。公于是涉重洋，破巨浪，抵暹罗国。清夜自思，在通都大邑中，乃资本商战之地，纵一技可借，不过为人驱。遂迁往地僻人稀之处，手胼足胝，刻苦耐劳，日积月累，容囊稍裕，审知披集埠①可以振作，即挟其汗血所获，迁往经营。无不利市三倍，不数年间一跃而为该埠华侨领袖，然非公其大无畏精神，冒蛮烟冲瘴雨，以投身僻陋之区，曷克臻此？彼世之萎靡不振，苟且偷安者，乌能望其项背哉！公为人诚实简默，深明世故，持己俭而不吝其财，与人交而必主于敬，故披集华侨遇有困难纠纷之事，皆仗公一言排解。其故乡高小学校经费支绌，势将停办。公首发起振南学会，捐巨款提倡，学校赖以维持。民十六，土匪捣乱，德配黄孺人被害。公闻耗，悲愤交集，迭汇款，乡父老接收，购械办团，地方以宁。其热心公益，视贤士大夫无多让焉。公窃幸地方得渐安定，惟念母刘在堂，日薄西山，心惊风烛，而自身又为生意所拘，不克省，日夜忧思，触动神经，兼以近来商业被经济不景气影响，益加愁感，神经大受打击，语言不伦。侧室赵氏劝其归家休养，公从之，与赵同归。轮行后，神经似甚清爽，诅至海口港门，公神经突然复乱，防范稍疏，竟跌坠海中，幸轮主停轮施救，将之捞起，而气已绝矣。时民国二十四年三月十六日巳时也，距公生于清光绪壬午年十月初七日子时，享寿六旬开六。现葬公于后坡山之阳，其子兴栋，具状乞铭，谨就其平生事实，文第尺之，并系以铭其曰：繄②维我公，人中之英，志向坚卓，冒险不惊，蛮荒深入，货殖经营，亿则屡中，商界蜚声。忧思成疾，乡国归程，轮抵港口，蹈海捐生，捞来尸体，

---

① 披集府（Phichit）是泰国的一个府，属于北部地区，首府为披集（Phichit）。

② 繄：文言助词。多用于句首，相当于"惟"。

建筑坟茔，既安既周，实为佳城。

——前□□教育局长　清附生□□□拜撰①

此碑立于 1935 年，现在村前小树林中，是南村现存最大的墓碑之一。从碑文中可以看出，墓碑主人伍传锋是当时小有名气的侨领，他在告老返乡航程中坠海身亡。传锋在泰国所娶的赵氏可能是暹罗本地人。从碑文中可以看出南村移民早年出洋成业的大致轨迹。传锋的母亲与唐山妻留在家里，他在泰国又娶妻。从家庭策略的角度来看，传锋有几个重要的特征：首先，他幼年就失去父亲，母亲含辛茹苦将其养大，"穷人的孩子早当家"，他完婚后仍觉得家境无法改善。村内兄弟下南洋打拼生活，他也毅然决定前往。这里重要的信息是他已经完婚了，才下南洋。其次，他到南洋是到泰国的偏僻之地从事小商业做起，胼手胝足方有起色，他再转到披集埠，三年后成为当地的侨领。早期南村及邻村共七村的侨民在暹罗成立的振南学会，传锋是主要的倡议者和资助人。振南学会与兴中小学的关系将在下文讲述。再次，传锋在暹罗谋生又娶了侧室赵氏，而原配黄氏则留守家乡，侍候母亲，而其子兴栋（谱名家明）系黄氏所生。这种"两头家"的模式就是早期华侨解决家庭的一种策略。民国十六年（1927 年）乡间匪乱，黄氏被害，传锋忧郁成疾。1935 年侧室赵氏陪同他一起返乡。返乡的动机合情合理，他已过 60 岁，也无力在商场打拼。黄氏被害后，他心忧其母，遂决定返乡。在旧时代，青壮年男丁出外谋生，晚年"叶落归根"的模式在南村十分普遍。

传锋在暹罗打下了一番天地，从其墓碑的架势、内容、撰写人即可看出。在我进入南村了解这段历史时，传锋的后代还在南村生活。经历四代（家、征、世、泽），现在已经家道中落了，只是从其祖屋的结构、用料中才依稀看到家族往日的辉煌。

"父母在，不远游"，如果不从历史的角度，不了解当时的社会结构与社会流动状况，按照现代人的逻辑，就会说这是父母严重压抑了子女的前途与发展。在一个流动性不强的社会中，这句话只是表达了子女在膝下让父母颐养天年的期望。葛学溥在谈及凤凰村移民的愿望时，认为移民回乡后对自己的经历和运气大肆渲染：发财的经历、外国妻子的性感与能干、外国现代生活的新奇与光鲜。于是，村民们产生了对新生活体验的渴望，如个人的回报（外国妻

---

① 碑文抄录于 2006 年清明节期间，南村前坡小树林的墓碑。笔者对墓志铭上的原文做了技术性处理。

子）、可能的显赫（发财返乡建又大又好的房子）、新奇的知识与经历，这些愿望对村民们的推动力很强，体验新生活的冲动比固守乡土的安全感更占上风。年迈的父母可能害怕享受不到老年后的舒适与安逸，也受到村中叔伯兄弟经历的影响，他们默许、鼓励甚至强迫儿子出外谋生。"孝"的观念左右着儿子，儿子无法拒绝父母的要求，于是他离家去挣钱。而父母宁愿守候着渡口，等待来往的船员捎来儿子的信和钱。[①] 在南村我们也看到很多故事，年轻的农民受到族内叔伯兄弟下南洋过上舒适生活的触动后也会蠢蠢欲动，很快加入移民的行列中。

三　华南移民的婚姻家庭形式

华南沿海地区有着向东南亚移民的悠久历史，而大规模的移民潮是从 19 世纪中期开始的。鸦片战争以后，华南的人口与土地压力造成大规模移民，政府迫于外力取消海禁，允许自由移民。此外，西方资本主义列强加强对殖民地、半殖民地输出资本，使得东南亚等地劳动力需求旺盛。这内外两方面是造成华南移民的"推力"与"拉力"。

移民网络建立在家庭和家族之上。作为个体的华南移民，很可能是追随在他之前的叔伯、父亲、祖父甚至曾祖父的脚步。在宗族势力强大的华南，这种连带效应尤其明显。不管他们抱着什么样的移民动机，移民行为只是他们的生存策略之一，目的在于改善家庭生活，赚取物质财富，以维持父系的传承和增强它的物质表现——祠堂、祖屋、家庭，这些常常是移民行为的原始动机。因而，考察华人移民的婚姻家庭形态，有利于我们理解影响移民家庭策略的文化因素、社会因素、经济因素。

总结前人的研究，我认为华南移民的婚姻家庭形式主要有五种。

第一，国内单一家庭，指华侨将唯一的妻子留在国内，仅有国内一个家庭。在这种家庭类型中，有的出国前就成家；有的经父母安排回国成亲后再出国；有的没有经济能力回乡成亲，由父母在家乡代其操办娶妻仪式。这类家庭多是由于经济原因无能力携妻出洋，也无能力在海外另立家庭，只能平时不断汇款赡养双亲和眷属。

第二，两头家庭。这是比较常见的华侨婚姻家庭形式，也是本书研究的重点家庭类型，前有论述。

---

① 〔美〕丹尼尔·哈里森·葛学溥：《华南的乡村生活——广东凤凰村的家族主义社会学研究》，周大鸣译，知识产权出版社，2006，第 47 页。

第三，移民家庭，指华侨夫妻在国内成亲后，一同从国内移居出去。这种形式较为少见，因华南妇女受"男主外，女主内"家庭生活模式的影响，而且出洋团聚的妇女要承受公婆很大的压力，因为后者担心儿子与媳妇全在海外会因此减少汇款，甚至数典忘祖。

第四，土著妇女家庭，指华侨唯一的妻子是当地妇女。这对男方在当地谋生创业有诸多便利，而土著妇女也赏识华人男子的勤劳、能干、顾家等优点。

第五，华裔妇女家庭，指华侨在国外娶的是华裔妇女。这些华裔妇女来源有三，一是幼年由中国迁居而来，二是当地华侨后代，三是华侨与土著妇女的混血后代。①

以上的划分是为了便于讨论家庭的关系，但实际上每一种家庭形式并不是固定的，它们会随着条件的变化而发生转化。如经济条件变好后，国内单一家庭很可能发展成"两头家"或更复杂的一夫多妻家庭。但这种移民的一夫多妻与传统中国式大家庭中妻妾同在一个屋檐下有着极大的差别，"两头家"是两个国界空间分隔的家庭形式，即便是在国外出现的一夫多妻，这些妻妾也大多生活在不同的地方。因此，"两头家"作为一种联结华侨社区与侨乡纽带的家庭形式，很有研究价值。

本书集中讨论的侨乡南村具有上述全部的婚姻形式，尤其是"两头家"在80岁以上的老华侨中是大量存在的。当外人向村民询问"两头家"的情况时，村民会不假思索地反问："你说的是不是在家有老婆，在番也有老婆的人？"紧接着他们大多会说："这种情况很多，去番不娶番婆怎么能'起水'呢？"虽对这种婚姻家庭形式无法做一个定量的统计，但从调查中还是很容易发现这种现象在侨乡地区的普遍存在，而且"两头家"是为当地人所承认及鼓励的。

---

① 裴颖：《华侨婚姻家庭形态初探》，《华侨华人历史研究》1994 年第 1 期。

第二章

"两头家"的形成：下南洋

中国人移民海外的历史悠久，自清朝的门户被打开后，华南沿海地区的移民潮开始形成，这其中有国内的"推力"，如政治动荡，民不聊生，也有国外的"拉力"，如东南亚等国与中国来往历史悠久；西方资本主义列强开发殖民地，急需大量的劳工。这些早期移民大多采取"落叶归根"的模式，成立"两头家"的并不占多数。

20世纪三四十年代，华南移民浪潮已形成了规模，侨居国的华人社会也日益成型。这时的华侨来往于两地十分频繁，有相当比例的华侨为了适应当地社会的生活，同时期望保留祖乡的家庭，于是采取"两全其美"的家庭策略——"两头家"。这种家庭与传统中国的一夫多妻有关联，但又有很大的差别。可以说，"两头家"现象是华侨为应对当时社会背景所采取的一种权宜之计，它对侨乡以及当地社区造成了深刻的影响。

第一节 1950年前的"两头家"

"两头家"是南村社区变迁的主要动力，本研究选定的对象主要是南村现今还健在的最老一批移民及其妻子。据可以追查到的情况，全村最老的男性是时年87岁的伍征昇，他侨居泰国，在泰国和中国都有妻子儿女，属典型的"两头家"。伍征昇的妻子韩惠樱现在还居住在南村，她也是本书主要的叙述对象之一。

从1939年到1950年前这段时期，南村人大规模移民，这个时期下南洋相对较为容易，只要筹足路费就可以下南洋。那个时期的南村人往返于泰国与家乡两地，有许多人出洋赚钱有了一定积蓄后，在家人的安排下返回家乡结婚。"两头家"在早期是一种比较常见的家庭组织形式，大多数是基于延续香火，看守祖业，侍奉父母的传统观念。年轻时下南洋谋生，家中留有年老的父母，稍有成就再返家乡娶妻生子，这是当地男子合乎当时潮流的一种生活策略。华人来到南洋异地，没有土地，没有资本，起初一般是寄人篱下，待积累一定资本后，他们才开始创业。

在异国他乡谋生，单身汉是很难在那种特殊的社会环境中立足的，因此娶番婆成了很多人主动适应当地社会的选择。番婆又可以细分，在大多数情况下，南村人娶的是出生在泰国的华人，或者华人混血的后裔，有部分情况是娶当地的纯血统泰国女人。而这些纯血统的泰国土著妇女虽然可能没有很多的资本，但她们往往拥有许多土地，因为早期泰国的山岜①地区（也即农村地区）地广人稀，而泰国的传统是男女平等，上一代父母的田产会均分给下一代。这样的话，华人如果娶到这样的番婆，他们就有了土地资本，再利用女方的人际网络、社会资本，扩大生意。这也是南村人通常的说法"去番不娶番婆不起水"的缘由。在这种背景下，南村华侨把娶当地女子作为促进自己事业成功的一条捷径。

由此可见，新中国成立前的"两头家"是家族寻求平衡的一种华侨婚姻家庭形式，因为"两头家"中的男人可以相对自由地来往于两地，他们总是期望能尽力兼顾两头的家庭。相对而言，华侨住在泰国的时间比在家乡逗留的时间长得多，因为泰国是他们谋生事业的根据地。从这个意义上来说，他们对泰国家庭的照顾、子女的教育、夫妻生活投入的精力一般比家乡那头"家"多。因而在这里，我侧重把泰国那边的家称为"社会意义上的家"，而家乡那头的家更大程度上是"文化意义上的家"。从整体上来讲，并无孰优孰劣、孰重孰轻之分，因为家乡在华侨心目中的地位一点也不亚于他们的侨居地，大多数华侨在内心深处始终抱有一种"落叶归根"认祖归宗的心态。家乡的祖屋、祖坟、神灵这一整套的文化系统在他们的心目中占据着重要的地位。在讨论他们选择的婚姻家庭形式时，我们不得不把它放在当地的时代背景和社会文化脉络中考虑。他们所作出的选择，往往是一种策略性的选择，兼顾文化传统和现实生活的需要。

20世纪三四十年代，由于兵荒马乱，南村男人在家乡逗留的时间往往并不长久，但他们大多还是在家乡结了婚再前往南洋，战乱导致当时的婚姻是在一种仓促忙乱的状态下完成的。我调查到的几例高龄华侨妻就是在二战时期被"牵"过来的，因为丈夫不在，她们并未与丈夫拜过堂、行过结婚礼。而之所

---

① 华侨把泰国边远没开发的地方称为"山岜"。泰国热带雨林很多，那些没开垦的地方较为落后封闭，因此山岜相当于中国乡下的概念。

以"牵"过来是因为 1950 年前有部分家庭在双方都还处于儿童时期就"定命"（即订婚），看生辰八字是否合适，如果没有相冲的话，男方的家庭就会"送槟榔"定终身（"送槟榔"主要是指一种订婚的礼物，男方家用槟榔叶编织成一对鸳鸯，然后用竹竿高高挂起，伴着这对鸳鸯的有各种礼物，还有许多的糕点）。至于为什么从小就"定命"，据老人的说法，有些家庭门当户对，如果他们各有男孩女孩就会有这种的想法；更多的是认为小孩不好养，希望找到订婚对象，"定命"后从小命运相牵引，可以平平安安度过一生。在这个时期南村男人从南洋回来结婚逗留乡里的时间往往十分短，长则八九个月，短则一两个月后再下南洋。在这种情况下，即使华侨妻的丈夫从南洋回来圆房，她们受孕的机会并不是很大。而且在当时的战乱年代，很多新娘或新郎都未及成年，十几岁就成婚，无论是心理上还是生理上都没有做好准备，在这种懵懂的情形下，丈夫又再度出洋，留下她们独守空房。

现今，南村的婚俗因时代变迁，多有变化，但要重现"两头家"当时形成的场景，我们也必须了解旧时代的婚俗。

一 婚姻习俗

旧时代南村人的婚姻是在"父母之命，媒妁之言"的模式主导下确定的。当地的婚姻习俗，一般有提亲、订婚、行聘、结婚等四个程序。当地的县志对这四个程序有介绍。

（一）提亲

一般由介绍人（亲戚朋友）或媒婆牵针引线，到男女双方家里去提亲。双方家庭有意后，便将女方的"八字"（出生年、月、日、时）写在红纸上送给男方，俗称"出年庚"。男家收到庚帖（即"八字"）后，请算命先生"合命"，如无冲克便将"庚帖"置于米缸里，在三日内，家中不出不祥之兆，便认为生辰八字合适，可以定亲。这就是通常所说的"父母之命，媒妁之言"的旧婚姻序幕。在南村的老年妇女中，有不少人是按这个程序嫁入男方家的。老人们在谈及自己的婚姻时，她们会说"我们小小就'定命'了"。而经过'定命'这个程序后，下面的程序往往会依例进行。在"两头家"的个案中，唐山妻一般会经历"定命"这个程序，她们以自己作为正室载入族谱有心理上的优越感。

（二）订婚

订婚就是送聘礼"定命"（搭年庚），俗称"送槟榔"或"送乾坤帖"（上写男方主婚人的姓名和男方姓名、八字，以及订婚礼物的名称、数量）。女方收到"乾坤帖"和聘礼后，填好"乾坤帖"，退回部分礼款，从此，双方成了亲家，婚姻关系就正式定下来了。在订婚这一天，男女双方家庭都要张灯结彩，设酒席招待亲戚朋友、酬谢媒人。

（三）行聘

订婚子女长大到结婚年龄时，由男方托介绍人或媒人征求女方准备结婚的意见，在女方同意后，便择日给女方行聘，也叫"送大礼"（礼物有现金、猪肉、糕点等）。此外，在结婚前三天，男方还要给女方送去一些糕点、现金。

（四）结婚

行聘之后，男女双方家庭便开始为结婚奔忙：婚前二三天，新娘要整眉、发，俗称"整面"。结婚当天，男方的花轿、乐队由媒人带队去接新娘，新娘向祖先和双亲行辞别礼后由兄长或叔父送入花轿（新时期多为轿车替代）。花轿到男方家，由夫妇双全、子孙绕膝的所谓"全福太太"牵新娘入中堂（后来一般由新郎请新娘入中堂），同新郎行拜堂礼。礼毕，由伴娘扶新娘入"洞房"。接着婚宴，宴前男女宾陪伴新郎、新娘向宾客敬酒，然后入席宴饮。散席还有"闹房""听房"等习俗。婚后第三天，新娘入厨房（俗称新娘"出灶前"），学做饭菜。第五天新郎陪伴新娘回娘家，俗称"作郎家"，岳父母盛情款待。新郎新娘回来时还要带回丰盛的糕点、粿类，作为第一回"迎路"，送给左邻右舍和亲戚朋友。至此，结婚的程序结束。

二 婚配选择

南村的婚姻圈在 1950 年前基本上是以附近的村子为主，我所访谈到的 70 岁以上的嫁到南村的女性多是来自洋湖村、黄叶村、回龙村、洲边村等村子。1950 年前，南村是没有同姓结婚的例子的，更别说同村男女结婚了。但 1950 年后，传统的宗族组织式微、旧时代的婚嫁礼俗也不太被重视了。青年人打破了原先的约束，出现了几例同村男女结婚的例子。

早年，婚配的选择权一般在父母身上，男方第一个妻子的选择通常由父母在未成年时即通过"定命"的方式确定下来。女方也同样如此，但如果中间出现变故，还可能通过媒妁的方式再找婚配的对象。一般情况下，男人的第一个妻子并不由自己来决定，但如果要娶妾，男人就可以做主了。在南村，一夫多妻的情形也有，但并不多见。如本书中家壮的父亲，他的第一个妻子没有生育，紧接着他娶了一个妾，这个妾为他生下两个女儿，最后他又娶了一个妾，这才生下家里唯一的男丁家壮。据说家壮的父亲也是经济实力一般的农民，他娶妾主要是为了生儿子继承香火。另一种情况是富裕的男人，如征吉的父亲娶了两个妻子，两个妻子都住在村子里，但分开在两处地方居住。

至于下南洋的男人，他们的父母则难以为其在海外的婚姻做主了。所以通常是父母在家为其安排婚姻后，他们长期在外会因为谋生以及照顾生活的需要在海外再娶一个妻子，"两头家"也因此产生。葛学溥在他的研究中认为："第一个妻子的选择上由管理整体经济群体的家长决定；而妾的选择男人本身就可以做主。前者安排是整个家庭的事，而后者则是个人的事。第一次婚配是习俗的，第二次婚姻是性爱的。"[①] 南村的一夫多妻的情形也大致如此，但这种概括放在"两头家"这种家庭上面则显得太过简单。在国外娶妻在一定情况下是男人在海外生存必需的条件，而不能简单归纳成"性爱"的需要。此外，我还发现，南村华侨所娶的番妻中，大多数为本省籍华裔女子（有些是混血女子），其他方言群的华裔女子较少，最后才是泰国土著女子。

第二节　"两头家"的概况与分类

一　南村"两头家"概况

南村出现"两头家"的历史有 100 年以上，最早有记载的是 1868 年出生的伍传甫。1902 年版的伍氏家谱中较为详细地记载了妻妾的情况，民国以后，这些情况就没有被记载了。南村村民认为"两头家"的现象在早年的侨乡地区是司空见惯的，他们说自己村子里的"番客"有 70%～80% 娶"番婆"。我根据族谱及访谈共统计出 57 例"两头家"的个案。

---

① 〔美〕丹尼尔·哈里森·葛学溥：《华南的乡村生活——广东凤凰村的家族主义社会学研究》，周大鸣译，知识产权出版社，2006，第 136 页。

表 2-1 南村"两头家"概况

序号	丈夫	唐山妻（国内）	番妻（南洋）	备注
1	征槐（1901）（二）	已逝，不详	许丽都（1904~2000）	唐山妻生三男，世新、世嘉、世峡。
2	世新（1926~2002）（二）	韩忆瑾移居香港（1934~）	陈如萍（1941~）	世新是新中国成立初期少数几个前往泰国的南村人，育有八男一女，分居中国香港、泰国、海口、澳大利亚等地。世新后来与忆瑾不和，忆瑾于20世纪70年代移居香港。
3	征喜（二）	已逝，不详	已逝，不详	生男世传，现居海口。
4	征仁（1927~）（四）	黄曼绮	韦姿惠	黄曼绮早年在家乡，20世纪70年代移居香港，后再移居泰国丈夫处，没有生育儿女。韦姿惠育有一男六女。
5	征郁（四）	陈玫惠（1920~?），洋湖村人	赵氏	征郁系其父与泰国女子所生，为上例征仁同父异母之兄长；陈姓妻现守祖房，靠侨汇生活。征郁的两位妻子均没有生育儿女。
6	家哲（1889~?）（四）	陈氏	赵氏	育四男一女，其中上例中征郁为番妻生，征仁为唐山妻生。
7	征昇（1921~）（一）	韩惠樱（1928~）	布氏	征昇现居泰国，与番妻育有一男四女，与唐山妻惠樱育有一子，惠樱及儿孙居中国。
8	家方（1894~）（一）	韩氏（1895~），杨家村人	已逝，不详	征昇为家方的唐山妻所生，番妻生养的孩子过世后回到唐山，终老于唐山。
9	家珠（1904~?）（一）	黄氏（1904~?），坑头村人	陈雪瑜（1923~?）	共育五男一女。
10	传秉（1871~?）（一）	黄氏（1880~?），朱坊村人	妾黄氏	唐山妻生男家展（1904~?）；番妻生男家达（1903~?），在泰国出生。
11	传宇（1880~?）（一）	连氏	已逝，不详	育五男，其中家横（1904~?）、家同、家奇、家晖居泰国；家朝（1933~）居乡里。

续表

序号	丈夫	唐山妻（国内）	番妻（南洋）	备注
12	家迁（1914~？）（一）	陈氏，蛟湖村人	颜丽雅（1923~？）	番妻育三男一女，分别为：男征昭（1942~）、征曼、征传，女玛丽；唐山妻育有女儿妙华，已没有人在乡里。
13	家立（四）	已逝，不详	已逝，不详	唐山妻与公婆不和，改嫁，育有一女春欣，已无人在乡里。
14	家欣（一）	已逝，不详	已逝，不详	育有四男两女，因有家母在家，后将一遍生子征方带回乡里。征方娶妻生二男五女，20世纪70年代初征方举家迁居香港；家欣其他孩子均居泰国，唐山妻未生育男孩，育有一女南姗，嫁同村世友。
15	家梁（1920~？）（一）	陈氏（1924~？）	韦丽珠（1922~？）	唐山妻乃媒妁之婚，后育有一女，母女均往泰国与家梁团聚。番妻系泰丰火砻商人之女，育有三男四女。
16	家厚（1926~）（一）	冯氏，后续娶苏氏	陈霞绮	家厚与冯氏情意相投，冯氏意外投井过世，后续娶苏氏，家厚前往南洋，娶番妻陈霞绮；家厚居泰国，苏氏的婚外情被发现后改嫁。唐山妻均未与家厚生育子女。
17	征辉（四）	韩氏	已逝，不详	征辉现居泰国，唐山妻韩氏怀孕不久，征辉即前往泰国。韩氏生一男世瑾，20世纪70年代世瑾一家迁居香港。
18	征其（三）	伍韵媚	已逝，不详	伍韵媚曾做大队干部，工作积极，后改嫁。征其弟征闵身体残疾，一直靠侨汇救济。
19	家备（三）	陈若茜（1924~2002）	已逝，不详	陈若茜育有几个女儿，丈夫在国外。
20	家尧（1875~？）（长）	陈氏（1885~？），杏塘村人	已逝，不详	家尧番妻育有一男征鸣，现居泰国；唐山妻育有两女，其中一个外孙现居乡里，看守祖屋，靠侨汇接济生活。
21	世仪（1925~2007）（三）	韩蕾淑（1929~），回龙村人	泰国人	蕾淑没有生育子女。世仪在泰国有子女，其一辈子打工，经济拮据，可以寄的侨汇很少。蕾淑基本靠政府扶贫补助生活。
22	家营（1899~？）（三）	已逝，不详	已逝，不详	唐山妻育有一男一女，男征永（1936~2001）；番妻育有三男：征纪（1918~？）、征易（1922~？）、征君（1926~？）。

续表

序号	丈夫	唐山妻（国内）	番妻（南洋）	备注
23	征同（三）	叶氏	符氏，再续娶缅甸妻子	征同与唐山妻叶氏育有一男三女，与符氏育有二男二女，与缅甸妻子育有一对孪生女。
24	家晋（二）	陈氏	不详	陈氏育有一子征梁，幼卒。
25	家理（1900~?）（三）	已逝，不详	已逝，不详	家理番妻育有四男，居住在泰国；唐山妻育一男，其子征梧一家在乡里生活。
26	家础（三）	已逝，不详	已逝，不详	家础是家理二弟，在泰国有家庭，其唐山妻在乡里没有生育，将上例征梧抚养成人。
27	征佼（1900~?）（长）	韩阿金（1901~?）	已逝，不详	韩阿金育有二男一女，世福居泰国，他十分孝顺，过世前侨批不断；世奋居乡里。
28	世福（1926~?）（长）	已逝，不详	韩倩君（1931~?）	唐山妻与世福无儿女，在集体经济早期向政府申请离婚获批准，后改嫁；番妻育有儿女。
29	征春（1912~?）	韩甜舒（1915~?），F镇沙塘村人	已逝，不详	征春育三男，世玄（1934~）居乡里，世方（1931~）、世淳居泰国。
30	家靖（1883~?）（长）	云氏、乌淡村（1883~?）	已逝，不详	家靖育四男征璠、征英、征甬、征青（1936~）；前三人居泰国，征青原居乡里，20世纪70年代举家迁居香港。
31	家云（二）	陈氏	已逝，不详	唐山妻育有三男。
32	家乔（一）	陈红英（1925~），黄叶村人	已逝，不详	家乔与陈红英感情不睦，没有生育，与番妻育有两男征杰、征喜；陈红英长期任生产队长，20世纪70年代迁居香港，现半年住香港，半年住乡里，享受香港福利会补助。
33	传勤（1882~1953）（一）	陈氏（1885~1948），聂家村人	已逝，不详	唐山妻生两男两女，其中之一是上例家乔；番妻生一子。
34	征顺（一）	已逝，不详	已逝，不详	征顺与唐山妻育一男世梁，20世纪70年代世梁迁居香港，任南村香港理事会理事长；番妻育有一男世湖，世湖现居泰国。

续表

序号	丈夫	唐山妻 （国内）	番妻 （南洋）	备注
35	家庆 （一）	洪氏	已逝，不详	唐山妻有一男征欣，后家庆申请其去泰国，借此途径，征欣一家定居香港。
36	征道 （1879~?） （二）	韩氏 （1882~?）， 后徐埇 村人	云氏	征道育有两男世广、世鸣，世广居泰国。
37	世广 （二）	陈氏	云氏	唐山妻1950年后改嫁，世广育有五男一女。
38	征阶 （1924~） （二）	韩秀英 （1925~）， 横坑村人	韩氏 （1932~）， 刘埮村人	唐山妻没有生育，20世纪70年代取得香港定居权，后来返乡里；番妻育有四男四女，四男分别是征阶、征琚、征雨、征锐。
39	征琚 （1927~?） （二）	原配徐氏 （1931~）， 荷湖村人； 续配许蓝瑶 （1930~）	云氏、续配陈氏，两人均为华泰混血女子	原配徐氏身体有恙被休，续配许蓝瑶育有一女伍冬燕，冬蓝结婚后仍与母亲居住在南村；番妻云氏育三男三女，陈氏育有三男二女。
40	征宇 （1929~?） （二）	张氏， 禄家村人	韦氏， 黄洋村人	征宇是20世纪70年代返乡探亲的南村第一人，这次返乡与近40岁的张氏育有一女，后张氏与女儿一起迁居香港；番妻育有三男。
41	征涵 （1894~?） （二）	陈氏	赵氏（南村 人将番女的 姓氏定为赵）	征涵先娶赵氏再娶陈氏，来往于两地，后赵氏难产过世后，与陈氏同返乡里养老。番妻赵氏育七男二女；唐山妻育二男一女。其子世伟现居南村。
42	家亭 （二）	符氏	已逝，不详	唐山妻育有一男征焕（1938~），居住在南村。
43	传虎 （一）	许氏	已逝，不详	唐山妻许氏育一男家闵，20世纪70年代传虎为其申请去泰国，后家闵全家定居香港，是南村定居香港最早的一批人之一。
44	传锋 （1882~1935） （一）	黄氏	赵氏、赵氏	唐山妻育有一男家明。传锋乃南村旅泰侨领，后返乡航程中坠海身亡。
45	家石 （一）	已逝，不详	已逝，不详	番妻育有三男两女。

续表

序号	丈夫	唐山妻（国内）	番妻（南洋）	备注
46	传甫（1868~1899）（三）	云氏（1868~?），中坊村人；续妻云氏（1872~?），郭坊村	赵氏	番妻赵氏生二男，即家怀（1900~?）、家悟（1903~?）。
47	征理（1903~?）（二）	云氏	占氏	唐山妻育有一男征扬（1933~）；番妻亦育有孩子，但联系不多。
48	家颖（1892~?）（二）	陈氏	已逝，不详	唐山妻育一男征邦；另三男征秉、征才、征博不详，征秉一家居泰国，征才、征博无后。
49	家杉（1882~?）（二）	韩氏（1884~?），天井村	韩氏（1886~?），罗潭村人	唐山妻一男征琉（1908~1983），征琉早年下南洋谋生，后回乡；番妻育二男：征昊、征超。
50	家勇（一）	韩璐蓉，马埭村人	寒荷，越南华裔	家勇早年在安南谋生，与一个安南华裔女子相好，一同返乡，安南妻生下一女；安南妻携带幼女返安南，现定居澳大利亚。韩氏育有三男二女，其中一男定居香港。
51	开敏（1883~?）（一）	韩氏（1887~?），彭家村人	已逝，不详	唐山妻育有一男传瑜，传瑜早年下南洋谋生，后返乡里。
52	世录（四）	陈冬英	彭氏	唐山妻育一男泽甘（1951~）；番妻生二男：泽凝、泽颖。
53	家青（1910~1971）（四）	符氏	已逝，不详	唐山妻符氏与家青没有生育，后改嫁同村家昀，育有儿女。
54	家仁（1901~?）（四）	韩氏	已逝，不详	唐山妻韩氏没有生育，抚养家仁兄长家青的儿子征菊长大成人。
55	征云	已逝，不详	已逝，不详	唐山妻育有一男一女，名世成、雪梅，世成早年被带往泰国定居，雪梅嫁本村伍家珍。

续表

序号	丈夫	唐山妻 （国内）	番妻 （南洋）	备注
56	征吉 （1945~）	已逝，不详	已逝，不详	征吉于20世纪80年代才前往泰国谋生创业，唐山妻育有两男，后一同前往泰国曼谷；征吉后又娶一位当地女人，因为其掌握泰语，一同在泰国芭特雅经营生意。
57	征础	黄云熙	已逝，不详	征础返乡生活前在泰国有一番妻，生育了一子。这个孩子回到泰国，不再联系。

注：丈夫一栏括号中的一、二、三、四、长，分别指长房、二房、三房、四房、长房长。

资料来源：本表根据南村1902年及2001年两个版本族谱以及调查材料归纳而成。因大量在海外的人物无法核实是否在世，以及去世年份，故本表有些人的信息只列出生年份。

在表2-1中的"两头家"，我将分别详细描述的有16例，他们分别是：世新（序号2）的唐山妻忆瑾是第三章中"与夫反目成仇"的个案；洋湖二婆陈玫惠（序号5）是第五章中"守了祖屋一辈子"的个案；惠樱婆（序号7）是第三章中"母嫁胜过母死"的个案；伍家厚（序号16）在书中多处提及；征辉（序号17）的儿子世瑾是第四章中"'两头家'之间的平衡"的个案；韩蕾淑（序号21）是第五章中"不愿做五保户的华侨妻"的个案；世福（序号29），第四、五、六章多处引用他寄给母亲及弟弟的信件；红英婆（序号32），第二、三、四、五章均有她的生活史，她是本书主要报道人；征阶及其唐山妻秀英婆（序号38）也是本书主要个案，他们在第二、三、五章都有出现；征琚（序号39）的女儿冬燕，第五章讲述她们母女的生活策略；征涵（序号41）与番妻所生的儿子世伟，第二章讲述他们的家庭史；传锋（序号44）是第一章中的个案；家杉（序号49）的儿子征琉，第二章记述他步行返乡的经历；家勇（序号50）的安南妻子，第二章讲述她的故事；世录（序号52）的唐山妻冬英，第三章讲述她的故事。这些"两头家"的故事建构起南村华侨家庭的生活图景，它们的家庭成员在日常生活中的家庭策略也缔造了家乡与海外的社会共同体。

二　"两头家"的分类

"两头家"是指华侨男子在家乡和国外都有妻室的情况。根据我的研究需要，"两头家"的研究对象还可以划分成以下几种类型。

第一，根据初婚的顺序来划分"正室"与"侧室"。大多数的华南侨乡，华侨男子多是在家乡娶妻后才下南洋谋生的，南村也是如此。陈达认为唐山妻（家妻）多是正室，但在我的调查中发现情况未必如此，如下面将提到的伍世伟父亲的例子，还有伍征梧父亲的例子，这两例均是男子出外谋生娶妻，但为了照顾家中父母和继承香火所以返乡再娶。所以，在南村的"两头家"可以根据这个标准分为两种类型，一种是番妻是正室，另一种则反之，相对而言后者占绝大多数比例，尤其是 1950 年后，已有妻室的华侨不能返乡，不得已又在国外娶妻。

第二，根据番妻是否华裔分为两种，是华裔的番妻可能容易理解中国的文化传统，大多数语言还相通，而非华裔的土著番妻则与丈夫家乡的联系十分少。在南村，前者的比例是较多的，这在一定程度上反映了泰国华人社会的婚姻状况。

第三，唐山妻有无子女。这个标准主要基于本研究生活史、家庭史方法的考虑，有无子女对华侨妻子是否留守夫家起到关键作用，这会影响华侨妻子后半生的生活选择，尤其是年老之后。而有子女的华侨妻子又分其子女是男是女两种情况。如果生育了男孩，留守的华侨妻子可能会倾其一生精力将儿子抚养成人，并以此为依靠，另外，在南洋的父亲也会更加关注家乡这边的儿子的生活状况，因为儿子是作为家族血脉传承的重要成员。而如果只生育了女儿，这母女二人的境况就会差很多，下文中伍穹华母女的故事就让我们看到她们委曲求全的家庭策略。没有生育儿女而留守的华侨妻子的生存条件则是最差的，她们对于命运的抗争往往非常人可以理解。

以上只是我大致归纳的"两头家"的具体分类，但这些分类往往不足以概括各个华侨家庭的复杂情况，因而只能通过生活史的方法来达到对他们的理解。

第三节　"两头家"的故事

一　一个典型的"两头家"

在我流连于南村乡间倾听村民、华侨诉说的华侨家庭故事时，许多移民家庭生动、曲折、饱含情感的生活历程深深地打动了我，让我久久不能忘怀。伍世伟的家族史就是南村最典型的"两头家"，其中包含了伍世伟父亲南洋艰辛谋生、在国外娶妻生子、回唐山再娶妻、来往两地、番妻与唐山妻都育有子女等元素。这个家庭两头的"家"的互动历史也是 1950 年前旧中国移民航路不受限的情况下"两头家"典型的运行模式。因而我试着对这个故事进行一个家庭策略视角的分析。

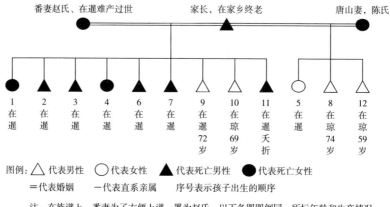

图例：△ 代表男性　○ 代表女性　▲ 代表死亡男性　● 代表死亡女性
　　　＝代表婚姻　　　—代表直系亲属　　序号表示孩子出生的顺序

注：在族谱上，番妻为了方便上谱，署为赵氏。以下各图图例同。所标年龄和生卒情况是以调查时的 2007 年为准。下同。

图 2-1　伍世伟父亲的"两头家"

伍世伟时年 69 岁，他从某农场退休后就和妻子回到家乡居住，他们有两个女儿，都已嫁人。伍世伟的父亲与番妻、唐山妻一共生育了 12 个子女，其中一个夭折。以下是伍世伟叙述的家庭史：

　　我父亲是十几岁跟着村里的族兄一起出洋谋生的，当时三叔也在泰国，爷爷与奶奶还在乡下。我的母亲，也就是番妈，第一个生了大姐，第二个、第三个是大哥和二哥，第四个是二姐，当番妈生到第四个孩子时，父亲回到家乡再娶一个小老婆，当地称为"娶小"，这个就是我的唐山妈。父亲在家乡居住了一段时间，唐山妈怀孕生下一个女儿，这也是我同父异母的三姐。之后父亲又去番，番妈又生三哥、四哥，他们是第六个、第七个孩子。这之后父亲再度回到家乡，唐山妈生下五哥。父亲又去番，番妈生六哥。1938 年再生我，我按男孩排老七，是我父亲的第十个孩子。1945 年，番妈怀小孩，是男孩子，生小孩后"血散崩"（当地说法：产后流血不止）过世。这个男孩，也就是我父亲第十一个孩子，没有奶吃，先天夭折。当时我七岁，番妈四十几岁，也是妇女生育的最后年龄。
　　番妈过世后，在番的三叔写信回家乡，"番二嫂不在了，不如让唐山二嫂去番"（我父亲按排行第二，他不识字，因而一般由三叔写信）。那时爷爷和奶奶在家乡，爷爷去世后，唐山妈就带奶奶一同前往泰国。

唐山妈坐帆船，她先到湛江。湛江以前叫做"西霞"。那里有一种叫"水客"[①] 的人，先发布消息，集中那些要下南洋的人，大概集中到一定的人数，然后就去西霞。当时的航行工具是帆船，沿着华南浅海走，广西、沿北部湾、越南近海。……那时的船是一般的渔船，也可以载客。船上带淡水，带椰子，可以吃，这些椰子在翻船时还可以用来做救生之用。当时是怎么带淡水的呢？水缸不行，那时用一种水箱，也就是用船胶把木板黏合而成，其中就可以装水了。沿浅海行驶，如果真的缺水还会靠岸取水。如果航行顺利的话，一般要一周才能到达目的地曼谷。

唐山妈去过三次番，前两次我没有出生。她第一次去泰国就是带三姐去泰国，让三姐在泰国谋生然后嫁人，三姐至今仍生活在泰国。

我父亲与三叔不住在一起，我们一家住在泰国偏僻的乡下，那里叫"山芭"。为什么要去那边？因为那边是鱼米之乡，土地十分肥沃。而我们乡下的土质不太好，那时种不出好米来，产量又低。这也是我们村人以前都去番的原因。

那时爷爷过世后，三叔带奶奶去番住，奶奶与三叔父一起住。唐山妈前二次去番，都是住在三叔家。据说番妈与唐山妈合不来，还打过架，因为两人互相听不懂对方的话，住不到一块。第一次带三姐去时住在三叔那里，第二次去也住在三叔那里。三姐成家后，唐山妈偶尔也会去大姐那里住。我父亲会驾船，他会偷偷去探望唐山妈，不让番妈知道。唐山妈在我番妈过世后第三次去番。1945 年左右，番妈生最后一个孩子时难产去世，没多久，唐山妈接到三叔的信后她就去泰国。唐山妈最后一次到泰国后，本来要打算留在泰国谋生了。那时我父亲身体不好，有胃病，三叔就安排我父亲和唐山妈带着两个小孩一起回国内，这两个小孩也就是六哥和我。我们 1947 年回到国内，那时我才 9 岁，六哥 12 岁。我唐山妈在泰国时就怀孕了，八弟是 1948 年生的，这是我父亲最小的一个孩子，也就是第十二个孩子。[②]

① "水客"也叫信客，是指专门从事传递两地信息的人。"水客"不仅是侨批业的创始人、金融网络的建构和经营者，而且也是海外移民网络的重要环节。

② 2006 年 5 月 20 日，村民伍世伟在家中口述。本书收录的访谈材料基本保留原样，只是做了一些技术性处理。下同。

基于上述伍世伟父亲的家庭史，我们可以就这个典型的"两头家"个案进行一些具体的分析。

首先，伍世伟的父亲是因为家乡贫瘠才随宗亲们一同下南洋的，三叔也在国外居住，只有爷爷奶奶两个老人在家。我在南村调查时发现的"两头家"个案中有两种情况，一种是先在家乡娶妻后再去国外的，另一种是青少年时期就去国外，在当地娶番妻后再娶唐山妻的。在陈达的描述中，他认为番妻多为侧室，而侧室的说法在南村当地话称为"小"，男人娶侧室称为"娶小"。在上面的个案中，伍世伟的父亲之所以娶唐山妻做"小"，主要是遵从家里父母的意思，旧时代的婚姻也多是"父母之命，媒妁之言"的模式。世伟的父亲在家中排行第二，其兄长婚后无子女，而三弟也长期居住在泰国，因而父母在家乡需要人照顾。此外，当地人的观念中总要有男性子孙在家，在家乡娶妻生子，这样香火才可以延续。

其次，伍世伟的父亲在1947年告老还乡前，一直来回于两地，而他两个妻子所生子女的顺序就直接说明了他往返两地的大致行踪。这种往返两地的家庭运作模式在"两头家"中是十分常见的。我在调查中极少发现1950年前番妻回乡的情况，而在上述的个案中，我们可以知道唐山妻曾经三次去泰国。在唐山妻逗留泰国期间，与番妻还发生过争吵，因而她们是不能居住在一起的。唐山妻几次去泰国都住在其丈夫的三弟家或自己亲生女儿家，伍世伟的父亲要见唐山妻也总是躲着番妻的。"两头家"中的番妻和唐山妻是相互排斥与妒忌的，因而番妻与唐山妻一般分开两头居住，有明显的空间区隔，丈夫来往于两个家庭，这是大多数"两头家"得以稳定的家庭模式。这与中国传统社会中共同居住在一个大家庭中的一夫多妻现象有很大的不同。

最后，从上面的个案中，我们可以看出家庭成员的流动有一种策略性特点。1950年前，当地人来往于家乡与国外相对而言还是比较容易的。伍世伟的父亲十几岁就前往泰国谋生，在泰国娶妻若干年后又不得不应父母之命，回乡再娶了一个妻子。伍世伟的父亲来往于两地，他必须承担起"两头家"的重任。而唐山妻第一次前往泰国，主要目的也就是将其女儿带到泰国生活。

二 "牵"过来的媳妇：秀英婆

秀英婆时年84岁，她的丈夫是伍征阶，时年85岁，也是南村在泰国的侨领之一。他十分顾家，近些年差不多每年清明都携带番妻及儿孙回乡。秀英婆自嫁入伍征阶家已经64年，她在20世纪70年代曾住在香港，取得香港居民

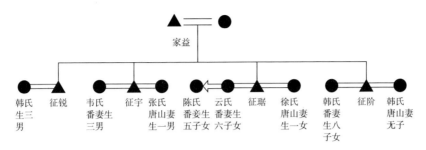

图 2-2　伍家益家谱图

身份，这些年告老返乡居住。她是本书的重要访谈对象，她的原生家庭也是"两头家"，她论及当年嫁过来的情景时这么说：

　　我 4 岁时，我妈带我逃海盗逃难到过泰国，是海北（海北指的是雷州半岛一带）的海盗。当时乡里人很怕，跑到泰国。家乡平定后，我们才回来。我妈生的两个男孩都夭折了，后来才生我。后来我爸就在番娶番妻了。他娶番妻后再没回来，但曾寄钱回来。我爸生了两个妹妹在那边。我妈只有自己做农活养活自己，再后来，老的时候只能靠女婿了，主要是靠征阶公（女婿）寄钱养她了。她 94 岁才去世。

　　20 岁那年，我被"牵"过来，也坐轿子。这个家同一天娶两个媳妇，除了我，另一个是我二弟（伍征阶二弟伍征琚）的订婚妻子，她过门时才 14 岁。后来二弟回来又娶了一个（即后文讲述的伍冬燕的母亲），她就走了。以前有一部分媳妇是"牵"过来，与公鸡拜堂的。二媳是与我同日"牵"来的，我们两个没有与公鸡一起拜堂。只有家婆和三弟、四弟在家，家公和我丈夫、二弟在泰国。新郎不在家，月人婆（即媒婆）过来主持仪式，也像办婚礼一样，杀羊、杀猪备菜办酒。当时杀了两头猪，请了三四十席。

　　我 20 岁来的，在这边过了三个大年初一。他 23 岁才回，那时日本投降了，他住了八九个月，后来他就在番"娶小"了。当时，很多被"牵"过来媳妇，要等到新郎回来才拜堂（圆房一般是接下来的程序）。二弟回来要迟一点，迟一二年，差不多解放前夕才回来，后来再娶现在这个"小"的，二弟结婚住了几个月就去番，当时这个"小"的已经怀孕，后来就生下冬燕。以前寄的信都是家益公收，就是我家公收。那时汇款就十几二十元。家益公已经过世三十几年了。后来，征玢公写信就寄到四弟那里一起收。四弟再分配给各个人。①

为什么是"牵"过来呢？当地人有这种说法，小时候就定亲的女孩如果到了18岁的年龄就算"满例"了，"满例"的意思是订婚的女孩是时候过门到男方家了，如果因为什么事阻隔了，则婚事可能生变。在当时日本侵略中国的情况下，出洋在外的男子不敢返乡娶亲。而年轻的女子如果还没嫁人很可能会被日本人糟蹋。所以年龄差不多的女孩纷纷找到婆家过门，有的"过门"时才十几岁，即使新郎出洋不归，她们也急于找个婆家嫁过去。秀英婆的婆家一天就以"牵"的方式迎娶了两个媳妇，当时家中除了"大""小"两个家婆外，成年的男丁都还在海外。秀英婆还告诉我，那年南村有十一个"新人"（当地新入门媳妇的俗称），其中有五六个就是新郎在外被"牵"过来的，后文将出现的蕾淑也是这样的例子。

南村的老人中有一部分老太太是小时候"送槟榔"定下婚姻大事的，还有一部分是成年后才谈婚论嫁的，当我就这个问题请教秀英婆时，她说："婚姻大事，一般在5~7岁就通过'送槟榔'定下来，这些都是比较好的人家。"秀英婆在解释这件事情时带有一定的自豪感，她说她是从小就与丈夫"送槟榔"定终身的。

婚姻的初始状态对"两头家"家庭后面的发展起着非常关键的作用。红英婆的故事也是如此，她嫁到夫家时，丈夫还在海外未归，她是因为家穷很不情愿才嫁过来的。

三　与夫不和的华侨妻：红英婆

红英婆是一个有争议的人物，她早年嫁到南村后，丈夫也没与她一起生活过多长时间，之后的几十年里她的人生充满了坎坷。她是一个十分坚强的女人，从1951年起她就担任南村东队的生产队队长，一干就干了几十年，也是村里为数不多的女共产党员之一。村里人提起她印象最深刻的是集体化时期，她抓农业生产十分积极。集体化时期南村分为东队和西队两个生产队，而红英婆从1951年到她去香港生活的1975年之间一直担任东队的生产队队长。她自述当年忙碌的状态："我从土改1951年到1975年做生产队长，一天到晚参加

---

① 2007年8月30日，村民韩秀英在家中口述。

劳动、安排工作，都不曾有时间去坐过凳子。"红英婆与丈夫的关系水火不容，结合红英婆几十年的生活轨迹，她的种种行为与策略也不难理解。我在家庭策略视角下最为关注的一点是，在考察人们在社会结构与文化传统影响下采取的家庭策略时，不能忽视个人性格对其行为选择发挥的作用。

红英婆十分健谈，一打开话匣子就可以滔滔不绝地讲上几个小时，这点让人依稀可以看到她当年抓生产时雷厉风行的作风。在与我的交谈中，她一开始就表示她嫁到这个家是十分不幸的：

> 我家在黄叶村①，父亲死得早，那时我弟才6岁他就死了。我的母亲那时黄肿②，没有粮食，吃野菜，当时死的人很多。我才20岁，还很小，哪都不想嫁，整天就帮母亲放牛。媒人来劝："这个亲家就在过一个溪对面的村子，这里就近近的，你嫁过去也好回娘家看。"我妈说："弟弟又小，我把你们养大，你不嫁我就去死。"
>
> 家乔公与征昇公（这两人都是从南洋返乡成亲的）过来相看，稀里糊涂且逼于无奈地就那样同意嫁了。我嫁过来，我的家婆也不懂忌讳，那年农历七月十六就办喜酒，七月十五是鬼节，一般只做斋，做白事，基本没人做红事的。我嫁过来本来就不情愿的，过来以后和他感情不和，不相好。我一句话也不和他说，我总是巴不得他快点走。他走那天我也不出去送。家乔十一月初五就走，他也不告诉家婆。
>
> 我不想嫁，但母亲硬要逼嫁。只和家婆相处一年，她很疼我。我去做生产时，她经常在坡上等我，她说那个山有鬼。我刚来的时候家里就家婆一个人。家公是家乔去番一个月后，才从番回来的。家公也不问儿子什么情况就从泰国回来。
>
> 家乔的兄长家智在番那边，在家乡找一个媳妇，才18岁，不知吃错了什么药就过世了。家公在番娶了一个"四脚婆"③，生一个番仔④归番。家公娶了番妻后，不再理会这个大儿子，让他跟着那个稻谷车走上走下，不给钱让他再娶亲，兄长心灰意冷在泰国就吃"八角"⑤轻生了。在家里

① 黄叶村，是与南村相邻的一个村子，但隶属于F镇。
② "黄肿"，是俗语，是面黄肌瘦、营养高度不良、全身浮肿的意思。
③ 当地人对番妻歧视的称谓，称之为"四脚婆"。
④ W县人口头上称番生的后代为"番仔"，本书为行文方便，使用该称呼。另外，番仔也指外国人。
⑤ 此外，八角指莽草实，它又称假八角或野八角，外形与八角相似，有剧毒。

的家婆一共生两个男孩，两个女儿。这几个都是非正道死，不是上吊就是服药死。所以这个家很不好。

家公在番的营生也不见起色，从番回唐山后，家婆骂他害死儿子，一天骂到晚，说："我的孩子要结婚，你也不给他钱，害得他去死。"家婆因为这件事怀恨在心，不住地数落家公，家公就打她，没有一天安宁。我家婆说要吃完这些鸡才去死，吃到正月十三。家公与家婆打了一通架，大宗①那边村里的父兄②们说："这个女人这么不听话，就打到死，用草席埋掉。"

当晚，家婆换了衣服准备就寝前与我说："他打死我了，我心也冷，我也吃到今晚，我和你相疼就到今晚了。"我也没太在意。

第二天外面下雨，家公打家婆，还把房门锁上。家婆从外面的墙翻进来，戴顶帽子出去吃牛目椒寻死。我早上一出来做饭，世奋的母亲和其女儿就叫喊说我家婆不行了。她吃了牛目椒③，我赶忙去找解药，她口里直冒泡，很快就死了。那年是1948年。④

红英婆说起这段经历时，情绪十分激动，她对每个细节都记得十分清楚。从她的叙述中我们可以看到几个要点：第一，红英婆娘家情况很不好，嫁入伍家乔家有点仓促，这在一定程度上说明当年不少女子也是因为家境不好才考虑嫁入华侨家庭，虽然早已知道与丈夫不能长相厮守。第二，伍家乔家的情况似乎也颇为混乱，其家公在国外也娶了一个番妻，不怎么顾家，导致其大儿子服毒轻生。家婆也因此愤愤不平，与家公矛盾不断激化。那个年代妇女的地位十分低下，大宗里的"父兄"经常聚会议事，评论这家那家的女人是否符合妇道，在这种环境的合力下，红英婆的家婆心灰意冷就自尽了。第三，伍家乔早年出洋，也是借钱才回家成亲，且其兄长也在国外谋生，在国内的妻子因意外过世。这个家庭中父子两辈都有"两头家"的情况。

---

① 这是早年方圆近百里一带的伍氏宗祠，坐落在南村，可见南村伍氏宗族的势力。旧年代，村里大小事情在大宗里决定，而这些德高望重的族老、领袖在当地俗语叫"父兄"。"父兄"一般指村里较有能力、权威的老人，或族中辈分高、德高望重的老人。

② 在南洋的宗族会议，还有回乡办公益事业等，都由"父兄"来主持。而南村现在的"父兄"当中，人品、慷慨、口碑以伍家厚为最，其他的还有征阳、征益、征仁、征滔等。他们对村中的大小事情十分关心，常常慷慨解囊。

③ 别名三脉马钱，服用可中毒致死。

④ 2007年10月7日，村民陈红英于家中口述。

　　红英婆的故事有许多让人深思的地方，她在讲述中反复强调她与丈夫感情不和，其次强调家婆对她十分疼爱。这也是红英婆后来无论如何一直不离开这个家的原因，后面将继续讨论。

四　步行返乡的华侨：伍征琉

　　我在南村时常听到一些关于华侨的奇闻逸事，有一件事让我印象深刻且留下了文字记载。伍征琉早年前往南洋谋生，后因父亲娶番妻后，不再用心关照国内的家庭，他一气之下，遂决定徒步返乡。这个行程的艰辛非常人可以想象，在崇山峻岭中穿梭，再进入中国云南境内。当时，他因日本侵华到泰国避难，但在泰国的父亲更多关心番妻及其所生的子女，伍征琉决定瞒着父亲再度返乡。日军正在海南岛肆虐回到家乡。下面是我摘抄伍征琉的部分日记：

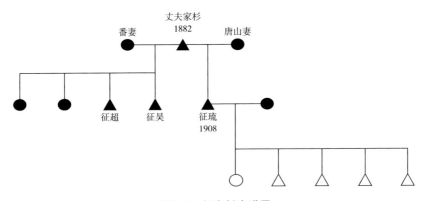

图 2-3　伍家杉家谱图

　　伍家杉十余岁就去泰国做工，到二十余岁才回家乡结婚，一年后又去泰国经营商业，发财后一个泰国的女子来他商店投嫁为暹妻。而我的慈母结婚后第二年秋季就生我出来。慈母和祖奶爱惜我，但父亲家杉在曼谷和暹邦女结婚后，他听暹妇的话，生二男二女后，至老不回。

　　我至 7 岁就开始入学校读书，至 15 岁就开始乘英国的轮船赴泰国曼谷。在父亲的咖啡店内，他教我入夜校学习英文。仅学了 3 个月，至冬季我回家乡。我至 16 岁春季又搭船去泰国，在重叔商店内做工，至 6 月我回曼谷到父亲店里，7 月中我入华侨育民学校考试，在育民学校学习至 17 岁冬季毕业，于 1927 年春我就搭船经过香港到广州市想考进公费学校后工作。考入学校毕业后实习，经过二年，我做过军乐队的西洋音乐员。每月仅得 20 元为工资。我就辞了，便回家乡，于 25 岁的立冬时结婚：妻名梁婕淑，18 岁。1934 年春我又搭船往广州市，仍想考学。初入一间"新中会计学校"。校长姓谭，只学了一个学期，至秋季就去报名投考广州"中国新闻学校文艺系"。经考试，我就被中国新闻学校文艺系录取……

但因日寇侵犯到上海，又要进攻华南，我害怕而且心灰意冷，惘然辍学。我就寄信去请父亲设法付 50 元港币给我为搭船费回家。当年内外战争纷乱，我家经济困难，也致我的生活恐慌。父亲付 50 港币，仅够还旅店房租等，余几元钱只可买车票到香港，于是又得见一些香港，九龙等地方。那时是 1935 年冬季，因为经济拮据，生活困难，不能逗留，只得接到父亲寄的船费，买船票回家。回到家庭和慈母度着淡泊的生活，已是 1936 年春节。至 1937 年春季始业。伍国俊校长聘我为南村兴中小学校教员。我教唱歌和初级语文、算术等科。于 1937 年秋季九月十五日晚戌时，爱女丽满出生，真让人欢喜。

讵料当年冬季，日寇竟侵犯海南岛，侵入海口市，杀人放火很凶险厉害！我慈母爱子如命，又叫我辞职，跟村人从后海搭帆船渡琼州、湛江等地，再搭轮船赴暹曼谷，又累我父亲在曼谷花费了二百多铢暹银作入口税，牌子税，随身证等三种书。牌子税是每年缴银一次的，办完华侨居住手续，才得在父亲的咖啡茶店内安居，我在店中帮父亲卖咖啡茶，卖食品等，但是店中有暹母生的两个妹，两个弟。弟妹都读暹文、英文。只二弟读华侨中学。（二弟征昊生于 1920 年庚申岁四月十七日寅时。征昊在曼谷和一个潮州揭阳县华侨的女子名周霞蓉结婚，生二男二女。）

我 16 岁时，跟家蓝叔去山岜"千涯"地方当他商店会计，工作了四个月。也曾经过山岜"冯牛通"埠，遇见家桂的儿子。至 1940 年初，2 月前向南行八日到"华欣"境中过一夜，就回曼谷"勐叻"，"次廊"路的咖啡店内和父亲和暹母弟妹相见。

我便看世界地图，于 1940 年春分前二日早晨，我就起程步行。征昊自己先起来帮父母燃火准备做卖咖啡茶准备时，他问我，"兄要钱用就自己去拿嘛"。我不拿父母的钱。我早上离家出走，从曼谷跟向北的火车铁路步行前进，途经"巴吞他尼府"①"大城府""万麦""红统府""华富

---

① 此段文字引号的词语多为泰国的地名。

里府""猜纳府"；过绀东站，"北榄坡""桐坡"，最后，"清迈"火车站止。[①]

以上日记是伍征琉于 1983 年所记。伍征琉生于 1908 年，于 1983 年底过世，他在日记中追忆了他的生平，尤其是他步行从泰国返乡的传奇经历，这个故事也在当地广为流传。让我们回顾一下伍征琉返乡定居前的人生轨迹：1923 年 15 岁时出国，后 1927 年从香港回广州读书，1933 年 25 岁时回乡成婚，1934 年再求学广州，1935 年返乡，1937 年日寇侵华，他再度下南洋投奔父亲，后不如意于 1940 年春徒步返乡。伍征琉每个抉择都受当时的社会变动所影响，更重要的是受家庭成员之间关系的影响。这些策略性安排让他的生活摇摆于家乡与泰国之间。同时我们也可以看到早年下南洋只要筹够经费，有亲人接待就比较容易成行。

任征疏的家庭就是"两头家"，因为不能与番妈相处，后辗转回乡。文中提到其父亲伍家杉在泰国发财后娶了番妻生儿育女，久不回家乡。伍征琉在父亲店里帮忙做生意，但他心中始终挂念着家乡的母亲和妻女，再加上番妈的冷遇，让他下定决心不辞而别。

文中所提的伍征昊是番妈所生，是伍征琉同父异母的兄弟，他幼年时曾经返回家乡学习语言，较通家乡的风土人情，与伍征琉感情甚好。在 1960 年左右粮食紧张那段艰难的时期，伍征昊及时寄回的猪油、大米等食品，缓解了伍征琉一家人的生活困难。从这个例子我们可以看到，"两头家"中"唐山"这头家的成员与"番"那头家的成员微妙的关系。伍征琉因感受不到父亲和番妈的关爱，故而选择返乡。伍征琉的策略更多的是基于一种情感上的考虑。

五　安南婆

在南村还有一个浪漫曲折的爱情故事，女主人公不是泰国人，而是安南[②]人。伍家勇共育有三个儿子两个女儿，他在早年曾经去安南谋生。南村早期也有人在安南谋生，但是人数相对较少，而伍家勇是我在南村了解到为数不多的一个。伍家勇前些年就去世了，他在家乡的妻子马埞婆[③]时年 80 岁，精神有点

---

① 该段文字摘自伍征琉的日记，其中有不少海南方言表达方式，未做修改，原文摘录，只做了技术性处理。

② 安南，越南古称。南村人至今还这么称呼越南。

③ "马埞村"是离南村不远的同镇的村子，当地人把嫁过来的妇女娘家的村名作为称呼，"马埞婆"则因为她来自马埞村而与来自安南的"安南婆"区别。

失常。

伍家勇的儿女们都知道父亲过去有个安南妻子，据说她出生在安南的一个城市，祖籍可能是中国广东，会说粤语，村里上年纪的人仍对她记忆犹新，称她为"安南婆"。伍家勇的大儿子伍征原一家移民到香港。安南婆从2006年开始才与南村前夫的家人取得联系。安南婆在来信中说她十分挂念唐山的丈夫，近些年常打电话与大儿子伍征原（非亲生，马埲婆所生）一家联系。

20世纪40年代伍家勇在安南谋生，安南婆与伍家勇在那里相遇，后来她深深爱上了伍家勇。她18岁就跟随丈夫来到南村，但是她不会干农活。在这种情形下，其家公家婆就主张儿子把小时候定生辰八字的媳妇娶回来，这个媳妇来自J镇的马埲村，大家称她为"马埲婆"。当年为了不让安南婆知道，家人把其支到附近村子的姑母家探亲。待其回来时，伍家勇已经把马埲婆娶过门了。马埲婆"上门"后，两个来自不同背景、彼此语言不通的妻子，让家庭生活充满了紧张与摩擦。马埲婆会干农活，且十分泼辣精明，而安南婆只会干家务不会干农活，而且马埲婆有家乡亲人的优势，她既会讲家乡话，通晓家乡的风土人情，又凭着自己的劳动能力，在家里迅速取得自己的优势。在两个女人争夺丈夫的过程中，安南婆慢慢处于下风了。

村里人谈起这段往事还饶有兴趣，因为安南婆与马埲婆共居一室时打架的情形成为村民茶余饭后的谈资，秀英婆告诉我：

> 这个安南婆十分白净，又高又丰满，眼睛圆圆的，看起来很漂亮。但她是城里长大的。她来到这边又不会干农活，也不会挑水，话也不是很懂。家勇家人就安排以前小时候定命的马埲婆娶过来。之后，这两个"大小妻"就打个不停了。其实这个安南婆待人挺好，她的毛线活也很好。城里人肯定斗不过农村妇女，打架也打不赢，当时还纠缠一起，打滚在地。她走后，家勇还哭了好久。她走的时候也是很悲凉凄惨，带着不到一岁的女儿那样可怜地走。听说后来她回去还给这边的家婆寄过几次毛线衣。①

虽然家勇公对安南婆一往情深，但仍经受不起马埲婆的咄咄逼人。马埲婆嫁过来不久，安南婆已经生下了一个女儿，但这时她的境况仍不见好转，在农村的生活她处处受限和压抑，丈夫夹在其中，也左右为难。这段生活让安南婆

---

① 2007年9月，村民韩秀英在家中口述。

感到非常痛苦，逼于无奈，家勇公的父母就主张把她送回安南。

临别时家勇公与安南婆仍是依依不舍，泪眼涟涟，当时家勇公与安南婆相约，他迟些日子会再前往安南找寻她和女儿。但此去无期，新中国成立后，航路不再像从前那样畅通自由，中国人要出境不再那么容易了。家勇公回到家乡，痛苦了好长一段时间，但后来也屈服于生活的现实，开始安心在家乡真正地营生，生儿育女。而安南婆回到安南后，一直苦苦守望，屡次寄信、寄物给南村的家勇公，但毕竟马垵婆是与其针锋相对的，她收到信件和物品就藏了起来。时间一长，安南婆的邮件也就断了，后来她遗失了家勇公的地址。在无数次的难眠之夜后，安南婆才面对现实，嫁给另外一个男人。此后几十年，每当女儿问起父亲时，她总感觉心如刀割。很多次想联系家勇公，但又没有地址。

几十年过去后，安南婆现在随自己的儿女迁移到了澳大利亚，在一次偶然的机会中，她又遇到早年她与家勇共同的朋友。她询问到家勇地址后，马上写信回来询问家勇的消息。2006年寄回400澳元，差不多合人民币2000元。她在信中述及对家勇一直很牵挂。她与家勇所生的女儿仍在安南生活，已生儿育女。但不幸的是，这个女儿因患子宫癌在2006年前去世了。她对女儿感觉很愧疚，所以她下定决心重新联系一下家勇的家庭。

下面的两封信表达了安南婆对家勇的思念和对家勇家人的情谊。刚开始，大儿媳（马垵婆所生大儿子的妻子）告诉她家勇已经过世，她怎么也不相信，后来才慢慢接受这个事实。她曾经与大儿子家约好一起到越南相见，但因为路远且时间无法安排，他们还是没有相见。后来，安南婆从澳大利亚寄了信回来。虽然家勇已经过世，但两个妻子的家庭亲情纽带的联系又开始了，能维持多久，让人无法预料。

安南婆的例子发生在那个特殊年代，两个女人在争夺丈夫的过程中村民的行为，反映了侨乡处理番妻与家妻的一种态度。下面是安南婆所写的第一封信，她在几十年后依然牵挂自己的前夫。

信 2-1

家勇：

　　光阴似箭，转瞬间已分别数十年。因失去你的地址，以至于没有与你通信。最近遇到一友人，索取你的地址，所以才能与你通信。自分别后，我都常想念着你，因生活的奔波与时局的变迁，所以没与你联络。希望你收到这信后，能回信给我，我会详细告诉你女儿的情形。

自我与你分别后，你母亲不让我与你见面，我知你也非常痛心。

现在我已移居澳大利亚，生活不错。以下是我的地址（略）。

好了，下次再谈。

祝你健康！

寒荷启

二〇〇六年三月十日①

下面这封信是伍家勇居住在南村的二儿子伍征喜收到安南婆的来信后的回信，信中表达了对安南婆及姐姐（同父异母）的思念之情。

信 2-2

荷母大人敬禀：

您的来信已收阅，得知其情，欣喜万分，倍感母亲之情爱，深表敬意！

母亲你在最近要返越南，因为咱们中国出国手续多，时间很长，所以不能应母亲之约一起到越南去看望姐姐，望母亲代儿子向姐姐问好。母亲您离开家乡几十年单身一人能够抚养姐姐长大成人，真是我们儿子尊敬的伟大母亲，作为儿子是（感到）光荣的，（您）是父亲的好妻子。后来的事情我们是体谅的，至于姐姐的在越情况，母亲您要叫姐姐写信给弟妹们谈谈，因为是父亲的心愿也是我们的血肉，都是一家人，是一样亲的，望母亲这次返越能和姐姐一起回来家乡，让我们母子兄弟姐妹大伙欢聚一堂，应了父亲的在天之灵吧！

在家的情况一切均好，望时常详复情形为盼。

谢谢。

叩请全安。

儿征喜敬上

二〇〇七年一月八日②

以下两封信是安南婆收到伍征喜的来信后的回信，从信中可以看出当年她离开丈夫身边的痛苦心情。

---

① 2006 年 10 月村民伍征喜提供。

② 2006 年 10 月村民伍征喜提供。

信 2-3

征喜：

　　您的来信已收到，得悉各情，心感快慰，至于你的兄弟姐妹们不能一一问候，望见谅。

　　至于家勇携我返回时，我们都不知道你的祖母要他另娶，她更不允许我与你父见面，你父便偷偷来见我们母女面。我知道如我再留在此，只会加重痛苦，而你父是愚孝，只会听从母亲之命，当我离开你父时，心境和环境都非常困苦。

　　你祖母要我母女离去时，只给买一张船的资费，我身无分文，到达越南时，连车钱也没有，只好向亲人来借。你父知道我们离去时，内心非常痛苦，但也别无他法。当我刚返越时，终日浑浑荡荡，几乎患上精神病，几经辛苦才能将心情平伏下来。

　　当初我们返国时，并不知道他会另娶，否则我不会与他同行，假若他不另娶，我将会与他同甘共苦而度过这一生的。虽然我们已分离，但时常都惦念着他，永远是他的人。现在他仍然有很多孙儿在越，如你们想见他们时，明年大约六七月约同一齐返越相见，因我打算明年返越，我们便可欢聚在一堂了。

　　当女儿六七岁时，时常问妈："爸爸在哪里？他是否不要我们？"我每次听见都痛心万分。

　　上次琼雅寄来的电话号码，并没有写上区号数，所以我拨不通，希望下次来信时再补充。

　　祝生活愉快。

母亲

二〇〇六年十月三十日①

信 2-4

征喜：

　　香港的大嫂（即伍征原的妻子。——引者注）曾来电给我，可能我将电话号码记错，所以屡打不通，希望你下次来信时将她的号码给我，以方便联络。

　　你的一切生活详情我已得知，农历新年后我将返越，那时我将我这里

---

① 2006年10月村民伍征喜提供。

的一切情形告知你。

农历新年即将来临，希望你代我买些食物去拜祭你父，日后我返越时我将设法偿还给你，因在澳的手续纷繁复杂，而要到较远地方才可以寄。

好了，下次再谈。

祝你们生活愉快！

母亲

二〇〇七年四月一日①

安南婆因为语言的关系（她与伍征原一家可以用粤语交流），与在香港的伍征原至今仍保持联系。伍征喜与伍征盛两兄弟现在仍居住在南村，他们的兄长伍征原一家在香港，每年在经济上给予家乡的亲人很大的支持。这也是伍征原尽孝心的方式，这些帮助从道义上讲也是让其弟弟照顾好老母亲。

本章小结

一 "不娶番婆不起水"

上文曾提到村民对娶番妻的看法，他们持一种默认甚至赞许的态度，他们常说的一句话是"不娶番婆不起水"，起水即"发家致富"之意。因而这是早期大多数华侨选择的一种家庭策略。如伍世伟的父亲娶当地番妻后，可以依靠番妻从上一辈继承下来的大片土地谋生，因为在泰国男女在继承权上是平等的，且早期泰国乡下土地资源丰富，华侨在当地娶妻后可以借此在泰国站稳脚跟。

此外，也有与当地华商联姻的，伍家厚的兄长伍家梁的传记中这样写道：

先生抵曼谷后，为环境所迫，不惜沦为人佣，以向执教鞭之人，竟为人驱使，其辛酸不可言喻，故在此三年之中，不知受尽多少苦楚，相信无坚忍之毅力如先生者，必不能忍受也。此种埋头苦干，任劳任怨之精神，终为亲友们同情。于是三年后，得亲友之支持，这才合资，在泰北竹板杏地方开设振泰隆米栈，自任经理。迤至二十七岁时，邂逅□□埠泰丰火砻之女少东韦□□女士，两人一见钟情，遂缔良缘，成为泰丰火砻之乘龙

---

① 2006 年 10 月村民伍征喜提供。

快婿。因先生对米业方面，经验丰富，遂被委为该火砻司理，在职前后四年。①

伍家梁在家乡已有妻室，维持"两头家"多年，华侨的传记中有记载：

> 先生过去在乡时，以父母之命，媒妁之言，曾与陈氏结婚，发迹后不忘糟糠，乃接来泰国同住，与暹罗妻韦□□，相处甚得，识者无不盛称两人贤德，而先生之家庭幸福，由此而更获保障矣。②

由伍家梁在泰国的发展轨迹来看，他也是娶了当地富商的女儿后才逐渐走上致富的道路。娶"番婆"成为华侨在当地站稳脚跟的一种家庭策略，这与早期华侨的谋生方式有密切的关系。上面还提到伍家梁"起水"后还把唐山妻子和女儿接到泰国，"两头家"在泰国变成了一头家。"家"的策略目的就是为了全家的福祉，这也是家族主义的一种表现。

二 他者的想象："番"

小时候，我从读书上学的城市回到父亲的老家 W 县农村时，村民经常会对我父亲说："你们要经常把小孩带回来，不然他们就会变'番'变'黎'了。""番"与"黎"这两个概念是如何并列在一起，其中又带有什么意涵，侨乡的老百姓是如何看待作为他者的"番"呢？

当我接触到人类学的知识后，这些概念开始慢慢钩连起来，对此我逐渐有了一些较为明晰的认识。中国自古以来就有"夷夏之辨"之类的思想，先秦时期在夷夏观基础上形成了民族观，这是上层文化的"大传统"。而侨乡是与海外社会进行最直接和频繁交流的乡土社会，侨乡老百姓对于来自"异文化"地区的人与事都以"番"的概念对待。在我看来，这也许就是"夷夏之辨"的"大传统"观念在乡土社会"小传统"③映射的表现。

---

① 《海南旅泰华侨志》，海南旅泰华侨志编纂处，1962，第 109 页。□处为技术性处理。
② 《海南旅泰华侨志》，海南旅泰华侨志编纂处，1962，第 109 页。
③ "大传统"与"小传统"这对概念由美国人类学家芮德菲尔德（Robert Redfield）1956 年在《农民社会与文化》一书中首先提出，用以说明在较为复杂的文明中存在的两个不同层次的文化传统。所谓大传统指的是社会上层的贵族、士绅、知识分子所代表的精英文化（refined culture），而小传统则指一般社会大众，特别是乡民或者俗民所代表的生活文化。参见李亦园《人类的视野》，上海文艺出版社，1996，第 143 页。

一直以来，人类学对中国及周边国家、周边地域、周边少数民族的研究，往往从儒教、华夏等的角度来分析问题。中国历史上的"华夷秩序"、"朝贡体系"以及"天下"观念的隐喻等，建构了"华"和"夷"，"汉"和"番"的"中心"和"边陲"的对应体系。① 在中国华南与东南亚社会及周边族群的互动构架中，将从"中心"看"周边"的文化中心主义视角，② 转为"你看我、我看你"的互动视角，同时强调从"周边"看"中心"的内在意义，即从汉人社会周边、与汉民族相接触和互动的"他者"之观点，来看汉民族的社会与文化。

几千年来不断有人从内地移民至海南岛，而岛东部集中了大量的汉族人，尤其是 W 县一带。原来的土著居民黎族受到挤压，逐渐内迁到中部山区和西部。W 县一带的汉人的祖先大多来自闽南，因而很早就有移民海外的历史。W 县人旅外的侨民的后代，如果其不再认同家乡，当地人就说其"变番"了。原中山大学校长陈序经出生在 W 县，在新加坡求学时，其父亲就怕其"变番"而不赞同其读英文，而请老师加强其中文学习，多读些古书。

陈达在研究中指出："……再娶时，或为土人妇，或为侨生的中国女子，而以土人居多，因此种结合往往不具有永居性，且南洋所娶的往往视作侧室。因此'两头家'的实例虽多，华侨们自己及社会的舆论，对于南洋妇多少有些歧视。"③ 从中可以看出早年的华南移民对于"番"是有歧视心理的。在我所调查的南村，村民们尤其是那些与番妻有着直接竞争关系的华侨妻们，她们对于番妻的描述总是对"番"这个概念有着一种异族想象。在红英婆的表述中，她将家公在泰国所娶的番妻称为"四脚婆"，这也是一种歧视、污名。虽"番婆""番仔"等已经成为常用的称谓，但其早期带有对异族异文化的成见与污名的想象，这种文化心理至今还不曾减退。

在近代华南侨乡，许多华人移民在国外生育子女后，常常将男性后代送回家乡学习语言及风土人情。南村这样的例子也有很多，这种文化上的观念使移民的行为变成一种网络往返式的运行模式。而后来没办法回乡学习的华侨后裔变成了动词的概括"变番""归番"，即他们没办法掌握和了解中国语言文化，失去了对中华文化的认同，进一步本地化。这一点在侨领伍家厚的讲述中也有

---

① 陈连开：《中国·华夷·蕃汉·中华·中华民族》，载费孝通主编《中华民族多元一体格局》（修订版），中央民族大学出版社，2003。

② 麻国庆：《作为方法的华南：中心和周边的时空转换》，《思想战线》2006 年第 4 期。

③ 陈达：《南洋华侨与闽粤社会》，商务印书馆，1938，第 156 页。

表现：

> 就像我这代人都是老观念，当时怕孩子变番，都带孩子回唐山，娶唐山婆后，再去。当时在国内都要千方百计地找书①出去，你怎么可能要自己的孩子回来，这怎么可能，别人不是说你神经？你明明看着国内怎么走后门都出不去了，你还要带孩子回来，别人不说你神经吗？
>
> 我的孩子中，儿子和儿媳妇都回来过，但女儿没有回来过。大儿子学了一些中文，现在才会写自己的名字，他只会一些粗浅的海南话。中文深奥，番仔一见到中文都怕，番仔认为世界上最难学的就是中文。②

伍家厚在早年与长兄家欣主张将家欣一子名叫征方带回家乡抚养，征方也是 1950 年后伍家厚三兄弟留在家乡唯一的男性血脉。这是伍家厚不让后代全部"归番"的一种家庭策略。20 世纪 70 年代，他又帮助征方举家移居香港，现在伍家厚在家乡的旧居已经无人居住。每逢清明节，他从泰国返乡时，伍征方作为伍家原三兄弟在南村生活的最年轻后代总要从香港回来张罗一切。伍家厚思想上希望后代不要全部"归番"，但事实上无法阻止这一趋势。

"番"在侨乡社区成为一系列文化象征体系，而华侨在家乡的妻子往往在思想和言语上对番妻进行一定程度污名化的想象，也正因为丈夫大部分的生活是与番妻一同度过，这也成了唐山妻在文化上唯一可以与番妻抗争的武器。她们认为她们是"大"，是正室，明媒正娶，而番妻可能完全不了解这一套文化系统，也显得无所谓。

旧时代的华侨对中国文化的强烈认同也是他们"叶落归根"行为的文化动机。而从社会延续的角度来说，华侨把自己在国外生育的男性后代送回家乡学习祖国的文化与风土人情，这也是不让后代"变番""归番"的策略之一。南村在 1950 年前经常有这样的例子，上文伍征琉的个案中的番妻所生的弟弟伍征昊就曾返乡学习语言。这样一种文化理念也促使侨乡与外国形成一种跨国的通道。后代了解家乡的知识也可以让家族的文化得以延续，这也是后文将进一步讨论的华侨后代对祖乡的家庭自我文化认同的问题。如果后代们"归番""变番"了，就会导致祖屋衰败，"迷失"在历史中。

从早期的"两头家"个案中，我们看到华侨的婚姻、家庭、移民行为与社

---

① "书"在此处指移民的凭证或材料，是当地方言用语。

② 2006 年清明节期间，南村华侨伍家厚于家中口述。

会变动紧密相关。而在南村，大量的青壮年男子在日本侵华时避难南洋，而年轻的女子也担心被日本人欺凌而提早嫁入夫家。

　　本书下面几章的叙述始终围绕这个问题：个体或家庭在应对社会变动时，在"文化传统"与"社会结构"的框架下，如何作出不同的家庭策略选择？

第三章

"两头家"的变化：
终结、解体与维系

在本书中，"终结"指"两头家"这种家庭现象的终结，"解体"指华侨妻的改嫁与婚外情导致"两头家"家庭的解体，"维系"则指维持"两头家"形式的家庭。本章将以不同的个案来描述南村"两头家"这几种形态。

南村"两头家"经历的第二个重要的阶段是 20 世纪 50~70 年代。新中国成立初期，中国与泰国没有建交，华侨来往两地的航路基本关闭，南村人去泰国的个案只有两例：村民伍世新在家乡已经结婚生子，他单身经由香港再辗转前往泰国，后在泰国再娶妻生子；村民伍世录侨居泰国多年，新中国成立前从泰国返乡结婚，结婚后他辗转从香港前往泰国。伍世录到泰国后在当地又娶妻生子。这两例也是南村最后产生的"两头家"个案。南村的"两头家"没有再产生，这种特殊的婚姻家庭形式在新的历史时期下已成为过去。

华侨妻成为南村独特的风景线。据我调查推算，1950 年南村有 25 名左右华侨妻，其中 15 名以上是尚处在育龄的年轻的华侨妻，而在这些年轻妇女中，有一半以上没有与丈夫生育过儿女。据老人们回忆，1950 年南村男女比例不平衡，大量男丁在外谋生，很多家庭基本上只剩下老人、妇女和孩子，尤其是在"两头家"的家庭，华侨妻俨然成为一家之主。当时南村的社会生活与非华侨村因为社会性别的不同而呈现迥然不同的社会景象。

20 世纪 50 年代初，土改运动对南村的侨户影响很大，不少华侨家庭被没收了房产、田地甚至私人物品。而"两头家"中的华侨妻所受的冲击更大，她们在那个年代经受了比常人更多的苦难。这一章将主要叙述南村的"两头家"发展的停滞与裂变。

第一节　终结：航路阻隔，华侨落地生根

1949 年中华人民共和国成立，国家对华侨的政策也开始有所改变。1954 年宪法规定"中华人民共和国保护华侨的正当权利和利益，保护归侨和侨眷的合法权利和利益"。

1950 年后，南村乡民与海外亲属的联系也发生了变化。华侨们无法返乡，他们纷纷在当地"落地生根"，娶妻生子。上文所提及的秀英婆的丈夫伍征阶在 1945 年后返乡与她完成了结婚拜堂仪式，一起生活了 9 个月后他再度出洋。1949 年后航路中断，伍征阶无法再返乡，故于 1953 年在泰国又娶了一位华人女子。时局的变化让在家乡已经有了妻室的华侨不得不在国外再成立家庭，"两头家"现象在这一时期集中出现，它们也是历史上产生的最后一批"两头家"。本节所指的"终结"指的是"两头家"作为家庭现象的终结。

一　背井离乡：八公的南洋路

伍家厚是南村的侨领，时年 82 岁，谈吐颇有大家风范，胸怀宽广，深得村民的信赖。伍家厚时任泰京伍氏宗祠的副理事长，1987 年的《泰京伍氏宗祠三十周年纪念特刊》这样介绍他："宗亲貌似拘谨，而热忱内蕴，胸怀豁达，宽宏大量，慎言笃行，凡事认真不苟，能听别人意，择善而行，其温和中庸。"他的人格魅力也是远近闻名。每每谈及他的事迹，村民都赞不绝口。伍家厚按其房支排第八，且"家"字辈在南村的辈分较高，故村民大多亲切地称其为"八公"。八公已是八十多岁的老人，村民有这样的担忧：如果哪天八公老去的话，那么南村的"侨味"就会淡了很多。① 这个"侨味"是当地对华侨影响的一个贴切说法，"味"大约指气氛、内容、意义的意思。八公是南村各种公益事业的倡导者，每次华侨在清明节回乡，他都是积极的组织者。他虽远在泰国，南村的大事小事，凡是力所能及的，他都会过问。南村人去南洋不管旅游探亲还是初来乍到定居谋生的人，也总是少不了去拜访八公。村人把八公当作南村一宝，我在接触他并听闻他的事迹后，也觉得其人其事名副其实。2006 年春节，我和八公进行了几次深入的交谈。八公对他早年在南洋的生活做了生动描述：

---

① 2008 年 4 月 27 日，南村德高望重的侨领伍家厚在泰国家中去世。南村派两个代表前往泰国奔丧。

我在火砻干活，我去和番仔买稻谷，我说我会做农，他说"你吹牛吧，你这样子会做农"。他经常过来和我聊天，"兄弟啊，你看有没有唐人要娶妻，我家有女人，但我有条件，要娶我家的女人，他要帮我做生意，我给他50莱田①做生意"。我就说："我哪知道有什么男青年要结婚的？"其实他的意思是暗示我，希望可以和我结亲。他问我"你有没有空？今天去我家坐坐"，他说有妹妹，他想把妹妹介绍给我。

你去那些番仔家后，他就会煮花生、番薯，然后和你扯谈。我不管去哪，那些番仔都不讨厌我，那些番仔也喜欢带我到处走走看看。

割完稻后，后生们就敲锣打鼓，大家跳风土舞②，男女相识谈恋爱，找对象。

我22岁去番（征阶公是16岁去的）。我坐的是广东省去泰国载救济米的船，它就临时专门载这些客去暹，那时也要交船费。1945年日本投降，1946年我读了一年书，1947年去番。去番前也是做农，那时动乱，几乎都保不了那条命。那时的日本兵到处烧房子。我之前在乡里的兴中学校读了三年书，日本兵来后就乱了，日本投降后我又读了一年。

当时日本兵十分凶残，他们杀人放火，无恶不作。我先读三年书，日本兵来后八年没能读书。日本投降后，我又读了一年，才出去的。与我同年去的，只有四个人还在世。③

访谈时正是清明时节，总有许多人来拜访，伍世志的妻子怡昕也在场向八公表示感谢，她的儿子伍泽辉让她去拜谢八公，她说："我儿子泽辉在泰国多亏八公你们照顾啦，那天他又打电话回来，说八公回来，让我无论如何也要过来坐坐，我前天就捉了自个养的两只母鸡、一只公鸡过来，还怕你们家人多不够吃。"村里的年轻人去泰国谋生，开始一般是在与自己血缘最近的亲人家落脚，有些就直接投靠八公这些老一辈侨领。

八公回应怡昕的谢意后，又说起南村华侨的早期营生：

你切莫讲这些话。我了解唐山的情况，唐山的生活有咸鱼、萝卜拌饭吃就已经很不错了。我问他（指泽辉）"你是想在唐山谋生还是在泰国谋

---

① 一莱约合2.4亩（莱是泰国的田亩单位）。
② 风土舞是当地的风俗舞，男女聚会时一起跳。
③ 2006年清明节期间，南村华侨伍家厚于家中口述。

生"。他说他想在泰国谋生，那我们村里的父兄就尽力帮他喽。

　　我当时坐一条叫"塞班号"（的船去泰国），我的从兄家迁，他在泰国谋生，我在家迁的茶店打杂，什么都做。

　　刚去的时候先去火砻几年，你首先要学会泰话啦。后来几人合作去卖咸鱼（当时住了一段时间），都是族内的兄弟。再去做客栈。做客栈时差不多二十七八岁。你要有一个心理准备，这个生意难做，要如履薄冰，你要身到、手到、脚到、眼到，你才能做好。不管做什么生意都是一样，你要抱着一种认真对付的心理。

　　从客栈生意开始，自己单独做的很少，都是合股的生意。多人合作来做生意，可以互相照顾，互相提携，风险同担，利益共享。

　　我有两个兄长（家梁、家欣）在泰，还有从兄家迁，我们村的华侨去安南、高棉（即柬埔寨）、寮国（即老挝）的也有，但去泰国那边有传统，去那边比较顺利，谋生容易，那边是黄金厚土，我们踏先人的足迹就去了。我们这个村赚到一些钱的，都是去的泰国。我们华侨都存在叶落归根、安土重迁的观念，二三年赚一些钱就回来，也就是乡土味重，棺材也要送回来葬。①

2006 年我第一次访谈八公时并没有将研究主题定为"两头家"，只不过泛泛地向他请教南村华侨下南洋谋生的历史，后来听村民介绍，八公在家乡结过两次婚。

　　我在乡下 20 岁左右结婚。……我成家快一年才出去。当时我都没顾上自己的生活，怎么可能带上自己的老婆，对国内一切都失去了联系。新一代去的只能落地生根了，只能在那边娶番婆生儿育女了。我们这些人只能落地生根，七八年后我就在那边娶老婆，她出生在泰国，也是 W 县人，会讲海南话，徐坊（J 镇的一个村）人。当时没办法，叫做形势所逼。②

他上面说的娶番婆是第三次婚姻。村民说八公与第一任妻子十分恩爱。南村的老年妇女回忆说，打那以后再也没怎么见过这么漂亮的新娘。新婚没多久，不知是在什么情形下，这位妻子可能与家人发生争执，而八公从小就孝顺

---

① 2006 年清明节期间，南村华侨伍家厚于家中口述。

② 2006 年清明节期间，南村华侨伍家厚于家中口述。

父母，碍于面子也数落了她，没想她就投井自杀了。八公为此悲痛欲绝，当时的情形许多老人还记忆犹新。后来，在父母的主持下，八公在乡里又续娶了一位妻子。据村民回忆，八公与第二任妻子并不太和睦，婚后没到一年，他就与村中兄弟南下泰国。本书后面还会提到八公留在家的这位妻子离婚再嫁之事。八公的"两头家"也维持了一段时间，但在家乡的前两任妻子都没有为他生下一男半女。

八公虽上学时间不长，但其求知欲极强，对旧学新识甚感兴趣，虽从事商业，暇时还感开卷有益。在我收集的侨信中，他的笔法刚劲有力，行文朴实无华，但饱含感情。若干年后，他给堂弟伍家壮的信中又提及对故乡的感情。

信 3-1

家壮弟：

游子千里忆，关山万里情，又是岁末霜云当今时序了，番邦羁客真是客意萧然，岁月匆匆，五十年的农村韵事，此刻又在我的心潮中翻荡，过影尤历历如绘。回忆当年时，我先父所写竹报平安红纸墨字，当时如过眼云烟。今岁进入花甲，方解先辈们对子女挂念。今每接家乡信息，往往感觉家书抵万金。

你俩及诸儿女近况怎么样？念念。际此春节将届，兹付回港币两百元，届时查收，藉表永怀，并祝，近好。①

二 "你等我回来，我对你不外"②

上文提到被"牵"过来的秀英婆，她是在众多华侨妻里优越感较强的老太太之一，其丈夫伍征阶在泰国也是一个小有名气的侨领。因为秀英婆留守家乡几十年洁身自好，伍征阶念着这份情以及妻子困苦留守为家庭作出的贡献，他对秀英婆也是照顾有加。每每谈起同村其他留守的老姐妹时，秀英婆总会显出一种优越感。有一次她告诉我，伍征阶在泰国娶妻前后大致的经过，以及后来两人冰释前嫌，丈夫对妻子的承诺：

---

① 2006 年 5 月，村民伍家壮提供，该信缺写信日期。
② 中国人常用"外人"与"内人"来对人进行分类，妻子常常被称为"内人"。这里指的是伍征阶记住韩秀英的恩情，会一直将其视为妻子，不是"外人"，不会对她另眼相待。

大婆①要是像她们那样乱七八糟、不正道的话，大公还会这么疼惜我吗？你就想了，他们会有钱寄给你？

当时路途阻塞，一直回不来，也没这种消息，也不懂。初头，我寄信要其娶番婆的时候，他还没有娶番婆，不过那时可能也准备娶番婆啦。你们路相阻，不上不下的，不来不往的，能让他不娶妻吗？他收到信后很生气，以为我要和他离婚，不愿意等他了。他还写信回来，说他不娶番妻，要我等他回来。后来我们就闹僵了，他很生我的气，怪我变心。

我们村的莲燕去泰国，她就是村里征璧的大姐。那时去番辛苦，七弯八拐的，从越南走。到那边后（莲燕）将情况清楚告诉他，大公才知道我的情形，知道我的真心。以前他都只是寄钱给他父亲。以前他父亲也曾和征阶公一起出洋，后来和征阶公一起回来，他初时只寄钱给他父亲。家公喜欢的话，就给你十元、八元，不给你也就这样，没什么好求的。

人都说"浑水有真迹"，别人去番和他说，他就全部都清楚了。不过那时他也准备娶番妻了，但他还是算疼惜我的了。

大公寄信回来说对不起我。大公说"你放心住，船一通我就回来"，他说对我不外。后来船一通，我三弟第一批回来，我大公第二年就回来，当时他48岁，我47岁。②

诉说完自己与丈夫的感情在最初阶段受到国家政策环境的影响而起伏不定，最后冰释前嫌。她用"浑水有真迹"这句话来评说南村留下来的其他华侨妻：

洋湖二婆不生仔，她老公在番娶老婆也不生仔，应该是她老公不能生仔啦。村里的其他华侨妻也不屈啦……我都说只有我傻，迟钝了。世京妈就稳点，哪个稳不稳，大家都知道的。曼瑛是离婚，后来去大队工作，与另外的大队干部认识，改嫁后命很好，生一堆女儿，到香港、到美国的都有。

以前的华侨的老婆在家如何过，鸡啼半夜就去做工，不管多冷也要去

---

① 秀英婆自称，征阶在家中排行老大，大公则是她对丈夫的尊称，照海南话习惯用法，依晚辈来称大人。

② 2007年8月31日，村民韩秀英在家中口述。

做工。初年领导不得法，大家都没饭吃。那时霜冻也重，都裂到脚这里，他们领导没办法嘛，三更半夜去种薯，种水薯，又辛苦又没饭吃，一天吃三两米。①

秀英婆给我讲述了当时华侨妻的大致情形，有几个人改嫁了，而有些虽没有正式改嫁但也与其他男人有染。在论及这些事时，秀英婆自嘲说"我傻，迟钝"，但明显感觉到她对自己守住清白换来现在安逸的晚年是十分满意的。话语中她也流露出对改嫁和不检点的华侨妻的轻蔑。这是秀英婆在那个时代的策略，她守住了"贞节"，换来了丈夫的信任。从这一段叙述中，我们也可以看到新中国成立初期基层农村生产劳作的艰辛，而华侨妻在这种艰辛的生活境况中，还必须独自撑起家庭重担，可见她们承受的压力非常人可以想象。

第二节　解体：华侨婚姻问题

在集体经济时期，农村的生产劳动红红火火，政府十分重视水利建设。在具体分派工作任务时，干部们总是把没有儿女的华侨妻和年轻男子调到野外很远的地方修水利，常常要在外面过夜，有孩子的年轻妇女则免除这种任务。那时的劳作条件十分艰苦，但是群众的积极性也十分高。在这种青年男女集体劳作的氛围中，年轻的华侨妻得到了更多的接触外部世界的机会。在热火朝天的生产劳动中，年轻人的精力往往得到释放。但内心的孤独、青春的激情、身体的躁动还是让一些华侨妻抵不住诱惑，在这个过程中开始和单身男子来往。在那个破旧立新的年代，传统的宗族组织瓦解，家族中男性华侨不在场，这些因素让社会舆论的控制力减弱。于是侨乡地区便出现一些年轻的华侨妻铤而走险，发展婚外男女关系的现象。

南村的"两头家"在集体经济时期经历了较大的变动，一部分华侨妻改嫁，也有一部分华侨妻虽然留守，但她们与其他男子的不正当关系难以逃脱村人异样的目光。没有不透风的墙，这种风流韵事总能传到彼岸的另一头家去。这在后来20世纪70年代华侨政策放宽后，成为"两头家"关系恶化的一个伏笔。我从村民的口述中了解到南村改嫁的个案至少有5例，这在J镇侨乡地区中，属离婚改嫁情况较少的，这可能与南村是单姓村，宗族力量较为强大有

---

① 2007年8月31日，村民韩秀英在家中口述。

关。其中一例还嫁给了同村的另外一个男人。有一位华侨妻是南村生产队长，工作非常积极，经常有机会与上一级领导接触，后来她与一位领导结了婚。还有一位华侨妻到海口工作，帮别人照看小孩，她年轻貌美，男主人与其发生了不正当关系，后来男主人与前任妻子离婚，娶了她。

当时年轻的华侨妻面临着很多新的选择与诱惑，是留下还是离开，她们大多经历过十分激烈的内心煎熬与折磨。我在访谈过程中，这些已入暮年的老人对那段时光总是感慨万分。

华侨与侨眷①长期分居，感情基础薄弱。1950 年《婚姻法》颁布实施，确立了男女平等、婚姻自由的原则，侨眷纷纷起来争取婚姻自由。但华侨婚姻具有特殊性，国家政策强调保护华侨利益，因此，不能直接按照《婚姻法》处理华侨婚姻，侨眷的婚姻自主权与受到保护的华侨利益之间产生了矛盾和张力。为了保持侨乡社会稳定，相关部门谨慎探索可行途径，以平衡各方利益，取得了一定成效。但由于受到国内外多种因素的制约，忽视侨眷权益、华侨婚姻案件久拖不决等问题也有所产生。1950 年《婚姻法》颁布实施后，婚姻自由观念流行，侨眷改变传统婚姻关系的愿望增强，华侨离婚案件急剧增多。

这个时期的华侨婚姻问题变成了 W 县侨务工作的重点，我收集到的 W 县档案馆材料显示，该县的华侨婚姻问题较为突出，给司法审判工作造成了困难。资料显示，1954 年 W 县有侨眷 47841 户，占总户数的 47%，侨眷 193066 人，占总人口的 34%，国外华侨 187412 人，占总人口的 33%。该县的婚姻案件多为 20~30 岁的侨眷提出的离婚诉讼，面对案件久拖不决，她们常常通过通奸达到离婚目的。这里通奸现象相当严重，99% 的通奸堕胎案件当事人为侨眷女性。1956 年，该县受理华侨婚姻纠纷 1378 件，其中华侨重婚 360 件，华侨生死不明 58 件，感情不和 83 件，华侨 5 年以上无音信、无汇款 50 件，10 年以上无音信、无汇款 31 件，以上共占案件总数的 42.2%。②

我在调查期间与村民伍世奋聊起守活寡的华侨妻，他的兄长早年旅居泰国，在家乡娶了一个妻子，后来他的兄长又在泰国娶妻生子，两地的航路也断

---

① 侨眷，一般是指国外华侨在国内的配偶和直系亲属；或依靠国外华侨赡养的国内旁系亲属；或虽不依靠国外华侨赡养，但尚未与其分家的国内旁系亲属。本书的侨眷专指华侨在国内的配偶。因新中国成立初期出国华侨绝大多数是男性，所以侨眷实际上以女性为主。

② W 县法院《华侨婚姻政策执行情况的发言》，1956，广东省档案馆藏，250-1-8-43；转引自乔素玲《两难的选择：建国初期的华侨婚姻政策》，《华侨华人历史研究》2006 年第 3 期。

了。这位唐山妻后来经过不断争取，终于离婚，她是南村为数不多的正式离婚的华侨妻之一。伍世奋的兄长十分孝顺，他的侨批在南村是最多的。后来我取得伍世奋的信任，他将侨批转交给了我。侨批的时间主要集中在 20 世纪 70 年代到 80 年代，一共有 40 封，信中内容全是家事，情真意切，每次总忘不了寄上一些钱。伍世奋谈起那些守活寡的华侨妻不无感慨，他说当年大家都有这样的默认，在这些年轻的华侨妻面前尽量少出现带有"性"的象征的事物。村里的人说，这样华侨妻的家里最好不要养公猪，因为公猪性欲旺盛，它与母猪交配的情形总会让这些华侨妻难堪。华侨妻最隐秘的性心理不好探究，但从村民的日常口述中，可以体会到华侨妻孤苦伶仃、无处消愁的内心处境。而从男村民的口气中，他们对这种事情也显出一种不置可否的同情，甚至我要去采访"两头家"个案时，村中一位年轻人半开玩笑地说："你是不是去问她，她老公怎么'屈'了她几十年的事啊？"这个"屈"字道出了华侨妻在华南侨乡几十年的生活处境，她们处在这种社会情境中，有丈夫不能团聚，有孩子但没有孩子的爹在旁，有的连孩子都没有，孤身一人。本书下面还将探讨海南 W 县妇女的地位，尽量从社会性别角度来探讨"两头家"的社会根源。此处，中国传统礼教对下层民俗的塑造，形成了农村妇女"嫁鸡随鸡、嫁狗随狗，嫁给扁担扛着走"的婚姻观。一个妇女在父系宗族社会中要寻找自己的位置，尤其是期望过世后受到祭祀，这也是华南地区祖先祭祀的重要一环，她们出嫁后必须在夫家的祖先系谱中找到自己的位置，而改嫁会带来诸多方面的风险。这在下文的个案中将进一步分析。

一 "牛拴着尚且偷吃草，何况没拴"

八公伍家厚第一任妻子投井自尽后，他续娶了一位妻子苏氏，他与苏氏的感情不太和睦。婚后没多久，他就南下泰国。后来据村民回忆，这位苏氏在家与村中另一男人有染，怀孕后堕胎，远在泰国的八公从乡亲那里知道这件事情，最后寄 600 港元作为离婚费，停止了对苏氏的汇款，当时还是集体经济时期。不久苏氏也改嫁了。

20 世纪 70 年代，八公衣锦还乡，他已经是村子里德高望重的侨领了。"番客"回乡，各方亲友都会来做客，前妻苏氏也过来探望他，但八公并不高兴，见她来，当着众人的面就说："厨房有粥，你自己去拿，以后我们各人讨各人生活。"临走还给了她几百元作为礼数。后来，闲时与乡亲们座谈，八公谈起那段往事，仍是十分豁达，他做了一个耐人寻味的比喻："牛被拴住时还会偷吃草，没了这个拴绳它能不吃草吗？"

八公似乎是理解这种行为，但又难掩心中的不满与失望。八公对他两任唐山妻子都没有生育子女甚觉遗憾，他说："她要是生孩子我会照顾她的，她又不生孩子，两个老婆我都合她们啊（意为圆房），但奇怪她们又不生孩子。"八公的传统观念很强，很宠爱后代。他在泰国育有两儿两女，但两个儿子至今还未给他生下男孙，他愿意出钱给儿媳妇让她继续生男孙，可已经完全"番化"的儿子及儿媳妇却不以为然。

苏氏嫁到另外一个家庭后，命运也颇为坎坷，她生了一儿一女，丈夫很早就过世，女儿后来嫁到了香港。但她也无福享受，没多久就去世了。苏氏的命运常常被留守的华侨妻提起，并引为改嫁后命运不好的例证。

在那个时期，华侨妻的忠贞与否变成了"两头家"这种非标准家庭形式能否得以维系的重要因素，但华侨妻个体心理上和生理上的需要往往被人们忽视了。

二 "母嫁胜过母死"

惠樱婆时年 80 岁，她的丈夫伍征昇是南村还健在的年龄最大的男子了。1947 年她嫁入南村，后来她一个人将儿子伍世京抚养成人。她向我简单地介绍了她丈夫的情况：

> 征昇 18 岁去番，25 岁才回来娶我。我是杨家村的（属 J 镇）。他大我 7 岁。他是三代单传的独子，我过来的时候家里只有一个家婆。我当时 18 岁，20 岁怀上世京，怀孕的时候，征昇公又去番，后来就不能再回来。20 世纪 70 年代他 60 岁才回来。他在那边娶了个番妻，她父亲是 T 镇（W 县下面的一个镇）人，母亲是番人。娶一个番妈，生四个女儿、一个儿子。前面三个女儿，然后才到男孩，后来再有一个女儿。现在这些孩子可能都成家了。最后这个女儿和我二孙儿年龄相仿，我二孙儿读大学的时候，她也正在读大学。他现在都靠这些番仔养他了。我也不想过去看他们，那些番仔是不会说海南话的。这些番仔都没回来过，征昇也是 60 岁左右回来过一次。①

---

① 2007 年 8 月 30 日，村民韩惠樱在家中口述。

当我试探着问惠樱婆当年村子里有没有人改嫁，她有没有想过改嫁时，惠樱婆似乎并没有因此而感到尴尬或后悔。她说她那个年代的人太傻，没有现在的人聪明，"嫁鸡随鸡、嫁狗随狗，嫁给扁担扛着走"。她对改嫁的带着孩子的华侨妻是同情的，她常说的一句话"母嫁胜过母死"，因为舍不得当时很小的儿子所以她没离开这个家：

> 改嫁，一人一种情况。当时老公在番，不用办离婚，就是想走的就走。我们这个村改嫁的少。我们这个村也没有带孩子走的。刘埗村有一个华侨老婆改嫁后，把孩子就丢在丈夫家，后来他也把他的孙子带去香港。这边都没有带孩子出去改嫁。还有另外一个村华侨老婆生了个女儿，她没走就留在那里把小孩养大，后来女儿嫁人了，她一个人老在家里，每次女儿上街还要大老远的回娘家给她送菜，看望她。你说这有什么好的，这样还不是拖累小孩。
>
> 所以俗话说"母嫁胜过母死"，如果连饭都吃不饱，死掉还不如改嫁，那样可能还会把小孩带大。改嫁还是可以理解的。
>
> 当时做水利时，我们是华侨老婆，没小孩子（即没幼龄的孩子），比如秀英、蕾淑、蓝瑶、洋湖村[1]、洋湖村的婶（曼绮）、八公的老婆、我、世瑾的母亲等。有小孩的不能出去过夜的。就被调去在邻近的工地干活，晚上再回家照顾小孩。到处挖沟、挖渠、建锅炉。没有孩子的华侨妻就要在那边（工地上）住上一段时间，当时搭了草棚，就住在里面。那时辛苦啊，这些华侨妻也当作男人一样用。[2]

有一天，在一个公共场合，几个老人在大宗祠里讨论起改嫁与婚外情的往事，对于改嫁还是留守命运哪个更好，争论不休，议论纷纷，各人意见不同，但其中的意味发人深省。秀英、惠樱、蕾淑、语舒等几个华侨妻还有其他几个老人七嘴八舌地讨论改嫁的华侨妻的命运的好坏。

> "南村的华侨妻改嫁的较少，这是一个风气的问题，你看刘埗村（与南村相邻的一个村子）的都差不多去改嫁完了。"
>
> "这谁又说得准呢？嫁给别人也是去给别人当后妈，名义上好，其实

---

① 口述时用娘家的村名代替本人，即前文的洋湖二婆陈玫惠。
② 2007年8月30日，村民韩惠樱在家中口述。

也不见得好。"

"我看各人有各人的命，你看曼瑛嫁得就挺好，人家现在生了三个女儿都不知赚了多少钱，晚年无忧了。"①

当年，年轻华侨妻的婚姻问题在侨乡地区普遍存在，南村也有部分华侨妻改嫁出走，如前文所说八公的第二任妻子苏氏、嫁给生产队干部的曼瑛，下文将提及的伍世福的妻子、伍世广的妻子，特别的是还有一个华侨妻改嫁到村子另外一家。

在 1959 年 1 月 19 日的广东省高级人民法院工作组、广东省华侨事务委员会关于 W 县华侨婚姻案件调查总结中，对如何继续做好处理华侨婚姻案件的工作，提出以下几点意见。

第一，关于准予离婚或不准予离婚的意见：

1. 华侨在外重婚纳妾，查实齐据的，侨眷提出离婚，一般应准予离婚。

2. 华侨出国后，现已三年以上杳无音讯，下落不明，侨眷提出离婚，经多方面调查属实的，应准予离婚。

3. 华侨出国后，并非下落不明，有翔实地址，但现已三年以上无通讯，侨眷屡次去信不复，除特殊情况外，侨眷提出离婚，去信征询也不答复的，可判准离婚。

4. 华侨常有通讯关系，侨眷提出离婚，应尽量教育说服，使其打消离婚的念头或判决不准离婚。但如有下列情况之一，侨眷很坚决要求离婚，去信征询华侨意见又不答复的，一般也可判准离婚：

（1）华侨结婚后很短时间便出国，或者出国前虽同居时间较长，而双方没有什么感情，出国后虽有信款回家，但没有或很少过问女方，足以证实其全不关心女方的；

（2）侨眷因搞不正当男女关系，以致引起家庭不和或华侨断绝与女方通讯，或者侨眷已重婚，确实无法继续在侨家生活的；

（3）如不判准离婚可能发生严重后果，或经判决不准离婚又再提，经屡次教育说服仍无见效的。

---

① 2007 年 9 月，根据南村的华侨妻们在大宗祠堂聊天整理而成。

第3条、第4条如征求华侨答复不同意的，应根据具体情况进行判决。

5. 侨眷与人通奸、重婚，华侨提出离婚的，可准予离婚。如侨眷提出异议，应通过亲属关系或群众关系进行调解说服。说服无效的，也可判准离婚。

第二，侨眷与人通奸，一般应以教育为主，如个别情节严重恶劣或重婚的，应依法处理。

第三，处理华侨婚姻案件，除无法查明华侨住址或经说服侨眷自愿撤销诉讼的外，都应去信征求华侨意见，待华侨答复才处理。按照华侨侨居地来往信件实际所需时间，如三个月至半年仍不答复的，即可依法进行判决。[①]

我的田野调查点主要集中在南村，因而访谈的个案较多是留守的华侨妻。从南村的情况来看，正式通过手续离婚的华侨妻并不多，其中伍世福的唐山妻子是通过正当手续与丈夫离婚后改嫁的。而留守的华侨妻中，我也听闻如上述意见的情况，即发生婚外男女关系，有这种情况的华侨妻有些被迫离开丈夫家改嫁；有些则坚持留守，但她们必须面对失去丈夫的支持和关爱而独自生活的考验。

三　与夫反目成仇：韩忆瑾

韩忆瑾的丈夫伍世新是 1950 年后为数不多的前往泰国的南村华侨。伍世新与唐山妻韩忆瑾生育了四个儿子，番妻陈氏生四儿一女。忆瑾的大儿子泽楼移居香港，二儿子定居澳大利亚，三儿子移居泰国，四儿子定居海口；番妻所生子女现居泰国。这个家庭的成员遍布海内外，充分反映了"两头家"空间的延展性。这里希望通过几封韩忆瑾寄给同村知己伍世奋的信来分析"两头家"中丈夫与唐山妻的复杂关系。

韩忆瑾现居香港，其丈夫伍世新于 2003 年前后在香港过世。据说因为她在家时有婚外情，这导致她在 20 世纪 70 年代与丈夫反目成仇，个人的命运也颇有曲折。她在信中多次提到自己的坎坷命运及丈夫及儿子对其不友善。

---

① "W 县华侨婚姻案件调查总结（初稿）"，1959 年 1 月 19 日，W 县档案馆。

信 3-2 开"药方"

三哥奋：

……据说，世新也回乡做斋公婆。他回港时我不知道。有人告诉我，我打电话问阿楼（即泽楼，其儿子）："你父回乡看病是吧，据说满面怪气。"我想示（教）他做迷信，阿楼骂我他父不需要我示（教）。我代他父开的药方如下：第一，做斋公婆。第二，除非我亲身回，求我原谅他。第三，先苦后甘，应该做酒还神团圆。信不信由他。只怕他始终有一天要求我，不怕我会求他。余话以后再谈。就此停笔。祝哥家中老幼均安。

妹忙草①

韩忆瑾在信中有一定的报复心理，要让其丈夫听其建议，但儿子因过往的"事情"并不站在母亲那边。

信 3-3 诉苦

三哥奋：

你好，前后连接到你的两封来信，得知各情，甚为欣慰！但因你妹近日工作繁忙，没有及时做复，真对不起，请哥多多原谅。以及多来信指教是盼。前月托倩君三婶代带回祛风油几支，内分婶姆一支，凡是外家刘坊村的各分一支，望查收。

今天三婶已回港，得知村中各人均好，婶姆精神好，妹甚欣喜，谢谢三嫂寄给妹的卤汁与黑横干。妹在港有很多食物，请你们不要挂心。

亲爱的哥，妹自小失去双亲的温暖爱惜，（是）没哥没弟，没姐没妹之家庭。不得上学念字，家贫母多病，十四岁才上学读书。十六岁就被母包办婚姻。夫不贤，子不孝，一生痛苦，受饥寒交迫，受爱情曲折，受疾病之痛苦，有谁同情呢？有谁可怜过我呢？我只好咬紧牙关，面对苦难往前进！（信内有香港耳环两对）

妹忙草②

---

① 2007 年 10 月，村民伍世奋提供。忆瑾的丈夫也是"世"字辈，故忆瑾写信给伍世奋时称其为"三哥奋"。

② 2007 年 10 月，村民伍世奋提供。

韩忆瑾在香港期间，也时常关注乡里诸事。她在南村时也无所依赖，只将伍世奋视为知心人，故常在信中向其诉苦。信中倩君就是本书提到征阶三弟伍征宇的唐山妻，20世纪70年代伍征宇返乡，生下一个女儿，后母女迁往香港。

信3-4　咒夫

三哥奋：

　　关于世新兄，他现有钱，做陈世美抛丢前妻，他将来也没有好的结果。他现今开始做什么事都不顺利了。他已受到良心的责备了。他家贫，我受苦，养教孩子长大成人，已经完成我的责任，世新见富欺贫，这落水狗，我不会去求他，我愿站着死，不能跪着求生。（跪着求生）是很可耻的，没志气的人。我从小是在风雨中长大的孩子，什么苦难都能克服，万里长征都过了，人不受曲折不伟大，海不波浪不美丽，求得青山在，不怕没柴烧。我贫得清，富得明，总有一天我会发达，苦尽甘来。多谢三哥你无微不至对妹的关怀与帮助，妹永记在心头难忘。未知何时何日能报答哥的深恩厚义。妹现在身体好了，勿念！祝哥全家均好，新年快乐！

妹忙草①

在这封信，韩忆瑾十分强烈地表达出自己对前夫的怨恨心理。她通过自己的努力前往香港，但夫离子散，境况并不如意。

信3-5　怨夫

三哥奋：

　　来信收阅，细知诸情，甚慰。妹经过看病，使了一千港元左右，打针食药，病已经全部好转了，妹主要是受精神打击和流年不利之故，没什么大病，请哥勿念。

　　前几天妹已经托药行代寄两支追风虎骨丸，请哥查收。但是哥前写之药丸名，我交家闵叔他代买代寄，他这种人是讲假话的，有钱把去赌博，身上没分文？我忘记了药名，只好打电话问他。他说追风虎骨丸，对吗？请哥来信告示是盼！三哥，新哥他做陈世美，抛丢了我已经几十年，我靠

①　2007年10月，村民伍世奋提供。

我双手，我有本事做营工能得工资港币四千元，但因精神上创伤，我不想做太苦，现今我只做一份普通工种，工资得 2000 多港币，够食够花，哥所需要之药品东西，妹有能力，请需要什么来信付回。前据说家朝来港，住在中南族社，我打几次电话都找不到他。请哥转告婶姆他老人家要保重身体是盼！哥现有多少儿女，请来信告知，有相片请寄给妹好吧！请代问好娴嫂！余话后谈。敬祝家中均安。

　　附：三哥，我母生我独女，没哥弟姐妹，妹在生活上很孤独，有事无六亲相助，幸得你像我的同胞兄妹一样，我在精神上很安慰！

妹忙草①

　　此信中韩忆瑾仍是尽力与夫家村子的族亲来往，但始终怨恨丈夫对其抛弃之过。我在时近 3 年（2006~2008 年）的调查中，也没有听闻韩忆瑾回乡的消息。2006 年清明节，韩忆瑾的大儿子伍泽楼携妻子从香港返乡祭祖，此时他已经成长为南村青年一代的海外才俊，积极参与村里的各种公益事业。我从村民处听闻，泽楼似乎也埋怨母亲的"过错"，即使在香港也少与母亲来往。

信 3-6　感恩

三哥奋：

　　您好，祝你与婶姆娴嫂以及孩子等各人身体安康，诸事如意，万事顺利为颂为慰！

　　多谢你和婶姆娴嫂对妹的关心爱惜如同胞兄妹一样。托家闳叔带来的两只□□鸡很好食。但是妹内心很过意不去，因为婶姆她老人家很辛苦才养大这两只鸡，娴嫂理内理外，孩子们上学念书，你们大家都很辛苦，妹希望婶姆老人家保重身体，不要挂心。妹身体好，请放心。妹在香港什么都有食，食物很便宜，据家闳叔说，世忠女思妍来深圳做工，思芳也来，当天正好我放假，就跟家闳叔、阿英一同回深圳找思妍，找不到，我带十条左右衣裤寄在征础大儿子深圳世洪处。今天我也写信叫思妍去领取。另在邮局寄一袋给哥你收，内有哥的，娴嫂的，孩子的，婶姆有两条衣给她穿。查收（后）来信告知。世福兄要返琼和你们一家团聚欣乐，妹代你

---

①　2007 年 10 月，村民伍世奋提供。

欣喜。世新这人狼心狗肺，忘恩负义，他不肯和我在一起，我也不想看他头面，他有钱有势，过去他写信分钱给征玄（时任村支书。引者注），叫他不要批准我赴港。被他们暗害，差一点不能出港，幸有贵人相助，如果没头没脑地跟他们回去的话，那么不是很容易被害，不能出港吗？妹的命运注定好心遭雷打，一生做人没功劳，只好低头而干，奋志为人，自力更生罢了。

三哥，你有机会来深圳的话，妹一定回去会面，去深圳很方便，两个钟头就到。哥你需要什么东西来信。妹虽不是百万富翁，但小小物件东西，妹有能力。请你开口。家阅时常讲假话，未知思妍有来深圳否？望你叫思妍回信。余话以后再谈。祝你，家中大小均安！

（衣服有新有半旧，望娴嫂笑纳）

妹忙草[①]

信 3-7 "饮唱朋友满天下，祸难朋友没一个"

世奋三哥：

你好。前寄给你的一封信内夹着两对香港铜耳环给你女儿的，以及你来信要之药品，我托家阅叔代买交世虎带回，未知信件及药品收到没有？甚念。望你来信告知是盼！因家阅叔去年做室[②]困难，叫我借港币三千元给他急用。他说过年后还清给我。他几次把钱拿去澳门赌博，赢了也不还钱。近日我身体有病治疗，需要钱，他都不还。想前忆后，做好心人真没好果。我一生的苦难有谁帮和可怜过我，只有三哥你是我恩人，是我世界上的唯一的亲人，古人说：饮唱朋友满天下，祸难朋友没一个。因我命运不好，做任何一件事都不顺利，心内有说不出的苦恼，不能报答你对我之深恩厚义，心内不安。三哥你需要什么，请来信付回。我感觉到三哥你为人忠良正直，世界上都像你那样的话，天下就太平了。我心情很不好，请你急来信，余话以后再谈。敬祝姊姆及哥嫂全家均安！

妹忙草[③]

人物的是非曲直虽难评价，但其生活轨迹总会受到社会形势、传统文化力量以及个人性格因素的影响。韩忆瑾的曲折人生也反映了她在面临每一个重大

---

① 2007 年 10 月，村民伍世奋提供。
② 做室，即建房子。
③ 2007 年 10 月，村民伍世奋提供。

事件时所做的策略选择。对一个家庭来说，这些家庭策略有可能带来不同的影响。

第三节　维系：宿命观

一　"两头家"与侨房：陈冬英

陈冬英的丈夫伍世录与上文的伍世新是南村为数不多于 1950 年后前往泰国的华侨。陈冬英是高小毕业，那时的高小文化程度在农村中较为稀少，她是村里上年纪的妇女中文化水平最高的。陈冬英在述及其家庭史时十分平静：

> 我老公从番回来才娶我，住没多久就离开去番了。他 1950 年回来，后来 1951 年 4 月或 5 月回去。当时他入口（指的是泰国那边的出国期限）要满了，必须回番。当时从香港回去，他经过香港九龙去泰国，当时泰国那边查得很严。
>
> 当时回来差点回不去泰国，当时要查的，不给出去了。他坐车到广州，再到香港。我们政府这边的人，看到你家庭成分不太好，卡你到最后一天下午才放你走。当时差点不能出去了，因为我们这边也到最后一天才放行。香港那边不卡，但是我们家乡这边的人卡着不给出去，也不敢完全不给你出去，只是到最后一天才放行。
>
> 自从回那次后，他就不敢再回来。……两边政府都查得严，因此华侨大多不敢回国。
>
> 当时，我家里有家公家婆，后来老死了。他去泰国后，交通断绝，他就不得不娶番婆。他在泽甘（即他们夫妻俩的儿子）14 岁时，1964 年回来的。他是从香港中转回来，是南村第一批回来的吧。后来（他去泰国后）就再也没有回来过，他是 1980 年去世的。我丈夫在那边就娶番婆。当时，他也寄钱回来，但都是十分低调的，都是偷偷寄的，泰国政府那边不让寄钱出来，当时就说寄补药丸。他当时都是几百元那样寄回来。比如说 1000 元就说 1000 粒补药丸。我自己和我的儿子在家生活，儿子泽甘 24 岁才去香港（1974 年），后来才去泰国。
>
> 我儿子是 1975 年去（泰国）的。去那边才结婚，（儿）媳妇老家是 W 县 S 镇旁边的村子。我去番的时候，番仔（指番婆所生的孩子）也会

过来看望我们。番婆是正宗的番人，但她懂点我们这边的海南话，说得很不错。那个村都是唐山人住的，他们住的地方住的都是海南人，所以他们也会说海南话。这个番婆大我四五岁，番婆生两个男孩两个女孩。番仔来探望我，但他那边的人情薄，也没什么话说，后来都很少联系。

1994 年我又去了番，去了三四次。我现在也记不清楚具体的时间。后来我去的时候，孩子他爸已经过世了。泽甘生了两个儿子，一个读大学了。我们这个家有很多人在番，儿子泽甘也有几年不回来了。大孙子回来过一次。两个女孙，两个女孩读书都不错。①

陈冬英谈起她的家庭史时轻描淡写，也不表现出任何感慨之情，她唯一的儿子自 20 世纪 70 年代前往泰国谋生后，家里只剩她一个人。她的表妹嫁给了南村的伍家奕，陈冬英就一直与伍家奕到 J 镇做生意开饭店，后来老了与伍家奕一家合买了一幢房子，住在镇上。每到节日陈冬英会回到村里的祖屋烧香祭拜，她现在管理着三套大房子，一套是伍世著（陈冬英丈夫的堂弟）的房子，一套是陈冬英丈夫的房子，一套是同祖兄弟共有的祖屋。其中伍世著那间在历史上经历了许多波折。她向我简单地描述了当时拿回房子的过程：

> 我们一家被划为华侨地主。土改时房子被没收，到 1953 年就有政策可以拿回来。一共有两间房，上一间是分配给徐家村（邻近的村子）的人住，但他们没有住，就还给我们了。下一间是世台住，政府宣布归还侨房，1953 年就宣布要回来了，但下面这间世台不肯交。再过了一段时间，世台还是不肯交还，赖着不肯搬出去。
>
> 到后来，照顾华侨政策（出台），全面恢复华侨的权益，已经办了我们的房屋土地所有权证书了，但他还是不愿意出来。他住在那里就算了，还养着牛羊，粪便堆满屋子。这个人是不人道，蛮不讲理的。
>
> 政府下政策，后来镇政府的人下来，他都不理睬，市侨联下来做工作，他也不理。政府说补贴 1000 元给他，让他修补他原来的老屋，他也不愿意。他还十分嚣张地说，"你们带着枪又怎么样，我才不怕，我只把它当作一支火柴棍而已"，"你要我搬出这间屋，看我要炸药来炸掉它"。我好生劝说"既然政府要收回，你就听政府的"，但他仍不理睬。

---

① 2007 年 9 月 12 日，村民陈冬英在家中口述。

　　我堂弟世著从泰国回来，他看见他的房子变成这样，就请记者把它照下来，就告到 W 县法院。法院马上来查，世台怎么斗得过政府？世著的投诉信从泰国寄到海南侨联，海南侨联就告到海南中级法院，而之前的投诉材料，已经在 W 县有关部门放了三年，一直没得到处理，这个案件没有进展，到了中级法院才生效。海南中级法院寄通知回来，村里让他搬，但是他还是赖着。海南中级法院的同志过来问我："你代理，行不？"我说可以帮他堂弟及海外的亲人们代理一切。屋权已经决定了。政府问我能不能代理世著的权利。我说我是他堂兄的妻子，没有问题。他们又问："开庭的话你参不参加，如果你敢代理，那你就签代理证。"我就签了。

　　第一次开庭，世台出席了。在法庭上不像在农村那么凶地吵架，你可以随便扯皮的，他们问一句你答一句，要是答错的话还要盖章来修改的。而且法庭上不是讲情面的，判你什么刑就是什么刑，不是考虑你家庭什么情况的。到了第二次、第三次他就不出庭了，当时马上判决的。

　　如果不服的话，政府要依法拘留你。这下他就怕了，怕弄坏我们的东西。门、窗、屋内的家具都必须完好无损。你看法律不收拾他？政府派人下来把门口一封，通告贴在门口上，限令他十八日搬出来，如果他违法就会拘捕他，判刑三年到四年。

　　世台这时也就怕了，就拿了他家的长凳坐在外家守着不敢出去，怕别人碰坏东西，就一直守着。后来法庭的庭审费也要他付 300 元，但他要求说其经济困难，没钱，后来就去公社申请，县里批准减免了。

　　他是自己修建老房的，政府补他 1000 元，我们这边给他 1200 元。他种的两棵树，离房子太近，我们要把树砍掉，还有其他的东西（要处理），我们这边当作两间屋子的钱。[①]

世台在村子的名声十分差，他一辈子单身，性格孤僻。2004 年因金钱问题他将亲嫂刺死，来劝架的村民伍征闵也被刺死，世闵被刺重伤。这起案件在当地影响巨大，村民们至今谈起仍心有余悸。

二　我心里总不让我走出这个家：红英婆

上文第二章第三节已经讲了红英婆早年的情况：出嫁时的家庭背景，上门

---

①　2007 年 9 月 12 日，村民陈冬英在家中口述。

后她与丈夫伍家乔感情不和睦，没多久丈夫再度下南洋，只有与家婆相依为命，但家婆又很快离开人世。伍家乔在泰国娶了番妻，育有子女，航路阻隔无法回乡。1953年其家公又患病过世，在之后的漫长岁月里，她基本上是一个人过的。红英婆说20世纪50年代至1975年前去香港定居前这一段岁月，充满了辛酸困苦。作为一个女人，红英婆坚强的个性让她在当时的社会条件下，留守在这样一个破败的家庭中。她在叙述时总是强调，这个家的神灵不让她离开这个家。

> 1947年我嫁过来，当年老公就去番，我也和他感情不和，1948年家婆就服毒过世了。我的家婆很疼我，不让我出远门。我家的小姑子都说："我母亲疼你多过我，你去哪她都跟着，你回外家，她连水都不喝，也要让人将你当夜送回来。"

> 1948年家公打家婆，她就去自杀。家里只剩下我和家公。别人就说我："家婆去死了，你这个媳妇怎么和家公相处啊？"但家公也不敢对我怎样。

> 家公于1953年患上天花，有一天吃了鹅肉后，脚就开始烂。我怕他死在屋子里。因为当地人说，生麻风，不能放在正厅死，在外面死的话，可以让子孙好谋生。

> 于是我就和他说："我在外面做一个寮给你住，好不好？"后来我就在坡上搭了一个棚寮给他睡。他在那边睡了两晚，我每天去给他送饭。第三天早上，我叫其不应。我也不敢进去看，叫人过来时他已经死在里面了。于是就草草地烧掉化成灰埋在附近的灌木丛里。后来土改时就再也找不到这个墓了。

> B镇有一个叫重明的人很会查墓。后来我从香港回来才找他来看，终于找到家公的墓地，我就给家公立了墓碑。

> 家公去世后，家里只剩下我一个人。去参加劳动生产有不少老公在外的华侨妻，大家经常交流当时华侨妻改嫁的事情。一个干部就嘲笑我和馨妍（隔壁村的华侨妻）："这个红英和馨妍都是神经的，老公都娶番妻了，是不是要留下来做五保户。"

> 馨妍就对我说："我们去离婚再嫁好了，不要被人看低。"我就说："那你就先离婚罢了。"后来她就真的离婚再嫁了，虽然名声好，但其实是去做五个儿女的后母，她也没有生孩子。

1948年家婆过世，家公寄信给家乔告诉他母亲过世，他也回信说他知道家婆与家公打架后去自杀的。家婆在的时候他还会寄些钱回来。一直到1953年，每年寄100港币。1953年到1963年，他没有寄过一封信。当时我们正在晒谷场，一大堆人，有人拿着侨批对我喊"家乔番传"。他寄了50港元，还有4张相片。后来又不寄回来。嫁过来60年，我也不靠他一分钱。一世两个人怎么也不相好。

我去香港后，这里的家也败落了，我回来都是回黄叶村外家那边。但每次睡觉一闭眼，似乎家婆的声音就在催促我："回家修房，回家修房。"

我一世勤俭节约，1995年建新房子，唱三个戏（木偶戏），做两次斋。我总是做大斋，出外场，请戏班子来演戏。小斋只在家中。大斋一般花6000元到8000元。我给家乔公做的斋是前年做的。做斋也要看每个人的家庭经济。做斋一般几个一起做，祖先没做过也可以一起做。这要看形势。

我家婆、大兄、大嫂都是那样死的，我做了一次斋没解，后来就再做一次。

唉！反正我一辈子和他不合，一辈子苦命，也不靠他什么。但我心里总不让我走出这个家。①

红英婆最后一句话"我心里总不让我走出这个家"一语成谶，她一生也没有离开这个家。这其中有许多民间信仰的因素，红英婆认定家公家婆给她托的命，她不能离开这个家。

村民对她的看法十分复杂，但又认为，作为一个女人，她对婆家的贡献是让许多人不得不钦佩的。自己辛苦赚钱把房子修起来，给婆家的人做了两次大斋。民间信仰在乡土社会发挥着重要的社会功能，而在侨乡文化中，华侨与侨眷通过传统的民间信仰体系联结成一个共同体，共同维持对"家"的认同。从多次的访谈和观察中，我发现类似的"做斋""做婆祖""建房看风水"等民间信仰在华侨及侨乡老百姓的日常生活中占据重要位置。红英婆对这个家依依不舍，她合理的说法是婆家的祖先神灵冥冥之中不让她离开这个家，这也是她将来老去的灵魂归宿。

---

① 2007年10月7日，村民陈红英在家中口述。

第四节　嫉妒与争夫

康德在《道德形而上学原理》一书中提出了嫉妒的完整定义。他说："嫉妒是忍着痛苦去看别人幸福的一种倾向，是一种间接的、怀有恶意的想法，也就是一种不满，认为别人的幸福会使本身的幸福相形见绌，因为我们懂得去衡量幸福时，不是根据它的内在价值，而只是把它和别人的幸福相互比较的过程中做出估量，并且把这种估量形象地表达出来。"① 研究嫉妒的社会学家舍克则说："嫉妒涉及到的是社会的一个核心问题，每当两个人能够相互进行对比的时候，这个问题就会自然而然地产生出来。"②

在"两头家"的家庭结构中，最为紧张的关系无疑是两个妻子之间的矛盾。作为家庭中弱势的女方，尤其是"两头家"中的妻子，生育权是她们最神圣不可侵犯和最值得捍卫的权利。在中国文学作品、历史故事中，无论是王室贵族内部争权夺利，还是平民大众的妻妾之间对于家庭地位的争夺，尽早生育男孩是女人们最大的砝码。而在"两头家"中，因为男主人往往居住在国外，因而唐山这头的妻子的地位和实际生活比起番妻来说往往处于弱势。在大多数华南侨乡，唐山妻为原配的占多数，少数男人是在国外娶妻后再回唐山娶一房的。

在葛学溥的著作中对"两头家"的妻子关系有这样的描述："在国外娶的妻子总是合法地与老家的妻子有平等的地位。移民将她带回家乡后，外国妻子会索取权力甚至获得特权。事实上，外国妻子比原配妻子在家庭内外能施加更多的影响。因为她比原配更了解丈夫的生意，有个人的储蓄，见多识广和精明，因此在家中更有地位并能得到更多的尊敬与佩服。"③

而在我的观察当中，南村回乡生活的番妻很少，而且华侨娶的多是在泰国的华人女子或华人后裔，所以如葛学溥所描述的情况并不突出。按村民的看法，他们认为番妻之所以地位高，主要是因为她们为家族生育了后代。男人们长时间居住在国外，唐山妻子的生育权往往无法实现，有的生了一儿半女的，老了还有得依靠，有的一个孩子都没有。在南村的"两头家"中，有不少的

---

① 〔德〕康德：《道德形而上学原理》，苗力田译，上海人民出版社，2002。
② 〔奥〕赫尔穆特·舍克：《嫉妒与社会》，王祖望、张田英译，社会科学文献出版社，1999，第1页。
③ 〔美〕丹尼尔·哈里森·葛学溥：《华南的乡村生活——广东凤凰村的家族主义社会学研究》，周大鸣译，知识产权出版社，2006，第49页。

唐山妻是没有生育的，终身守寡，她们与番妻的境遇真可谓天壤之别。没有生育的唐山妻只能在社会上保持一种名义上的优越感，她们大多是原配，而她们对于家庭的贡献也仅局限于照料老人、看护祖屋，以及每逢传统节日的祭祖烧香等各种民间信仰的事宜。改革开放之前，丈夫只是通过侨批与唐山妻保持经济上和感情上的联系。当家公家婆过世后，唐山妻就成为一个守护祖屋的象征性的妻子。20世纪70年代国家侨务政策放开后，男人试探着冒着风险回到唐山家乡与家人团聚，而这时候唐山妻大多已经步入"五十而知天命"的阶段。在我的调查中，除了第一批回乡的华侨伍征宇与唐山妻生了一个女儿外，其他的唐山妻再无生育的例子。

在我与华侨妻们多次的交流中，对于命运的不公，她们也表示无可奈何。与番妻争宠的唯一资本是她们是原配，而这样嫉妒的资本在番妻儿孙满堂，丈夫长期厮守左右的生活情境下显得苍白无力，微不足道。

总之，唐山妻与番妻之间的矛盾是天然存在的。"两头家"这种家庭安排让两边的妻子时空上分隔，总体上相安无事，有时候她们之间还能彼此爱护。但这些事实也不能否认在"争夫"问题上，两边妻子的紧张关系。而且，大部分个案也说明，"两头家"中番妻因长期与丈夫生活，生儿育女，往往占有绝对的优势。唐山妻只能借对"番妻"的污名想象和对"大"（正室）、"小"（侧室）这些名分区分上的优势获得心理上的安慰。

本章小结

华侨妻在长期留守的岁月中，她们的身心遭受多种折磨与考验，心灵与身体上的需要为文化传统与家族势力所束缚。国家政策的变动也给这些"小人物"带来诸多的磨难。"两头家"这种家庭形式在几十年的岁月中经受更多的考验，在这个过程中华侨妻是选择留守还是离开？华侨与唐山妻又是如何互动的？我们从婆媳关系与华侨夫妻关系中可以窥知一二。

一 "两头家"中的婆媳关系

我在调查中发现，"两头家"中儿媳妇和家婆的关系与正常的家庭有许多结构和情感上的不同。在传统的家庭研究中，家婆与儿媳妇之间大多数是一种紧张的关系，因为家婆不愿放弃她对儿子的控制和感情上的依赖，而媳妇又出于小家的私心对丈夫的很多决策产生很多影响，出于对同一个男人（家婆的儿子，儿媳妇的丈夫）感情上的争夺，这一结构性的矛盾导致家婆与儿媳妇之间的关系大多处于紧张状态。儿媳妇在这种家庭关系中常会将心理上的安慰放在娘家人身上，她心理上的归属感在很大程度上还停留在娘家。学者们对于婆媳关系大致总结过三类观点：①以婆婆为代表的父权的压制力量论述；[①] ②从两代人的文化差异论述；[②] ③从家庭权力结构的父亲构成来分析，如认为在父权家庭中由于任何利益的诉求必须通过男人表达，女性之间为了各自的利益和安全感产生的对男性的竞争，造成她们之间的矛盾。[③] M. Wolf 的观点与此说同出一源，她认为婆媳矛盾之根源在于两代妇女在构建各自的"女性家庭"中对男性成员忠诚的争夺。[④] 而在我的调查中，发现相依为命是部分"两头家"婆媳关系的特征。

在我的调查中，很多"两头家"的个案因为丈夫或儿子的不在场，婆媳间的紧张关系反而得到缓解，有时她们更表现出一种相依为命感情上的归属感。这种特殊的家庭结构造成了婆媳在生活中培养了相互依赖的感情。这种家庭结构也让家婆倍加爱惜儿媳妇，唯恐儿媳妇改嫁离开这个家，这对家婆来说将是极大的打击。有的个案中，甚至两代女人的丈夫都是"两头家"的情况，这种感同身受更让她们在心理上亲近。红英婆的家庭就是这样的例子，她的家公长期侨居泰国，在那边又娶了妻子，家公告老回乡后，与家婆长期关系不和睦。家婆在过世之前把大部分的情感寄托在红英身上。

在另外一个例子中，蕾淑嫁过门后就一直与家婆相依为命。她年轻时也有考虑过改嫁，但家婆对她情深意厚，而娘家的母亲也不赞同她改嫁。最后，蕾淑照顾家婆直至过世，之后家里便只剩她一个人了。谈到家婆，她说道：

> 都没有见过家婆和亲家婆这么好的。每次我上街买东西，她都会嘱咐我让我也给娘家母亲（买）一份。不过照心说（即说实话），我家世仪在外虽没有多少钱，但寄回来的那些还是够我节省着用的。我来之前，别人

---

① 费孝通：《江村经济》，商务印书馆，2003。姚慈蔼：《婆媳关系》，学士学位论文，燕京大学，1932。
② 金一虹：《父权的式微：江南农村现代化进程中的性别研究》，四川人民出版社，2000。
③ Louise Lamphere, "Strategies, Cooperation, and Conflict among Women in Domestic Groups," in Michelle Z. Rosaldo and Louise Lamphere (eds.), *Women, Culture and Society*, Stanford: Standford Universty Press, 1974.
④ Margery Wolf, *Women and the Family in Rural Taiwan*, Stanford: Stanford University Press, 1972.

说我的家婆很坏，但我过来她却很疼我。

我母亲不让我走，我家婆也疼我，我母亲也说："你就住在那吧！你要走的话也不知谁更好，说不定哪天，他就回来了。"我就说，他要回来那不可能啦。①

部分儿媳妇在当时具体情境中难以割舍，慢慢地也就接受了"守活寡"的事实。

二　华侨丈夫与唐山妻的关系

"两头家"中最重要的关系莫过于华侨丈夫与唐山妻的关系，因华侨丈夫与唐山妻必须要面对空间上的距离，他们的关系如何维持，这在家庭的分析中还没有找到合适的理论框架。总的来说，他们的关系可以概括为几点：①华侨不断通过侨汇来支持唐山妻的生活。②按传统的三从四德观念，女人嫁入夫家就归属夫家系谱中的一员，不管生老病死，乃至死后灵魂的归宿；男人可在外再娶，但对于妻子的贞洁却十分看重，认为这对其面子有着重要的影响，尤其是那些事业有成的华侨。③家庭的纽带，如生育了儿女的，还有上面分析的红英和蕾淑的例子，"两头家"会出现一种特殊的婆媳关系，她们的丈夫可能都是华侨，而自己又分别是两代"两头家"中的唐山妻，这种感同身受让她们彼此爱护、相依为命；另外，华侨妻在家侍候父母、抚养后代，这是华侨希望保持家乡血脉关系的需要。④看守祖屋与日常祭祀。华侨在外营生，其思想观念大多没有放弃家乡物化的象征空间——祖屋。此外，一年四季大小节日对于神灵祖先的祭拜也委托给了留守的妻子。

在华侨长期不能返乡的岁月中，华侨妻经受诸多的考验与诱惑，而且政治形势的变化也带来了妇女思想解放的社会氛围和基础。个别华侨妻虽然没有离开家庭但也忍不住偷尝"禁果"，这在农村这样的熟人社会中始终是难逃人耳目的。关于这方面的研究报告很少，但从当时的各地侨乡的侨务总结中可以发现，华侨婚姻问题是不可回避的重要问题。

华侨在海外羁留不归，而华侨妻在家心思不定，这些家庭现象被侨乡的老百姓漠视了。当时的政治形势下，宗族势力已经不能公开处理家族内的大小事宜了，华侨妻的出轨行为也只成为人们私下里聊天的谈资。但海外的华侨是不

---

① 2007 年 9 月 3 日，村民韩蕾淑在家中口述。

能接受的，一是不容忍妻子的背叛，二是妻子的背叛往往伤及华侨的面子。在男权的社会中，华侨妻的生理和心理的需要还是被极大地压制了。

这也造成华侨对唐山妻的离弃，如八公的个案、红英后来申请移民所经受的曲折、忆瑾对丈夫遗弃的怨恨。反之，如能遵守妇道、洁身自好如秀英婆，其后半辈子至少经济上就有了保障，且可以维持丈夫对自己的关心。在社区中，她也因为自己的清白的历史而自我感觉良好，也为此而自豪。

综上所述，20世纪50~70年代是"两头家"经受较大冲击的时期，传统的华侨往返两地，维持两边家庭的模式已经因航路阻隔无法延续。华侨妻不得不在社会与文化的狭缝中做出抉择，留下与离开始终是那个时代萦绕在她们心头的问题。

南村华侨妻们大多选择了留守，她们说这是一种风气，而相邻的刘埗村的华侨妻大多离开改嫁了。这可能与南村是单姓宗族村落有关，其社区结构的紧密和封闭性无形中使她们放弃了离开的念头，因为她们受限于宗族内远近亲人的约束。此外，她们也可以倚赖宗族的资源，如惠樱婆在抚养儿子长大的过程中得到了许多族亲的资助。又如秀英婆家三妯娌都是华侨妻，她们都选择了留守。

南村"两头家"的故事在这个时期是一个高潮，里面诸多人物都做了不同的选择：秀英留下，并洁身自好，后来一直受到丈夫的关爱；惠樱、蓝瑶（冬燕的母亲）、世瑾母亲等人留下，含辛茹苦将孩子养大；红英、忆瑾、蕾淑等人虽留下了，但命运坎坷。还有一些改嫁的，各人命运迥异。在下一章中，国家侨务政策开始松动，以香港为一个重要的中转站，南村的华侨及其亲属又开始新一轮的跨国互动，而"两头家"作为这种联结的重要动力，仍将扮演重要的角色。

第四章

"两头家"的迁移：
香港地区与泰国

1970 年以后华侨政策开始松动。南村第一个成功回乡的华侨是在 1972 年回来的，他叫伍征宇，即上文伍征阶的三弟，这个家族共有四兄弟，其中年长的三个兄弟居住在泰国，他们在两地都有妻子。伍征宇当年 41 岁，他家乡的妻子倩君已经 40 岁，到生育头胎的高危年龄。伍征宇回乡居住一段时间后，又回到了泰国，之后已经将近生育高龄的妻子在家乡生下了一个女儿。后来，倩君母女俩利用去泰国探亲的机会在香港逗留，然后定居香港。

> 1972 年，征阶公的弟弟征宇从香港转机（当时中泰两国还没有建交）回来，他通过来信知道家里人种田谋生很穷，所以他回来时还带回很多的大米和食用油。当时村民还要骑着牛车去海口迎接他。之后，没过多久八公等许多侨领就从泰国一起回来了。①

这个例子是南村人 20 世纪 70 年代移居香港的典型。南村在 20 世纪 70 年代前没有一个人居住在香港，而后 20 世纪 70 年代 10 年的时间，据我统计，南村有 31 个家庭有人迁居香港，而举家移居的有 13 户，200 多人。这 31 个家庭当中的 18 户有女孩嫁到香港，有的家庭有两三个女人嫁到香港，总计 24 人。而举家移居的 13 户中有 9 户是"两头家"式的移居。此外，我还了解到有 3 户家庭，其父母没有在香港居留的权利，但他们的孩子出生在香港，这样他们的孩子就有了香港的居留权。香港给予这样的大陆父母一定的优惠，他们可以每次探亲逗留 3 个月，政府还提供每月几千元的抚养费，房租从中扣除，

---

① 2006 年 4 月，村民伍征锐（伍征阶四弟）在家中口述。

学费也免除，父母作为监护人，就可以居住在香港抚养照料幼儿。父母一同在香港照看小孩，但一般采取这种模式，一个照料孩子，另一个在外打工，父母在香港停留快满3个月期限时，就会返回乡里，然后很快又重返香港。当这个孩子长大后，他们的父母也会随之取得居留权。因为这种模式操作难度高，成本大，所以采取这种方式移居香港的个案还是极个别的。

在南村移民的历程中，我发现很多是"两头家"这种特殊家庭形式的演变。从第一例移居香港的例子来看，居留在泰国的另一头家的男主人急于想改变家乡那一头家的生活状况，但他们又没有决心让家乡那头家全部迁移到泰国。因为这样他们又面临泰国那头家的种种压力，于是在申请赴泰探亲的"两头家"便策略性地选择逗留于香港。20世纪70年代之前香港经济并不十分发达，但随着香港经济逐渐发展起来，香港成了南村人新的移民天堂。家庭的策略性在这种移居的过程中充分地展现出来。

20世纪80年代后，南村人前往香港定居变得越来越困难了，但因为有原来宗族网络的资本存在，通过探亲途径前往香港工作的人却不少。我访谈的房东的四弟在香港定居下来，他们家兄弟姐妹一共七人，都通过探亲的途径前往香港打工，在20世纪80年代末到90年代，房东夫妻俩同兄弟姐妹轮流前往香港打工，他们所从事的工作一般是夜间的体力活，如洗碗、包装、卸货之类的较廉价的工作。早期香港探亲的期限较长，可以在香港逗留3个月，照房东口述，他与妻子一同去那里工作，两个人一天下来可以挣200港元，1个月就挣6000港元，3个月就可以挣将近2万港元。那时的工资水平较高，香港正处于经济高速发展期，这些来自内地的廉价劳动力满足了许多行业的需求。而对于南村人来说，几个月丰厚的收入对他们在家乡以农业为主的生计模式是很大的经济补充。后来香港的政策不断调整，除父母儿女、夫妻以外的亲人探亲的期限不断缩短，从3个月变为2个月，2个月变为1个月，至我调查的2006年，期限缩短到15天。如果核算上成本路费，15天的期限让南村人望而却步，前往香港打工的现象逐渐减少了。

在来来往往的互动过程中，南村人找到了进入香港的新途径，年轻的女孩去香港打工，也经常藏匿在雇主家做保姆，时机合适了，在香港的亲人朋友就会利用社会关系给这些女孩介绍对象，合适的就可以进行结婚登记。香港在回归前的政策，结婚没多久就可以正式定居香港。后来香港回归后，特别行政区规定结婚登记后至少要排队等候签证，时间一般在5年以上，这期间作为夫妻探亲可以逗留3个月。在这种连锁拉动下，南村女孩嫁到香港的例子迄今为止有 21 人。因而村里的人有这样的说法，"女孩子精（'聪明'的意思）的话就到深圳、东莞打工，也不怕找不到工作，打工过程中，在香港的乡亲会帮她们介绍嫁到香港"。1997 年东南亚金融危机发生后，南村新移民梦想的天堂就不再是泰国，而是工资水平远远比泰国高的香港，很多人开始更愿意移居香港。

在这种婚姻模式中，年轻女孩嫁到香港就是图获得香港的居留权，男方在香港的各方面条件一般比较差，如外貌、职业、年龄等。我在南村采访发现许多例年纪差距比较大的个案，而且还了解到有几个嫁到香港的女孩，取得居留权后发生了婚变。有一个家庭，一共有五姐妹，有三姐妹嫁到了香港，后来这三姐妹在定居以后，分别与她们的香港丈夫离了婚。从这个角度来看，南村女人嫁到香港也有一种"低嫁"的态势，而且意图就是取得居留权，在这种缺少感情基础、双方条件悬殊的情况下，婚姻破裂又往往不可避免。从社会经济意义上来讲，这些香港新娘也在发挥回馈家庭的功能。南村不少家庭建新房子、赡养老人、个体经营的资金都是靠这些香港新娘的贡献。从这方面来看，侨乡家庭的策略性选择总是可以衍生出很多新的家庭现象。

第一节　香港："两头家"新的家园

19 世纪中叶，非洲奴隶贸易的终止带动了对印度、中国劳动力的需要。也就是说，在大英帝国内部，为解决劳动力不足的问题而迫切需要把香港作为它的中转站来建设。1854 年 6 月 5 日香港总督包令（J. Bowring）在发给英国殖民部大臣的信中，就清楚地描述了上述历史背景和 19 世纪中叶香港所面临的问题：

> 我确信，香港对男性移民者而言是充满魅力的地方，而且得以成为向其他殖民地大量输送劳动力的供给源。但是，这种做法必须使在其他地域广泛存在的那些虐待得以解除，而且还必须是不含那些加深虐待、姑息虐待的方法。妇人常常是不得与丈夫同行的，这就意味着中国女性移民要离弃家乡的话，在有着极强连带性的中国家族制度下，等待她们的就是受到惩罚。所以，除非诱拐和购买，否则不可能期待有妇人大量移民。[1]

---

[1]　British Parliamentary Papers，*Correspondence upon the Subject of Emigration from China*，London，1855，p. 33.

在这封信中，包令陈述了香港应该发挥作为有秩序的移民供给地的作用，同时指出，中国移民是以男性为中心的外出打工移民，其理由在于中国的家族制度，他指出的这一点意义深远。①

香港海南商会副会长陈封平说，他祖父先到越南，而后才辗转来到香港。那时候最流行的模式是：从海南出来，到一个国家或地区安顿下来后，开始寄钱回乡，并在探亲时尝试带叔伯兄弟或其他亲戚、同村同族人出来。于是，到香港、南洋谋生的乡亲越来越多。陈封平说，据他所知，初到香港的海南乡亲，大多干过船工、餐馆服务员或其他粗活，但依靠勤奋和团结，不断地有乡亲事业有成，开始跻身商界名流。1917 年，乡贤周雨亭、郑文波创立香港琼崖商会，这也是香港最早成立的华人社团之一。②

南村的"香港客"（这是当地人对定居香港同胞的称呼）作为一个新兴的群体迅速崛起，而溯及历史他们也是从泰国华侨衍生出来的。改革开放初期，泰国华侨回乡最重要的中转站就是香港。南村的乡亲本来是要去投靠泰国的亲人，但在申请过程中往往要到香港等待出境，当时属于英国政府管辖的香港，移民政策相对宽松，而在这个漫长的移民过程中，不少人因为这样那样的原因滞留香港，逐渐取得居留权，因而新移民网络就在香港形成。南村在 1950 年之前没有一个"香港客"，但到我调查时南村在香港的人数已经达到 200 人左右。香港的工资普遍较高，且香港地理上更接近海南家乡，且有语言和文化上的方便，因而近年来香港在南村移民群体中的地位和作用越来越凸显，而村子里的姑娘嫁到香港的现象也是十分常见的。

一 香港的社会历史背景

香港位于广东省南部珠江出海口，背靠中国内地，处于国际航线的重要地理位置。清道光二十二年（1842 年）中英《南京条约》将香港岛割让给英国，后辟成自由贸易港。而海南与香港同处于南海区域，水路航程相隔约 500 公里。1858 年，清朝与俄、英、法等国签订《天津条约》，将琼州辟为通商口岸。大批海南人被掠卖或受骗沦为"猪仔"和苦力出洋，经香港转口用轮船运往东南亚和美洲。据有关资料统计，1876~1898 年的 23 年间，仅通过客运

① 〔日〕滨下武志：《中国近代经济史研究——清末海关财政与通商口岸市场圈》，高淑娟、孙彬译，江苏人民出版社，2006，第 265~266 页。
② 《30 多万琼籍旅港乡亲融入香港发展史》，http://www.chinaqw.com/hqhr/hwsh/200707/04/78386.shtml。

出洋的琼侨人数（包括从琼州转经香港出去部分），就达 244700 人左右，平均每年 1 万多人。出洋最多的年份（1894 年、1898 年）竟至每年 2 万多人。[①] 此外，海南人多是取道香港出洋谋生，又经过香港回乡探亲，香港成为琼侨出洋的中转站，同时又是东南亚与海南之间的重要转汇地。琼侨经由香港委任银号或银行将汇票寄至香港联号由香港转送回海南，或信局从东南亚将在港取款的汇票直接汇至海口。

1957 年，著名学者陈序经在写给香港海南商会会刊的《祝词》中说："海南的民族性刻苦耐劳，具有向外发展的精神。因之，在各地经营的同乡为数很多，尤其香港方面，远在八十年以前，海南人已至此而谋生。踵接步趋，络绎而到的人们，愈更众多。"从这段文字上看，海南人到香港谋生已有 100 多年的历史。[②]

从海南去香港谋生的人群中，又以 W 县人占绝大多数，这与 W 县人近代以来侨居南洋是有紧密关联的。而据南村的旧谱及老人的回忆，20 世纪 70 年代之前南村几乎无人在香港谋生。20 世纪 70 年代初，南村人才借华侨探亲的政策大量移居香港。20 世纪 70 年代正是香港经济腾飞的时期，此时在香港谋生比在泰国容易（见第五章伍冬燕个案）。自 20 世纪 70 年代起，香港劳动力十分短缺，工资水平也日益见涨，侨乡人对在香港"打工"与内地"务农"之间数十倍甚至数百倍的收入差距耳熟能详。更重要的是，随着国际形势的变化，受"冷战"思维影响的港英当局于 1974 年宣布对中国内地非法入境者实行"抵垒政策"，即上述人只要能成功越过边境进入香港市区，即可向港英当局申领香港身份证，享有居留工作权利。"抵垒政策"实施后约 5 年，即 1974 年至 1979 年，约 30 万人利用该政策进入香港，其中绝大多数是广东人。当时海南隶属广东管辖，这些香港移民当中大多是广东珠三角东莞、中山、顺德等地的偷渡移民，而海南的香港移民主要通过探亲东南亚经香港中转而后滞留香港这一途径。

仅 1979 年和 1980 年的两年内，估计有 20 多万内地人成功越过边境进入香港。港英政府不得不在 1980 年 10 月底取消"抵垒政策"，取而代之的是"即捕即解政策"。从"抵垒政策"到"即捕即解政策"是港英政府的第二次政策转变，这次政策转变只是遏制了非法入境的高潮，并没有真正解决非法入

---

① 冯子平编著《走向世界的海南人》，中国华侨出版社，1992，第 92 页。

② 转引自冯子平《港澳琼人纪事》，东西文化事业公司，1995，第 2 页。

境问题。[①]

1978年国务院批准实施《关于放宽和改进归侨、侨眷出境审批的意见》，规定只要有正当理由，即可允许其出境。而海南侨乡在东南亚有大量的亲缘关系，虽然当时东南亚国家仍然对中国人紧闭移民大门，泰国也如此，但侨乡人可以凭借到东南亚"探亲"，或到香港"承接"父辈生意等"正当理由"，获得相关证明及所需证件，进入香港"等候"，并借机转为香港合法居民。

二 香港移民的分类及个案分析

李明欢在福建侨乡的研究中将侨乡的社会资本归纳为：侨乡社会资本构建于侨乡人与业已在外定居之亲友同乡之间的民间亲情网络，处于网络中的侨乡人具有"个人动员稀缺资源的能力"[②]，能够"有效激活嵌入关系网络的资源"，使其产生最大效用。[③] 跨境迁移，是涉及相关国家主权的问题。当代福建侨乡社会资本的运作，基本上是将"跨境迁移"定格为侨乡人特有的一种投资与回报的经济行为，侨乡民间网络不仅高效传播相关移民信息，而且在传播中迅速对信息进行筛选、加工，乃至解读出有效对策，从而提高移民操作的成功率。当侨乡民间网络运作与国家相关政策相吻合时，侨乡社会资本有利于降低迁移成本；当民间网络运作与国家相关政策发生矛盾时，侨乡社会资本则有利于利用稀缺资源化解矛盾。[④]

这样的社会资本的载体是广大的华侨眷属，从本书的角度来看，"两头家"的家庭形式无疑是拥有海外关系最广、最牢靠的侨乡家庭。而这种家庭形式无疑成为南村后来社会变迁的原动力，也是每个家庭进行策略选择时可以倚赖的海外关系基础。在20世纪70年代新一轮的移民浪潮中，通过个案分析，我们可以更加清楚地看到"两头家"中丈夫与唐山妻，父亲与孩子的关系。尤其是华侨妻的"出"与"留"仍受其海外丈夫控制。下面我将对迁移香港的个案进行分析。

① 李若建：《中国大陆迁入香港的人口研究》，《人口与经济》1997年第2期。

② Alejandro Portes, "Economic Sociology and the Sociology of Immigration: A Conceptual Overview," in Alejandro Portes (ed.), *The Economic Sociology of Immigration: Essays on Networks, Ethnicity, and Entrepreneurship*, New York: Russell Sage Foundation, 1995, pp. 1-41.

③ Lin Nan, "Building a Network Theory of Social Capital," Keynote address at the XIX International Sunbelt Network Conference Charleston, South Carolina, February 18-21, 1999.

④ 李明欢主编《福建侨乡调查：侨乡认同、侨乡网络与侨乡文化》，厦门大学出版社，2005，第335页。

（一）中转站：旅游探亲式移民

前文已经大致介绍了南村存在的大量的"两头家"家庭，而在 20 世纪五六十年代，政治运动不断，集体经济也将农业人口限制在农村的土地上务农。泰国等东南亚国家与中国还没有建交，华侨只能采取明哲保身的生存策略，不敢冒险返乡，即便要回家也要从香港绕行，回到国内也会受到诸多的盘问和考查。除了零星几个人如前文提及的伍世新、伍世录从香港前往泰国外，两地再无人员流动。

20 世纪 70 年代初，南村开始有人打破了这个限制，最先跨出这一步的是"两头家"的后代们。伍泽楼的父亲与伍家闵的父亲都在泰国，伍泽楼即前文提及的伍世新与忆瑾的大儿子，而伍家闵的父亲伍传虎也久居泰国不能返乡。伍世新在泰国也有妻室，但他念念不忘家乡的孩子，而 1952 年出生的伍泽楼到 1970 年已经成年。在侨务政策开始松动时，有人已经听闻可以申请出境探亲了。而在侨乡中与海外联系最紧密的"两头家"成员最先敏感地抓住了这个机会，华侨申请妻子或儿女出外探亲的便利优势发挥了出来。伍泽楼与伍家闵是第一批以"探亲"名义定居香港的。南村作为一个重点侨乡，几乎家家户户都有海外关系。只要得到海外亲人的帮助，他们就可以通过各种手段绕过政策，达到移民的目的。

在短短十几年间通过海外亲人的帮助达到移民目的的南村人有十几户人，如果计算他们在香港生育的子女以及儿媳妇等眷属，整个南村通过这种方式定居香港的约有 200 人。下面我们来看几个个案。

1. "两头家"之间的平衡：伍世瑾

伍世瑾时年 60 岁，他与妻子及三个儿子都居住在香港。伍世瑾的父亲也是"两头家"的家长，他在家乡娶了世瑾的母亲后没多久又去了泰国。1950 年以前，南村的青壮年男子经常往返于泰国与家乡两地，有不少人在幼年的时候已经在家乡定了亲，等他们在南洋攒够钱后，他们的家人就会让其回乡娶妻，有的因为双亲尚在家乡无人照料供养，于是也回乡娶妻。上述伍世伟的个案便是如此。伍世瑾的父亲在家乡成亲后，曾几次往返于两地，不久后伍世瑾出生了。1950 年后，中国出国的航路不再畅通，伍世瑾的父亲便与国内的家人相隔两地了。伍世瑾在母亲和祖父母的照料下长大成人，这期间父亲少不了寄钱回家支持经济。后来，伍世瑾的父亲在泰国娶了一位当地潮汕华人后裔，生育了几个子女。1970 年后，我国的侨务政策稍有放宽，伍世瑾的父亲曾回过几次家乡。

伍世瑾的家庭生活在 1972 年有了转变。当时有一些泰国华侨帮助亲人申请探亲，借去泰国探亲的名义取道香港，后取得香港居留权。为了改变伍世瑾一家的生活境况，伍世瑾的父亲寄信回来做证明，让伍世瑾去泰国探亲。这个家庭中先是伍世瑾去了香港，他取得居留权后，过了好些年，又先后把他的母亲和妻子及三个儿子通过连锁移民的方式申请到香港定居。在我调查期间，他家在南村的房子都是锁着的，平时由邻居帮忙照料。2006 年春节，伍世瑾的大儿子回家给祖先牌位上香，他带着新婚不久的妻子回家，妻子也是 J 镇人，他是回乡经人介绍娶了这个女子。这也是南村香港移民年轻一代娶妻的普遍方式——回乡娶妻。据村民介绍，香港的男子是很受欢迎的。村民打趣说，来相亲的女子和介绍对象的媒人多得可以排到几公里外的镇中心。照香港的规定，结婚后必须满五年才能获得香港的居留权，这期间只能算探亲。伍世瑾的父亲 2007 年还健在，但回乡的次数越来越少了，而他的番妻及所生的孩子都没回过唐山家乡。村民说伍世瑾的父亲在泰国多年一直是给别人打工没赚到钱，因而他说话没分量，更别提说服番妻及孩子一起回乡，他连自己的盘缠都出不起，可能还要香港的儿孙们筹钱给他回乡的路费。老人家在泰国的生活也基本只能依靠子女了。

从伍世瑾的个案中我们可以看到南村"两头家"移民的典型家庭策略，即借助亲属身份移居香港。伍世瑾的父亲帮助儿子探亲留港，是想改善家乡那头"家"的生活状况。在一次与南村返乡的香港同胞的聊天中我领悟到这种策略的奥妙，作为"两头家"家长的男人，他总是寻找着一种平衡，他实际的生活是在泰国，但他又不得不顾及家乡那头"家"。在出国政策苛刻的年代，他只能通过侨汇、侨物来支持唐山家庭的生活，尤其在 20 世纪 50 年代到 70 年代来那个物资相对匮乏的时期。而这个家长又不得不面对泰国那个家庭的妒忌与私心。据村民说，有些华侨要背着番妻偷偷往国内汇钱、汇物。所以我们回头看伍世瑾的例子，他父亲想改善伍世瑾一家的生活，但他又不愿冒真的让他们一家到泰国生活的麻烦与风险，这可能会遭到泰国那头家庭的反对，造成难以解决的家庭矛盾，因而劝说国内那头"家"滞留香港生活成为他比较妥当的家庭策略。而且 20 世纪 70 年代恰逢香港经济高速起飞，这给了赤手空拳的南村人很多的工作机会。

2. 赴港：陈红英的曲折经历

上文介绍了陈红英嫁入伍家乔家，以及她在集体经济时期留守南村的两段经历。到了 20 世纪 70 年代，村里有海外关系的人纷纷外出，陈红英也不甘心，她也希望前往香港谋生。这个过程的曲折并非她一个弱女子所能预料，因为她丈夫也听说她在乡里的绯闻，在她出港的事情上不配合。于是申请的过程困难重重，但陈红英不向命运屈服，还是顽强地跨出了这一步。

> 家乔 1973 年回来一次，如果他不回来就寄信回来。那次他还带着番妻和最小的儿子。我当时就让他帮我填表让我申请去香港。好容易他同意了，我当晚就亲自去公社要表，是骑着单车去的。那天还办酒给大家吃了，村里的文书过来帮忙填表。
>
> 去到 W 县，家乔不给签名，到了海口仍不肯签名，他说"下屋的阿梁（指世梁）妈都不去，你也不要去了"。他让同村征勤回来传言"红英丈夫不让红英去"。①

村民告诉我，当时伍家乔回来后，村民向他告密说陈红英这些年在村子里有人（意为"有外遇"），这让伍家乔十分生气，遂坚决不再配合陈红英的申请。申请表格已经递交上去了，后面的程序伍家乔都不予配合。在陈红英的叙述中，她对丈夫不愿让她出港的动机轻描淡写，只是埋怨其丈夫"反良、反骨"②，不让她出港。一字不识的陈红英凭着一股韧劲，以及她在村里多年担任生产队队长所积累的人脉关系，开始了艰苦的申请。

> 我的出港申请表是 1975 年 2 月 28 日批下来的，但被人压在公社那边。一个熟人知道我的申请表下来了。
>
> 那年 4 月 5 日，我们村的征贤、惠钰、倩君三嫂、艺宸拿到表，准备出港，我还去送她们上车。那时的心情不知有多难受。又过一些天，下屋的阿梁从香港回来，他回来"做婆祖"谢神。他已经被允许定居香港。他就询问我为什么还没成行。我告诉他，我丈夫不给签名，申请表送上去没通知。他就教我去海口找人问问。
>
> 同村人家守在海口，我就打算去海口问那个表。那段日子我的肚子痛得不行，世玄不让我请假（当时世玄是村党支部书记），他不同意我请

---

① 2007 年 10 月 7 日，村民陈红英在家中口述。
② "反良、反骨"是 W 县当地数落人的话，意为该人为仇家，丧尽天良，一直与人作对。此处，陈红英在谈话中对其丈夫充满怨气，每次向我提起她丈夫时，她总是怨恨的口吻，这与她的人生境遇有关。

假，他说"队里要插秧，不能去"。

有工作组的人住在世志那里，经他们允许请假，我就不告诉世玄自己走了。我恨他一辈子，他总是讥笑我："你要去香港，就要去薛溪村的湾①了。"

我去海口看病，他们给了我十天的假期。我直接就去海口，去检查身体，也没发现身体有什么大问题。后来我又检查了几次，还是没结果，我就买了止痛丸来吃。

丈夫不寄信回来，没有信就证明他不接济你。公社就扣下来。当时人开始多了，公社说要有海外亲人的来信证明，在海外有人接济才让出去，这也是防范那些做假证明的人。

他一直很少寄信，我就找到从前他寄回的那封了。那上面就说家庭情况。他怎么也不想我出去，他这个"反良、反骨"。我找回以前他给我寄的那一封信，那封信发挥了作用。我去海口让家守把信重新修改，当作他（即丈夫世乔）从外面刚寄回来的。

我去办事处，办公人员看到信后，去里面找表，他查到后告诉我说："这个表 2 月 28 日就批下来，他们已经抄你的名字去县里了。"

我去 W 县委组织部，我说 2 月 28 日已经批了表，他说不见。我说："明天再来看一下行不？"我们过了一夜又再去看。表其实早都批到了公社。我到 6 月 2 日再去问，被 J 镇公社的人扣着。县里送表到公社，公社才下通知到我们这里来的。

当时公社一个熟人知道后对我说："你去 W 县，你明早要早点过来了。你的表快过期了，最后一天了。"他送我上车，当时很难买到车票，一般要排队几天才能买到车票，他帮我上车再补票。这是我的大恩人。这个人情我怎么也不忘。后来我去探望他几次都找不到，最近才和他相见，我送了他 500 元感谢他。

我去 W 县城拿到表后，我也不想去泰国，后来我就直接拿这个表到省里去，后来得到一本簿子。我在海口住了一个多月，等到通知下来。

到海口领了证件，就准备起程，那时乘飞机和轮船都行，但我没什么钱，只好搭船。那天去香港的南村人就我一个。同行的有一个叫阿晓的人，也晕船，带着两个孩子。我以前都不曾搭船外出，也不晕船。浪很

---

① "去薛溪村的湾"，是不可能实现愿望的意思。

大，泼了一舱的水。他晕船，两个孩子也晕。到广州后，阿晓有家人接应。我从广州买车票去香港。①

历经曲折，陈红英取得了前往香港的通行证，但因为她丈夫对其出港之事极力反对，她到香港后的生活也显得困难重重。

那时从香港红磡上香港，我到那边人生地不熟，请同村的最早去的家闵来接我。家闵告诉我："四哥教我不要来接你，不要你来。"你说我这个老公，真是反良反骨到家了。我说不怕，阿晓去哪，我就去哪。

当时是1975年8月初。艺宸、惠钰四嫂、征学三婆，她们三人租一个房，两个上下床一共四个辅，我睡了两三晚，我说我加入一起租，但屋主不同意。没办法只好另找出路。我打电话给老郑，他曾在我们学校（兴中小学）做教师。

老郑也说："我也是刚来没多久，不会出门接你。"我就"瞎眼不怕虎"②，照他说的地址寻着过去了。他们与几个孩子一起，他分一张席子让我在地上睡，那些孩子也要和我一起睡。我只睡了几个晚上。

去了十几天没找到工。那时开始做的工，只有11港元一天。做一个月才330港元。租600港元的房怎么有钱租。还要帮忙这个老乡煮饭，他有两个小孩，那真辛苦。我只好早早退掉那个房子，没办法支持下去。亏了20港元也算了。

我在香港大嫂的房东也是姓陈的，她介绍我去住出租屋楼顶上的顶棚。可是去的时候那里已经有人租了。那些棚仔屋很矮，没办法站立的。这些棚仔尾一个月租金50港元。

看到没有给我介绍成，她就买一个睡椅让我去那里睡，放在厅里睡，别人看完电视，我才将床铺摆好上去睡，早上6点的时候，我就把睡椅收起来。睡椅我出100港元，另外每个月交50港元做杂费，算作垃圾费吧。

后来，我去工厂打包装。老板说要做够3个月才可以加工资。后来我就去替工，就是帮别人洗碗。600港元一个月。

酒楼也包吃。我后来又提出加工资，管工的说不是他话的事。后来我

---

① 2007年10月7日，村民陈红英在家中口述。

② "瞎眼不怕虎"是当地土话，与"光脚的不怕穿鞋的"之意类似，多指没有知识、没有经验就勇于尝试去做一件事。

去找到 700 港元一个月的工作，然后找人替原来这份工。

给我 700 港元（工资）的这家酒楼，我在里边做，一做就做了九年半。3 年续一次，第一次月工资 703 港元，第二次月工资 900 港元，第三次月工资到 1000 多港元。部长见我做得好，每次都挽留我。

从 1000 港元到 2000 港元，这个 2000 港元是 4 个人做 5 个人的分量（才能拿到手）。9 年后，我又到另外一家，得了 2500 港元。都是洗碗的工。又从 2500 港元加到 3100 港元。月入 3100 港元，一年要打 4000 港元税。我就去上诉，但我不识字。政府寄了几封信过来，把那些税还给我。寄了一张汇票。

原来申请去泰国，要 7 年才得到香港的居留权。以前得到居留权的话，3 个月就要去香港的国际大厦续一次执照，35 港元一次。原来是国际大厦。后来转了地方，我就不认识地方了。后来变成一年一次。那时很辛苦。语言不通，也要慢慢学。我都不曾读过书。我弟弟 13 岁时母亲就过世，她 48 岁。

以前我们村去香港的大多都是洗碗。秀英嫂她刚去，什么都要人帮她做，买菜、找房子、找工作，她什么都不知道，什么都要我做。她还哭诉："我是来和我崽和我爹①（生活的），哪知要做这种工？"她只是做扫地、包装这些工作，闲得要死，因为她老公顺着她，她就叫苦叫累。

对南村的人来说，洗碗的工较好，可以包吃，中年人大多是去洗碗。那里海南人多，光我们南村的人，大大小小，差不多有 200 人。也有人直接申请香港移民。直接申请香港移民，是连锁移民。多数是申请香港合作生意，也有要后代亲属来接生意的。②

陈红英常年与丈夫没有联系，夫妻关系名存实亡，但她仍然没有离弃南村的家。他们夫妻俩的关系在华侨与亲人的信件交流中多有提及。上文提及的伍世福在泰国与伍家乔也常有联络，他们在南村的祖屋也是比邻而居。伍世福先在 1973 年 7 月 20 日的信中提及："家乔叔祖亦答应要付四五千港币修理屋事，明年三四月间回

①　此处的"爹"是海南话中妻子对自己丈夫的一种称呼。韩秀英也想申请前往泰国与丈夫伍征阶团聚，但她丈夫也安排她滞留并定居在香港，而且伍征阶还时常安慰她不要太辛劳，钱不够用，他会从泰国寄给她。这可以说是伍征阶的家庭策略，上文也曾举伍世瑾的例子来说明"两头家"迁移香港是一种平衡策略。若干年后，韩秀英感觉年老体衰，放弃了香港的生活回到南村养老，主要靠伍征阶的汇款生活。

②　2007 年 10 月 7 日，村民陈红英在家中口述。

乡里与四婶（指红英）相会，请安心。"而后就是 1973 年伍家乔携番妻和幼子返乡的行程。在上文的口述中，红英并没有详述家乔返乡的过程，但从下面两封信的内容猜测，伍家乔回乡后听闻陈红英的丑事，感觉颜面大失，并因此觉得回唐山此行没有任何意义。在信中伍世福也提到家乔怪他怂恿自己返乡的事情。

信 4-1

母亲大人膝下敬启者：

来信收到了，各种知悉，甚喜。儿现在外面与各大小一切亦照常，请免念。关于家乔叔祖自唐（指国内）带来的奇怪消息，有可公开和不可公开的两种消息，使得在外村中各人都清楚了，免提呀。

据家乔叔祖说妈此次要入院医眼一事，使儿十分挂心，儿惟望您早日医好，快快出院康复原状，请来函示知，免挂心。再有一事使儿最发怒发性的就是家乔叔祖此次回到泰国一见儿面都如前世仇人一样，大骂特责儿不应该生此的心理，偏催促他返里，使他白消费了十多万铢，真没意义。但对于儿在里时未得到红英四婶的各消息，但家乔叔祖他没相信，儿没知悉此事。一切亦未知的，家乔叔祖不该恨儿一身。此次儿代世发弟付百风油三樽，内请妈收一樽用。现便由荣兴利信局付回港币一百元作为买材料修理屋之用。又未知怡佳妹的身体现健康吗？挂念。即此罢了。

祝大人福安

儿世福拜上

一九七四年五月二日夜①

（二）接生意：投资移民

"抵垒政策"取消后，以香港为中转站的移民也逐渐变少，村民移居香港的难度进一步加大。村民转而寻求另外一种方式移居香港。在中国内地把吸收海外华人资本作为发展经济的重大战略方针已初见成效的大气候下，村民利用去香港继承叔父辈生意的优惠政策，达到移居香港的目的。在国内审批制度下，只要得到国外来信证明情况，且疏通有关部门的人员，还是存在不小的机会。下面我引伍家厚与伍世福两个个案的信件作为说明。

---

① 2007 年 10 月，村民伍世奋提供。

伍家壮是伍家厚的堂弟，他们属同一房支（上溯五代至南晖公为同祖），伍家厚对家壮关爱有加。伍家厚经常与家壮通信，大多数寄给家乡父老的批款的分配都交给伍家壮去操办。家壮早年读书后到琼中内地工作，但他的妻子属无业人员，且两个儿子成年后也并无较好的工作，一家经济状况较为拮据。为了改变家庭境况，伍家壮多次请求族兄伍家厚帮忙为其儿子征雷申请留港工作，下面第一封信是伍家厚以伍家壮堂嫂（伍家迁妻）的口吻代笔而写的。

信 4-2

家壮弟：

光阴似箭，岁月不饶人，自桑梓一别匆匆又二载矣，未悉你及诸侄辈近来情况怎么样，曷胜遥念。

我自返泰后，目睹越南的嬗递，寮国的蜕变，大有朝不保夕之势。我为未雨绸缪计，免临时抱佛脚，故此，已将部分资金汇港，计港币二十万元，以征雷侄名义，和征方侄合资创立"东方制衣厂"，自创业以还，获利倍蓰，并蒙公司厚爱，选征雷侄为助理，主持来往客号业务，闻之感至喜慰，也可解我后顾之忧。

希你接信后，希就向主管机关申请征雷侄出港，襄助征方侄处理各种业务，翘首企望，兹付回港币一百五十元，届时查收，并祝近好。

四嫂伍韦阿萍手书

一九七九年十月十二日

厂址（略）伍征方①

上信中伍征方是伍家厚带回家乡的侄子，20 世纪 70 年代移居香港。伍家厚与伍韦阿萍合计让伍家壮的儿子征雷出港谋生。故以成立公司的名义让征雷去申请出港。但后来听说这次努力失败了。信中还提及了东南亚当时的政局。

信 4-3

家壮弟收览：

佛京分决，倏忽已匝月，闻你沿途平安抵国门，闻之甚喜，我等旅居异国，客体粗安，希免关注耳。

---

① 2006 年 5 月，村民伍家壮提供。

启者，泰国自武人秉政，政局有时摇摆不定，深引为忧，如越南的蜕变，寮国的政权嬗逓，记忆犹新。为未雨绸缪计，免临时抱佛脚，血汗凝结成之资产，把大部分移港，另起炉灶，正在紧锣密鼓进行中。一个机关或一个公司，必须有核心干部襄助，方可完成理想任务。顾我周遭中，仅有庸庸之辈，何堪胜任，我昔过继你之螟蛉儿——征雷，正是我理想之得意人选，你见信后，希向主管出港机关代我征雷儿申请出港，主持香港业务，免我后顾之忧。

兹付回港币两百元整，及时查收，藉表永怀。并祝近好。

兄家厚、家梁手书①

上信中伍家厚将伍家壮的儿子视为"螟蛉子"②，在 W 县一带收养"螟蛉子"之风尤甚，但同姓同族之内这种说法倒不常见。而伍家厚的"螟蛉子"的提法，是为了帮助伍家壮儿子征雷成功申请移民的一种策略。

信4-4

家壮弟收览：

前月接你邮来信件，披读后本想早复，奈因奔走征耀侄归国事，致而延搁迄今，令你望穿秋水，歉甚。

我辈旅居佛邦，客体粗安，希免介意。

来信所述，征峰侄所患肾结石，须往广州治疗，需要破费人民币一千元，我俩和四嫂磋商后，拟定汇回港币两千元回港征方侄处，为征峰侄治病之用，倘你急需，可去信和征方侄联系，以便托人带归。

关于征峰侄出港一则，你所列来所需证件和资料，实令我俩无计可施，除否知主管人员假造证件外，那是无法办到的，为了尽我俩的职责，我已将你寄给我俩之信件，转寄给征方侄参考，能否有柳暗花明又一村之望，希你去信和他联络，以便择善而行。

所谓来泰国我俩无敢苟同，如发生征耀侄事件，我怎能向你交代，凡事宜三思而行，勿因一时欲望冲昏头脑，导来不穷后患，希覆示并祝近好。

四嫂暨兄家厚家梁潦草灯下
一九八七年十一月二十日③

---

① 2006 年 5 月，村民伍家壮提供。
② 在古代，称养子和过继儿子为"螟蛉子"。
③ 2006 年 5 月，村民伍家壮提供。

最后从这封信可看出伍家厚对于伍家壮的要求爱莫能助之情。且后来我与伍家壮座谈时，才知征雷没有出港成功，但也产生欲前往泰国谋生之愿望。信中所提"征耀侄事件"听闻是伍征耀在泰国因触犯婚姻法问题被遣返出境。这让伍家厚他们不胜其扰。后来征雷也前往泰国投靠伍家厚他们，但因其性格内向，无法展开事业，遂失意返回国内。

信 4-5

家壮弟：

你之担保手续本月十二日往移民局办理清楚，大约十五天后随外交公文袋寄往泰驻华大使馆，依次序寄给你，希你候佳音。昨日四嫂托征方侄带回港币两千元，春节期中回家领取为购机票之需。从广州或香港来泰，希请教识途老马，不但可省去若干时间，也免破费不必要的小费。所需肾结石药品，到泰后可请教医生，方购不迟。际此春节将届，顺祝举家平安。

兄家厚家梁于灯下圣诞节午夜
一九八六年十二月五日①

信 4-6

家壮弟：

我迟迟作复，恰逢泰国泼水节，往泰北旅游徜徉在山水中，忙中寻乐，常感还有几度夕阳红。

细读你来信，得知泽能宗侄已创设港龙公司，专营琼港两地贸易。相信在泽能的长袖善舞下，前途无可限量。承蒙他对你青睐，视你为心腹人物，倚为股肱，推心置腹之深，同时安排你提早退休进入公司为襄助一切。不论对你对他，可说妙计安天下。我也赞成你此一毅然决定，机会稍纵即逝，加紧抓住机会，可能改变后半世生活。倘有机缘更宜请他帮忙，助你一位儿子往香港谋生。可否以港龙公司名义申请，苟成行，可改善你整个家庭经济情况。望子成龙，思女成凤是普天下的父母心。

同此向泽能宗侄问好，专此布意。并祝

近好。

兄家厚谨复
一九九一年五月四日②

---

① 2006年5月，村民伍家壮提供。
② 2006年5月，村民伍家壮提供。

从上面这封信可知，伍家壮结识同姓好友，其在香港开设公司后邀伍家壮前去帮忙，而工作也只在海口。但后来据我访谈，这位好友背信弃义，伍家壮为了他的公司提早退休，但这个公司是个皮包公司，很快就倒闭，对伍家壮的很多承诺并没兑现。从伍家壮的前后努力来看，侨乡人通过移民来改善自己生活境况的愿望从来就没有停止过，大多都是借助亲属网络来进行。

下面再来看伍世福帮其弟伍世奋谋划移居香港的事例。

信 4-7

奋弟：

来信收到了，各种知悉，对于你想来泰国谋生活一事，亦好事。但可惜来泰绝对没可能的，因我没能力担保入口费十二万铢。如你想出香港谋生活，有望可能。此次逢春节期，家闳叔祖自港来泰过春节期，我亦向他谈及你想出港一事，他亦同意如到港后，他愿带你找工作与居住没问题的。最重要的是出国证书问题，你有本领取出国证书否？你请寄信回申请出国证书，我亦没明白怎样写？最好你将要申请的书写来给我后，我就将那样形式寄回此样好吗？又，年关将至，我由荣兴利信局付回港币二百五十元，内分三婶三婶各二十元，未知此款有收到否？因来信说回批失落，信中说完全未悉。如拣到此信请回信告知切勿误。即此罢了。

祝进步

哥世福付

一九七六年二月十日①

信 4-8

母亲大人膝下敬禀者：

来信收到了，各种知悉，甚喜。儿在此大小起居一切亦照常，请妈免挂念。对于奋弟想出外谋生一事，想来泰国绝对没可能的，希望如想出港有可能的机会。但请奋弟再三想一想在里好还是出港好，由奋弟做主意。由我与河陂婆与征瑜、征冬叔拟定本月十四日后、二十日前从泰国启程返里，请高埉四婶准备迎接，料必到时一定是热闹场面。现便由荣兴利信局付回港币一百元，请收应用。即此罢了。

---

① 2007 年 10 月，村民伍世奋提供。

祝大人福安

儿世福拜上

附：请代告世东弟知智峰叔现请求相助那笔款最近就付回，告知

一九七六年三月八日①

伍世福在信中否定了其弟世奋前往泰国谋生的可能，但对其前往香港的愿望还是表示赞同，这可能是基于一种家庭策略考虑。伍世福并不希望兄弟的前来给自己带来不必要的烦扰，他宁愿出钱助其弟前往香港谋生，其次，如果其弟能留在家乡，或者去香港定居，这对于照顾母亲、看护祖屋还是比较容易的，但如果前往泰国就有可能产生诸多变故。

信 4-9

慈母亲大人膝下敬禀者：

来信收到了，诸情知悉，甚喜。儿现在外边与各大小各事依前，请妈免挂心一切。关于奋弟想借来探亲的名义居留在港，此次的机会已失望了，真是没想到的情形，真是痛心呀。又逢此次家闵叔祖来泰探亲，他亦来对儿谈谈，就说及奋弟想出境之事，他本人亦十分赞成此设想，并在港商行的投资他亦可代我理清楚，免担心。但多望奋弟在我国内须要本领行走才能成就，并请注意看哪一部门能相助出国证书，他需要什么茶水，我愿意（出），请你尽力行走，料必成就的。请你多与家闵叔祖通信，申请书最后付回，绝没有耽误的，免念。现便由荣兴利信局付回港币一百五十元，内分三婶二十元，余存应用。即此请安，余事续谈。

祝大人福安

儿世福拜上

一九八○年五月十八日②

在上文中已经提及，香港自 1980 年 10 月底取消"抵垒政策"，内地人再也不能通过探亲的途径经香港而滞留定居，于是伍世福与同村伍家闵商量，谋划以承接生意之名义前往香港定居，但也不否认其中操作的艰难，必须花销茶水费及一定钱财疏通才可以成行。下面这封信就是伍世福寄给伍世奋让其向相

---

① 2007 年 10 月，村民伍世奋提供。

② 2007 年 10 月，村民伍世奋提供。

关部门出示的信件，这封信件与前面的案例伍家厚为伍家壮谋划出港的信件相类似。

信 4-10

世奋弟收悉：

际此东南动荡之秋……令我提心吊胆，为未雨绸缪计，免临时抱佛脚，已将资金汇去香港（计港币五万元），以你名义和伍世冲兄合资经营亚光茶餐室，蒙承公司同人厚爱，选你为财政，据世冲兄来信所述，营业蒸蒸日上，获利甚丰，惜人手不足數致令在港的人忙得团团转，希你接信及时向主管机关申请出港相助一切，翘首企望，希复佳音。兹付回港币一百元，查收并询近好。

兄世福付
一九八〇年六月六日①

下面这封信就是伍家闵与伍世福谋划如何让世奋出港之事，伍家闵是前文提及南村最早一批迁往香港的村民，他也是"两头家"的后代。其出港后本有大好前途，但后来迷恋赌博，至今穷困潦倒。

信 4-11

世奋侄收阅：

你好！你六月十日来函已收悉，及知若倩妻及女儿顺利抵家，很欢喜。并得知里中村人□□二人，九日往 W 县查询其母亲及三位孩子出港事，使侄感到安心，多谢你函知叔。

奋侄，关于你之出港事，你兄有这样安排，想你出来香港谋生，你兄有泰国函信你申请，用香港公司之名义给你申请，及由叔香港寄信回去推促。你信中所说需用物质与金钱才可办得通，你兄也讲过可以分给人家，需要什么可来信对叔讲，可以办得到的，请你放心吧！你兄明年返琼之事是事实，你可申请出港，明年可带各物品返琼交给人家。你兄也叫你放心。届时带回给你。叔这次到泰十余天，仅在 12 日抽出一个下午与你兄谈话，并在福临旅店用晚餐，你兄说了很多话，相当怀念母亲，打算与你

---

① 2007 年 10 月，村民伍世奋提供。

嫂一起返琼，也交数张批信给叔看。说及世奋弟要求出泰旅行，你兄在泰国实在破费，你兄与叔磋商你出港来香港谋生的事宜，要求叔在港接应，叔答应你兄要求，你兄感到很欢喜，料必你兄已寄信给你申请，需要叔帮助的请来信，告知之。

最后一件事：请告诉叔母亲，若倩妻领到通行证，先在J镇发来电报，上广州要及时给叔电话通知，以便上广州或深圳迎接，这是叔最大希望，如果若倩与母亲款不够用，请先代叔解决，叔方可按数付还给你，请放心。

祝你好。

叔伍家闵书

一九八〇年六月十八日①

2007 年我前往南村调查时，伍世奋还居住在村子里，他已经从镇上的农村信用社退休。他的一个女儿得其兄伍世福照顾前往泰国谋生，已经在泰国成家育子。而伍世福这个全村出名的孝子于 20 世纪 90 年代末患病去世，其母为此哭至双目失明，几年后以 94 岁高龄去世。

（三）家庭团聚的连锁移民

这种移民模式指的是一个家庭中主要通过前两种策略先出去一个人，当他取得合法居留身份后，他以家庭团聚的模式申请其他的家庭成员如父母、妻子、儿女移居香港。因而，侨乡会出现这种情况，一个人成功迁港后，其他家庭成员也陆续迁港。但这样的过程往往会经历一段较长的家庭分离时期，因为从申请到审批一般要经历 5 年以上的时间。

南村有一则例外的案例，村民都认为其撞上好运气，他全家去香港探亲期间正逢英国女王大赦，于是当时在香港的家庭成员都破例取得居留权。

（四）婚姻策略：出嫁到香港的南村女子

南村女子嫁到香港的例子自 20 世纪 70 年代以来不少于 22 例，其中有两个家庭有三姐妹嫁到香港，一个家庭有两姐妹嫁到香港。此外，还有一个家庭有三姐妹嫁到澳门。

---

① 2007 年 10 月，村民伍世奋提供。

　　我在村里走访了有三个女儿嫁香港的伍世玄，他共有五女一男，其中最后生的是儿子，叫伍泽健。伍世玄的大女儿系前妻所生，二女儿成家后居住在 J 镇。伍世玄早年任大队书记，所以他熟知各种申请程序。三女儿嫁给了同村已居留香港的伍家闵之子。从中可推测出早年迁往香港的移民在香港娶妻并不容易，他们的社会资本、谋生技能都不足以让他们在香港找到称心如意的妻子，故往往返回内地寻找对象。伍世玄的三女儿嫁给同村人后，没有多久她又通过介绍关系将两个妹妹也成功安排嫁到了香港。伍世玄晚年无忧，他的生活全靠女儿的资助。20 世纪 90 年代，伍世玄到镇中心盖了一幢楼房，几个女儿给了他几十万元。

　　年轻女子嫁到香港，借以改变家庭境况的例子在侨乡地区比比皆是，而村民伍泽艰之妹早年在深圳打工，通过定居香港的同村人介绍，她也嫁到了香港。她在香港省吃俭用，全力支持两位兄长的生活，还一个人出钱盖了一幢楼房让两个兄长居住，两个兄长借以营生的三轮摩托也是她出钱购买的。

　　有一次与一位在村中颇有名声的村民聊天，他告诉我这些婚姻策略都是有得有失的，他认为这些女子大多是嫁给香港的大龄男子，且一般出身下层，条件一般比较差，有的甚至还带有一些残疾的缺陷。总之，在他的眼里，有相当大一部分是"低嫁"，即女子交换的是她的年轻、貌美，而换来的是香港的居民身份，这一类婚姻一般较少带有爱情因素。此外，这位村民还告诉我，有相当一部分女子在取得香港身份后就会与这些男子离婚。

　　从家庭策略来看，侨乡的女子相对容易出嫁到香港甚至海外其他发达地区，这形成一个跨国的婚姻网络。而这对"重男轻女"的传统观念对于女子的轻视来说又是一种反讽，而且侨乡的老百姓还认为女子"顾家"的程度比男子高出许多，她们对于家庭的奉献往往是不计较得失的。

　　再进一步观察，我发现许多"两头家"的后代存在婚姻选择问题，"两头家"的后代如上文提及的伍征方、伍世瑾、伍家闵、伍征原等，他们在 20 世纪 70 年代出港时大多已经成家，而他们的子女大多在南村度过青少年时光。这一代孩子长大后，也就是"两头家"的孙辈了，他们一般还不能忘怀家乡的生活方式和文化观念，所以融入香港主流社会的程度有限。另外，由于父辈属于农民等较低社会阶层向发达地区的移民，他们的社会地位和社会资本还较难达到中等水平，要找婚姻对象比较困难，所以就退而求诸家乡了，通过亲戚朋友介绍的方式来寻找婚姻对象。我在田野调查中就发现不少香港移民的第二代回内地娶妻的个案。依政策，婚姻办证须排队等候香港的合法居留资格，这个时间一般需要 5 年以上。这期间只能以探亲的形式去香港短暂居留 3 个月，但不能从事任何工作，如果做非法工作被抓住，将会被扣分，这样排队领证的时间可能进一步延长。在侨乡地区，经常会看到年轻的夫妇往返于香港和内地探亲的事例，因为丈夫多在香港有工作，女方还未取得香港的居留权，一般赋闲在家。

我在田野调查中发现了这样一个例子，他们的婚姻在当地传为美谈。这名男子叫泽观，35 岁。他的家族一直有出洋谋生的传统。新中国成立后，他的祖父母携三个幼子一同返乡，其中一个是他的父亲。20 世纪 90 年代他与村中一批年轻人前往泰国谋生，后来在一个旅游胜地邂逅现在的妻子，他妻子（是香港人）当年是到泰国旅游。经过漫长的恋爱长跑，他们于 2004 年结婚，泽观必须排队等待香港的合法居留资格获批后才能前往香港定居。因而两人只能以探亲的形式往返两地，泽观大部分时间是待在村子里帮忙父母打点村里的小百货店。这个香港媳妇每次回乡对农村的事物充满好奇，但言语不通，她只能旁观。当问及为什么不让泽观留在香港打工陪伴她时，她认为与其图一时之快不如等到期限到了再到香港定居，因为她很担心泽观工作的话会被抓住扣分导致延期。

（五）生子策略：在香港生孩子

内地来香港生子的孕妇从 2004 年的 3600 人急升至 2006 年的 8800 人，2007 年上半年更是激增至 11716 人。而 2001 年前，在香港产子的"非符合资格"产妇人数仅为 460 名。对此，香港特区政府官员"大感头疼"，香港医院管理局召开董事会，拟设立分级收费制度，对所有未接受产前检查的内地孕妇分娩费提高至 5 万港元。[①]

南村人选择到香港生子的个案并不多，但在侨乡地区以这种方式居留香港的趋势似有增加。上文提及的伍世玄的儿子伍泽健平时在乡间也无所事事，靠在香港的几个姐姐资助，所以也衣食无忧。伍泽健于 2000 年生下第一个儿子后，几个姐姐为伍泽健谋划让他的妻子去香港生下了第二个儿子。"香港产子"这个家庭策略给他们夫妇俩带来了诸多的好处。根据 2001 年香港终审法院裁定，在香港出生的内地婴儿，可以向香港特区政府申领综合社会保障援助，每月可获近 2000 港元，且日后还可获得各种不同的生活津贴。此外，还

---

① 《内地孕妇香港生子产生冲击波，香港出台限制政策》，http：//news.cctv.com/china/ 20061222/100161.shtml。

有诸如 9 年免费义务教育、公立医院的优质廉价的服务等。伍泽健夫妇俩就轮流前往香港照看小孩，因为依例父母探亲一次可以住满 3 个月，满 3 个月后得返回内地住上一段时间后再申请前往香港。如果夫妻俩时间重合的话，其中一人还可以在香港打零工，这对于从农村走出来的人来说也是不错的选择。

三 打"黑工"：20 世纪 70~90 年代的赚钱之路

利用探亲去香港打工赚钱是 20 世纪 70~90 年代许多南村人的经历。早年港英政府允许有亲属关系的内地居民申请探亲的期限为 3 个月，南村有香港亲戚的人们纷纷利用这个机会前往香港打工赚钱。

我的房东家是一个大家庭，有七个兄弟姐妹，房东的四弟和六妹现在都居住在香港，四弟早年通过改名换姓的方式借用别人的身份成功定居香港，而六妹则是以婚嫁的方式移居香港。20 世纪 70 年代末到 90 年代，这个大家庭的兄弟姐妹、妯娌都曾前往香港探亲打工。房东回忆，那时一次只能申请一对夫妻，他们全家就轮流前往。去那边后，一般是女人做洗碗、清洁等工作，男人可以去做一些卸货之类的体力活。如上文红英婆所述，当时香港下层的工作很缺人手，大多是这些新移民的内地亲属来干。这些工作一个月也有两三千港元，夫妇俩做 3 个月下来也有将近 2 万港元的收入。而当时内地务农一般年收入两三千元，因而这种短期去香港打工的方式是十分诱人的。

去香港打工是近 20 年由于移居香港而附带产生的现象，但在香港回归后，香港特区政府对这些非法打工现象的管制越来越严格，而且香港大量工厂迁移至内地，对于劳动力的需求有所下降。至我调查的时候，香港特区政府允许非直系和婚姻关系的亲属以旅游探亲身份在香港逗留 15 天。计算上来回路费的成本，以及逗留的时间只有 15 天，这杜绝了大多数想前往香港打工的村民的念头。

第二节 泰国：传统侨居地的延续

一 藕断丝连的纽带

20 世纪 70 年代，泰国与祖乡的亲属又可以进行跨国互动了，起初的航行虽然仍然很波折，但华侨对于家乡亲人的挂念，以及对故土的感情都驱使他们历尽千辛万苦回到家乡。上文提及的伍征宇那次有一点英雄主义色彩的返乡行为在南村的华侨圈子造成了巨大影响，华侨们开始筹划返乡探亲的行动。

与此同时，两地侨批的传递也开始日益频繁，我在走访中了解到一位在乡里素有"孝子"好评的华侨，他叫伍世福，居住在泰国，于 90 年代末去世。早年他婚后前往泰国谋生，后在泰国娶妻生子，也是"两头家"。后来航路中断，唐山妻通过正当的申请程序与他离婚，然后改嫁。他的弟弟伍世奋现在还居住在村子里，有一天他给我出示了其兄长的几十封家信，这也是我在南村看到藏信最大的一宗。大部分封都是以寄给家中老母亲的口吻写的，现摘抄几封信表现当时南村华侨与亲属们互动的内容。

信 4-12 嘱照料母亲之事

慈母亲大人膝下敬禀者：

前月已接妈的来信，各事知悉，甚喜。但是喜中又有一点忧，就是妈的身体不是十分健康，时常疲症在身，使儿真挂心。又求天公地婆使妈的疲症早日转好。最近儿又得到一个不美的消息，有一夜全家大小一同去看戏，只丢下妈一个老人在家守屋，她老人家起来关门一时间不小心失足跌倒，那是何等痛苦？照此看来，你们只顾你们自己乐，没理会妈的一切痛苦，使儿真难过。现便由荣兴利信局付回港币一百元，托美林叔带回港币二百元，此次家流叔祖返里，儿托他带字册一本给世奋弟。即此请安。

祝妈身体健康

儿世福拜上

一九八六年一月十日①

信 4-13 嘱母亲出国探亲之事

慈母亲尊前敬禀者：

前月儿寄批一信料必受到了。对于妈来泰国探亲一事在泰国移民局已办清楚了。望妈早日前来泰。如要来最好请奋弟送广州登机，在登机前一天请用长途电话来泰国通知儿去机场迎接或电话没通的话，如来到泰国，取此名片请人代打电话给儿。去机场迎也可，请求妈知之。又对于路费方面请先向信托社借来应用，儿定按时付清，决不会拖延一天。即此请安。

祝大人福安

儿世福拜上

一九八二年八月十日②

---

① 2007 年 10 月，村民伍世奋提供。
② 2007 年 10 月，村民伍世奋提供。

信4-14 询妯娌之间的争吵

慈母亲大人膝下敬禀者：

　　来信收到了，各种清楚，甚欣喜。儿在外边诸人起居亦照常，请妈们①免挂念，一切放心。又对年关合范分猪肉，有多少猪肉，味道好否？此次有放多人参加，很高兴，因为好久没有做过了，想必很热闹。有给怡佳妹试下味道否？因她亦欣喜范肉的口味，真是好多人都想试下口。前年儿对妈说过今年儿决返里与妈再相逢一目，但此次计划料不到完全失望了，因为福临旅店扩张营业，凡是有份的都要再增加资本，另一件是大儿无形中浪费了不少花款，使儿走投无路，不能抽身返里。求妈知之，真是痛心之事。请妈多多原谅呀。求妈健康长寿，候到明年再来打算。

　　去年妈来信说尚欠许坊人一千港币，适逢此次家闽叔祖来泰国，儿托他代带回一千港币，请他在港再托相知兄弟或朋友将港币带回故里，请妈在里收港币。因现儿得到消息港币现在乡下暗中可买到，一百港币可买到四十左右人民币，那班出港经办带款人②需要，求妈知之。儿最近有得知一个很不愉快的消息，就是我们老屋一事，据说三婶将正厅外庭大门全部把石块木头尿桶隔成两排，两家各一排，三婶此种行为的做法完全没合儿的理想，是完全没有道理，使许坊人嘲笑与谈论，儿自想起来真不满意，三婶行事过分，使兄弟分裂，照儿看来都如全家只她最大了，亦没有谁敢阻止她的行为，真是大误。照儿的意见，将所隔的各物全部除去，正厅外庭大门让他出入行走，免鸡狗屎满室，我们这边房内各房下锁头，此屋我也有一份，随时入住是自然的，免怕何事？未知你们同意否？请来信示知一切。现便由荣兴利信局付回港币一百五十元，请收应用。

　　祝大人福安

儿世福拜上

一九八一年四月五日③

　　此事我在南村调查时也有耳闻，伍世奋与其堂弟伍世玄两家至今仍老死不相往来。这间祖屋现在已经没人住了，两家各锁住自己的房子，伍世奋的妻子还在房厅上养鸡。听村民说，每年过春节时，他们两家都要回祖屋烧香拜祭，

---

① "妈们"，当地口语，指的是和母亲在一起的家人。
② 即地下非法兑换外币的人。
③ 2007年10月，村民伍世奋提供。

但他们都会彼此错开时间，这样避免见面而尴尬。上信中提到伍世福对于堂弟媳的过激行为十分不满，认为这样兄弟相争被乡人耻笑，也有悖伦理。华侨对于家乡祖屋十分看重，而堂兄弟两家大伤和气的事情也让伍世福感觉大丢颜面。

信 4-15 慰母宽心

母亲大人膝下敬禀者：

二封外信早收到了，儿清楚在乡里各种情况了。儿在外边与各大小起居一切照常，请妈免挂念。对于此次我家内与世玄弟发生小小的没雅观的事件，真是没料到的事。照儿的主意未知妈们在里是否同意，让他在我们厨房内做灶，我亦没怪他的行为。让他在此起灶公，亦要助他父在外大发财了，子在祖国亦要升大官了①。这亦是一件再好不过的事情，让他们去也没问题的。儿请妈切勿与他们相骂相闹，造成外人嘲笑与批评。因我没钱没势，哪能与他们相争呢？儿望妈们在里放宽眼量，让他做灶在我厨房内，亦就是随他的心想进行吧。古人有话说：量阔福亦大。使我将来会有好机会的。但倒回想来他此次所行之事，也真是不合情理，从古到今都没有见过破墙而入厨房做灶的，打破全 W 县纪录的事亦只他做得到，名扬万里也真好。

儿望妈切勿因此小小的事烦恼过度，恐怕会影响身体健康，儿求妈食命长长，儿返乡里的机会是必有的，但日期未能决定，求妈知之，请妈吃饱睡甜，切勿过度多想，儿最希望此事勿张扬。

又此次家石叔祖返里，儿托他带回肝精针水五支给奋弟应用。未知奋弟的病好没有，挂心，请来信示知一切。未知妈有托付什么话家石叔祖来否？家石叔祖完全忘记了。又姑母她来泰国后，因她住地方与儿离太远，儿用电话与她问谈，她说妈身体健康，没有更多话说，只祝儿返里一事使儿欣喜一番。现便由荣兴利信局付回港币一百五十元，请收作家务用。

祝大人福安

儿世福拜上

一九七九年七月五日②

---

① 伍世玄的父亲及伍世玄的同胞兄弟也在泰国生活，伍世玄在村里有一定的职务，伍世福在此信中打算对伍世玄建灶一事让步，但信中的话也表示了冷嘲热讽的意思。

② 2007 年 10 月，村民伍世奋提供。

信 4-16　返乡之事

慈母亲大人膝下敬禀者：

　　来信收到了，各情知悉，甚喜。儿现在此外边各人照常，请妈免念。此次世奋弟想来泰探亲一事，在里对于出国的证书要多方行走，最好请世奋弟去向家守叔祖请教申请手续，因前次家守叔祖他的申请书来到泰国后，泰批准入境了，只因家纶叔祖不肯担保他入境，使他白白地失去效力，真是痛心。此次妈来信问小儿被人打之事，现已经处理好清楚了，免挂。儿请妈老实对儿说，此消息从何人得来的，请来信示知。又儿最望的事就想妈食命长长，儿明年决定返里与妈相会，但请妈切勿对外人多说。现便由荣兴利信局付回港币一百元，即此罢了。

　　祝妈福安

儿世福拜上

一九八〇年三月二十四日①

二　泰国的"新移民"

　　20 世纪 70 年代以后，南村的人口大量向外迁移，而跨国界的移民潮最早就是以申请前往泰国探亲旅游的名义出境的。这一批人中大部分没有来到目的地泰国，而是通过香港中转时，最后滞留定居在那里。只有少部分人后来来到真正的目的地泰国，如前文提及的冬英的儿子前往泰国投奔父亲，而伍征仁的唐山妻惠钰前往泰国与丈夫及番妻同处一屋檐下。本书所指的"新移民"区别于新中国成立前的老一代华侨，指的是那些于 20 世纪 70 年代后才迁移到泰国的移民。为论述方便，本书所指的新移民包括那些没有取得合法国籍长期滞留泰国的移民。

　　由于香港地区经济发展比较快，南村人更希望移居香港，但随着香港特区政府移民政策的改变，南村人移居香港的途径除了婚姻及生子的策略外，机会越来越少。在这种背景下，20 世纪 90 年代南村的年轻人利用探亲的机会前往泰国，然后非法滞留再寻机定居谋生的例子逐渐多了起来。下面我将新一代的移民做一个分类。

---

① 2007 年 10 月，村民伍世奋提供。

（一）新移民身份的分类

1. "黑人黑户"

南村的年轻人千方百计地利用一切关系去泰国，但许多人暂时无法取得居留权，还是"黑人黑户"①。这些"黑人黑户"有其生存的法则，他们受宗亲网络的庇护，往往在他们不慎落入警察的抓捕时，在没有送交移民局之前，这个宗亲网络就会发动起来，筹集款项，疏通关系来贿赂警察，从而得到释放的结果。这种事情经常发生在现今旅泰谋生的年轻人身上，而这样的宗亲网络就是以村子里的侨领、长辈为主，还有一些结交各种关系的留泰乡亲。这个网络是以南村伍氏的乡亲为核心的，作为一种社会资本它可以最大限度地扩张它的影响力。

费孝通曾有这样的论述："为了生活的需要建立不同的社会关系，社会关系包括感情和行为的内容。家庭是最早也是最基本的生活集团，因之它是社会关系的养成所。家庭生活中所养成的基本关系，在生活向外推广时，被利用到较广的社会场合上去。个人在家庭之外去建立社会关系最方便的路线是利用原有的家庭关系。这是亲属路线。"② 南村是一个宗族特征明显的村落社区，他们的先辈早年也是靠宗族网络而在国外得以立足，而后来者也是利用这种家庭关系发展起来的社会网络来适应移民的生活。

我在调查中了解到这样一个例子，南村一个年轻人在泰国不慎被警察抓捕，他是非法居留，警察正准备将其往移民局送，而同村的另一个年轻人因其父亲早年出生在泰国后复籍，有合法的公民身份，他利用关系马上打电话给熟悉的警察，然后再向同村那些富有的宗亲父兄筹钱，筹够钱后再通过合适的人转交到警察手中，这位被抓捕的年轻人才得以逃脱被遣送回国的命运，风波终于平息。这样的事情时有发生，可见由祖乡移植到海外的宗亲网络起着庇护到海外艰辛谋生的后来者的作用。

2. 冒用身份（泰北华人）

国民党第九十三师原隶属国民党驻扎云南的第八军，他们在 1949 年国民党政府败退台湾之后，从云南败退进入缅甸，几经辗转落脚泰国北部山区。海外舆论尤其是东南亚各国习惯上将这支国民党军残部及其后裔称为

---

① "黑人黑户"，指那些在泰国没有身份也没有居留权的非法居留者。当地人称这类人为"黑人黑户"。

② 费孝通：《乡土中国　生育制度》，北京大学出版社，1998，第 276 页。

"93 师"。这些老兵多数与当地的傣族和苗族妇女结婚生子并定居下来，成为泰北山区美斯乐村的主要居民。1985 年前后他们被全部解除武装后，泰国政府分四批给老兵发放了"山民证"。此后又专门给他们的部分后裔发了"山民证"。

泰国的山民证分为三类：粉红色的山民证发给山地少数民族中的傣族人；蓝色的发给其他少数民族；橘色的发给国民党军残部及其后裔。前两种证几乎与泰国普通公民证同等效力，持证者在全国旅行、谋职基本不受限制。但持橘色山民证的只能在本县活动，出县必须经特别申请批准。因身份问题，不少"93 师"的后代到外地打黑工时会被罚款、坐牢，并被遣返回原地。当时，也有一部分持橘色山民证的"93 师"的后代在曼谷等地打黑工，他们有的在旅行社当中文导游，有的在中餐馆或台商在泰国投资的企业工作，也有些女孩混迹于按摩院和歌厅等地。

而南村的新一代青年循先辈的足迹来到泰国谋生后，也不得不面对没有合法身份的尴尬。如果没有任何身份证明，就是上文所说的"黑人黑户"，每天为躲避警察的搜查而提心吊胆。于是，部分新移民就通过各种关系买到"93 师"的后代山民证，费用相当于人民币七八千元。方法是花钱假认当地人为爹妈，这些人就会去申请"93 师"的橘色山民证，但只能在本县活动，不能到大城市工作和生活。这个身份受的限制仍是很大，但聊胜于无，有了它起码可以在泰国定居，伺机而动。即使被查出，也只是遣返回泰北农村，很快他又可以通过其他途径出来谋生。这比"黑人黑户"被发现后要遣返回国好很多。

上文提及的泽观当年就是拿着 93 师的山民证在泰国打工，后来在旅游胜地巴特雅认识了现在的香港妻子。泽观的亲兄弟和一个堂弟都采取了这种办法留在泰国谋生。①

3. "借尸还魂"

有的南村人通过各种途径取得泰国某些农民或死人的身份，然后改名换姓取而代之；也有人通过村里的乡亲父兄帮忙换得公司的签证，取得劳动签证，那就一段时间一段时间地续签了；现在还有不少的人一直没拿到身份证，他们就一直躲着当地的警察。如果不幸被抓到，就得靠村里的乡亲父兄的关系圈通过贿赂或保释等手段救赎出来。

"借尸还魂"这种方法相对较难成功，且花费的金钱也会更多，这需要有

---

① 此处"93 师""山民证"等故事根据 2007 年对南村伍泽观等人访谈整理得来。

相当亲密关系的亲人相助才能成功。我在南村听到伍征焕的儿子的情况就是这样为数不多的个案之一。

4. 重获身份

1950 年前后，有不少南村人因各种原因返乡，有的在爱国主义的号召下返乡参加国家建设，有的在泰国谋生不利，有的因私人原因返乡后航路不通滞留家乡。这些归侨大多失去了他们的泰国身份。上文提及的伍世伟个案中，伍世伟的父亲因患病携唐山妻及两个年幼的儿子返回家乡。这两个儿子就是六子伍世捷与七子伍世伟。[①]

这个大家庭如今也发生了巨大的变化，前七个孩子都生活在泰国。据伍世伟介绍，他生活在泰国的哥哥姐姐们大多已去世。20 世纪 90 年代，新一代南村青年形成前往泰国谋生的风气。伍世捷的二女儿在泰国打工时，与在泰国生活的叔伯姑妈等亲人的交往过程中又重新找回她父亲和伍世伟的出生证。于是，伍世捷和伍世伟两兄弟都重新办了泰国身份证，依据直系亲属的标准，伍世捷的五个女儿和两个儿子都陆陆续续地申请到了泰国的身份证和居留权，前往泰国生活。而伍世伟只有两个女儿，而且她们都出嫁了，所以没有选择去泰国。伍世伟退休后，携老伴告老还乡，就住在他们盖的一个简易的房子里。因为这个家庭人口多，房子少。一到清明节大家一起回来时，这个房子就显得特别拥挤。

在我调查期间，伍世捷的大儿子与大儿媳妇还在南村生活，以务农为主要经济来源，他们对于是否去泰国定居一事一直犹豫不决，就在 2006 年春节前，他们才下定决心，把家里的牲畜、车辆全都卖了。春节过后，举家前往泰国谋生。据伍世捷介绍，大儿子夫妇俩起初做早餐生意，卖油条和粉条，起步阶段十分艰难，但现在情况还算可以。伍世捷年纪虽大了，但腿脚还麻利，他在南村侨领开的旅馆打工，他还说他老到干不了活时会回到中国老家来守房子。

伍世伟一家的故事十分典型，"两头家"独特的家庭形式给他们家带来方方面面的影响，而这样的"两头家"的例子在南村及附近的村落比比皆是。我认为"两头家"也是影响侨乡社会结构的深层原因。改革开放几十年来"两头家"给南村带来诸多变化，如前述的移民泰国，后期移居香港等人口迁移现象。

5. 跨国婚姻

在新的时代背景下，在两地都拥有妻子是非法的。但作为一种家庭策略，

---

① 见第二章第三节"一个典型的'两头家'"个案。

婚姻仍是最重要的移民定居手段之一。因为有南村老一辈华侨的帮助，新移民很容易找到暂时的落脚点，当他们熟悉环境后，他们会通过各种途径寻找具有当地身份的合适结婚对象。选择这种婚姻模式的女性多于男性，据我粗略统计，出生在南村的女子中有 13 位嫁到了泰国，而男性娶当地妻子的现今不到 10 个。我房东的二儿子在泰国谋生多年，后经人介绍结识了一位泰国本土女子。他在与这位女子确定关系前还带她拜见了南村的侨领八公伍家厚，以及伍征仁等人，得到侨领们的首肯后，他于 2006 年清明携泰国妻子回乡设宴办喜酒款待来宾。2007 年，我房东二儿子的妻子在泰国产下一个活泼健康的男孩，房东的母亲前往泰国将 5 个月大的孙子带回家乡抚养。当时，泰国妻子悲痛万分，恋恋不舍。

耐人寻味的是，在我 2007 年即将结束调查时，房东的二儿子携泰国妻子返回家乡与父亲、兄长一起做饭馆生意。我询问房东原因时，房东解释说："老二在泰国这么多年不'起水'，生意也不好做。我的本钱也拿不出那么多，分为两份让他在泰国做。这样还不如让他回家先学习一下如何做生意，而且家里这么多人可以一起努力。另外，泰国妻子也挂念儿子，她回来也可以学习语言。"2008 年 4 月，我通过打电话了解到，这个泰国妻子还是习惯不了中国的生活，她又返回了泰国。后来，房东二儿子紧接着也回到了泰国，他们的幼子还是留在家乡由爷爷奶奶抚养。

这对中泰通婚组成的家庭往返于两个国家，他们的生活至今仍处于钟摆的状态，摇摆于家乡与泰国之间，随着具体情形而采取不同的家庭策略。

（二）群体特征：职业与生存策略

海南是旅游胜地，因而海南人对于旅游业的运作模式较为熟悉。泰国旅游业世界闻名，随着中国经济的发展，选择到泰国旅游的中国游客越来越多。这些中国旅游团需要大量的会说普通话的导游，这给新移民带来很多的就业机会。据村民们反映，从事导游的泰国华人里面有 70%~80% 是海南籍。而南村新一代移民大多数以导游这个行业为自己谋生的起点。

在新一代南村移民中，他们大多数还过着颠沛流离的生活，因时代不同，已经不再具备祖父辈的创业条件，他们或穿梭在大城市中寻找机会，或来到旅游胜地从事导游工作。还有部分人摆摊卖小商品。问及他们感受时，他们还是觉得泰国的营生比国内容易，因为泰国的小生意不用交任何税，一般人还是可以从小做起的。

这些移民因为缺少了父辈的创业条件及吃苦耐劳的精神，他们中的大多数还处于一种漂泊的状态。如果能在当地成家，这可能为他们在异地生存打下一个不错的基础。

本章小结

20 世纪 70 年代，随着我国侨务政策的放宽，南村的侨眷们开始试图通过各种渠道移居香港，他们绕行于政策，利用自己的"海外关系"资本时想尽了一切办法。他们有亲靠亲、无亲找"亲"，从传统的儿女联姻、子嗣过继建立起人为的亲缘关系，有的甚至不惜改名换姓借以达到冒名顶替的目的，假结婚、假过继、假接生意、假继承遗产等策略都是为了达到移民的目的。

而在我的观察中，"两头家"是南村移民最初的原动力，第一批移居香港的基本上是"两头家"中唐山妻所生育的男性后代，如上文提及的伍世瑾、伍泽楼、伍家闵、伍征方、伍世梁、伍征贤等人，之后再是他们的母亲、妻子、儿女家庭团聚的连锁移民。而对于那些没有子女的华侨妻来说，华侨丈夫的意志成为决定她们能否移民的关键因素。有的丈夫过早去世，无力帮助其移居香港，如伍冬燕的母亲；有的丈夫因为尚有老母在家，让妻子继续留守，如雷淑；有的因丈夫关系顺利移民如秀英（后年老返乡）、惠钰（后转居泰国与丈夫团聚）；尤值一提的是，个别华侨妻因丈夫听闻其不忠的事情后对其移民一事不给予配合甚至阻挠，如红英、忆瑾，她们奋起抗争，顽强地通过各种关系、手段等，最后达到出港的目的。"两头家"的家庭成员无疑是这个社区移民的原动力，因为有了这个亲缘纽带，他们才具备别人所没有的在办理出国护照及签证方面的优势。

他们走出农村后，给侨乡带来的影响是深远的。南村是一个宗族村落，他们的社会联结纽带十分发达与庞大，上溯三代之内家族大多有出洋的传统，而且很容易通过与华侨攀亲带故从而找到"海外关系"。于是，移民作为一种家庭策略成为南村老百姓改变生活境况的重要途径之一。"两头家"是旧时代移民采取的一种家庭形式，也成为新的历史时期源源不断的移民潮的社会原动力。新的移民产生，必然会导致新的移民家庭问题，丈夫在两地分别拥有两个妻子和家人的"两头家"的形式已经成为历史了，但会不会产生新的不同类型的"两头家"（广义上的）呢？这是未来必须面对的一个重要课题。

本书的研究主题是侨乡家庭，以"两头家"为主要研究对象，这种家庭形式作为两地跨国通道共同体的社会结构基础，始终给予侨乡眷属们再度移民的希望和可能。在这种结构因素的牵引下，等到国内外政治经济环境适合，新一代移民又将沿着老一辈移民的足迹前往外国。

"两头家"的家庭成员要么前往泰国与丈夫、父亲团聚，要么通过中转站定居香港，还有一部分留在了国内。不属于"两头家"家庭的侨乡老百姓也在这一进程中可以利用其千丝万缕的"海外关系"达到移民的目的。香港的移民潮因政策原因已经减弱，而摇摆周旋于泰国城市与家乡之间的新一代移民又将演绎出不同的谋生及家庭故事。

第五章

"两头家" 的现状及余波

第一节 悲凉晚景——留守的华侨妻

截至 2007 年，"两头家"的家庭成员仍居住在南村的一共有 15 位，其中华侨妻有 7 位。有两位靠侨汇生活，其中一位是上文提及的秀英婆，她丈夫伍征阶是侨领，经济状况还不错，每年两次共 4000 元的汇款支持她的日常家用；另一位是洋湖二婆，她的丈夫早已过世，平时也是一年两次由她丈夫的两个同父异母的弟弟伍征仁、伍征滔寄钱支持生活。有两位华侨妻靠子女支持生活，其中一位是惠樱婆，惠樱婆的丈夫尚在泰国，但已年老无钱寄回，主要靠她儿子伍世京和两个孙子养老；另一位就是上文提及的冬燕妈妈，冬燕与丈夫一直居住在娘家。红英婆来往于香港与南村两地，一边住半年，靠着香港地区的福利组织发放的老人补贴生活，冬英婆则与妹夫一家住在一起，靠着早年生意积累下的钱，还有儿子在泰国平时的侨汇支持日常生活。有一位华侨妻的境况则较为凄凉，她叫韩蕾淑，没有生育子女，丈夫在泰国一直是替别人打工，泰国那边也有妻子儿女，所以侨汇较少。据最近回来的华侨透露，她的丈夫刚刚去世，但没有人有勇气去告诉她这个噩耗。平时她只能靠政府一年两次一次一包米的救济粮生活，还有娘家那边的后辈偶尔的接济。我询问她为何不申请做五保户，她说她有儿女在泰国，所以不愿申请五保户。

一 不愿做五保户的华侨妻：韩蕾淑

韩蕾淑时年 80 岁，她丈夫伍世仪与番妻一家居住在泰国。伍世仪是新中国成立之前去泰国的，他在去泰国之前娶了韩蕾淑，那时韩蕾淑还很年轻。后来，船路不通，伍世仪在泰国娶了一个当地女人。伍世仪几十年来只有在 20 世纪 70 年代初回来过一次南村。

我第一次进入田野调查时，村里的华侨返乡带来的消息说伍世仪在泰国住在山岜（泰国的乡下，远离曼谷的地方），腿脚有疾已经不便外出了，所以泰国的族亲们也不能经常联络。我在最后一次访谈时，伍世仪已经在泰国去世，韩蕾淑还不知道这个消息。她说在这之前她丈夫给她的汇款很少。伍世仪是八公伍家厚童年的知交，他在退休前一直是帮八公的旅社打理杂务。韩蕾淑说当时虽然有钱寄回来，但是不多，而且那边的番妻不好，盯得很紧。八公在南村的华侨中比较有威望，于是他每次从伍世仪的工资中扣除一部分薪水，帮他寄回唐山妻这边。韩蕾淑谈起八公还是十分感激，她回忆说："八公这个人就是好，听老人说他做小孩的时候就是孩子王。我刚来的时候，他们还是后生仔，他家离我家很近，他与世仪也比较玩得来，每次他去播种、插秧、割稻谷等农活，他都会吆喝一大群后生仔下田里干，生龙活虎的。八公干活也十分精工，那插秧整齐得没得说的了。我们家那时也缠草帽，他与我老公就在我家这大厅里织。"

韩蕾淑谈及往事仍是十分感慨："后来'逃日本'时，八公他们先走了，没多久，我老公卖了田，全家筹了船费，他也过去了。但他人不精，又没有资本，到老了还是帮八公他们打工。现在只能靠那些子女了，你说他怎么还有钱寄回来，他自己都顾不了他自己了。"韩蕾淑的丈夫与上文提到的韩惠樱丈夫伍征昇有点相似，他也是一直在八公等族亲的旅社里打工，到老年后靠子女的赡养。韩惠樱还有孩子，现在孙子的工作也很好，她的晚年是无忧了。但蕾淑的经济来源已无，到了老年完全没有依靠。她以前经常请邻居伍家璘帮她写信给丈夫，下面是其中一封。

信5-1　华侨妻告知侨汇分配情况

亲爱贤夫收悉：

　　许久没有接到你们的来信，不知你们各人近来的玉体如何，各事怎样？很是想念万分。你们前托玥彤带回人民币两千元收到了。免念。我前欠婶三钱，我把一千元还婶三，余下之数作为生活用，但是目前在里的生活费用较大，无论干什么都要花钱办事。目前我在里手中分文没有，度日辛苦。我在里又没有什么经济收入，都是靠你们对我的支持生活，近来文钦的孩儿怎样？泽育儿有工作否？你们接到我的信后，回电或是寄信告知，免介。

蕾淑[①]

[①]　2007年10月，村民韩蕾淑提供。此信是韩蕾淑托伍家璘代写。

2007 年 9 月，我最后一次去韩蕾淑家的时候，她给了我一封她最近仅存的侨批，上面的日期是 2006 年 1 月 6 日，已经过去将近两年了。

信 5-2　丈夫年关寄侨汇

蕾淑贤妻惠鉴：

　　年关即近，未知玉体硬朗否？为念。在此各事依前，免介。今付回人民币三百元整，抵时依收，以应年关之用。专此即颂均安。

夫伍世仪

二○○六年元月六日①

从上面的信可以看出，这是韩蕾淑的丈夫在春节到来之前寄给她春节花销的钱款，言语简练，不提其他。据韩蕾淑介绍，这些侨批大致是请别人代笔，伍世仪的文化程度并不高。伍世仪在有工作的时候还要照顾泰国那边的家，因而侨汇并不多，他退休后可以寄回来的钱更是少得可怜。如信 5-2 中提到春节年关寄了 300 元，据说他一般农历七月半之前也会寄差不多同样的钱，一年可能只寄五六百元。这点钱于一个人的生活来说是远远不够的。韩蕾淑已经 80 岁了，她的条件完全够得上申请农村五保户，因为她无儿无女，丈夫最后几年的侨汇基本上断断续续，无法满足生活开支。村干部几次劝导她申请农村五保户，但她都拒绝了。她只接受政府每年两次的救济粮，一次发一袋 100 斤的大米。我对她的心理动机也百思不得其解，照理来说五保户是一种对孤寡老人的保障，但她为什么不愿意接受呢？有一次我询问她时，她讲了下面这段话：

　　现在他们补二十几元一个月，阿牛爹（村会计）叫我做五保户，我说我都有番仔②，叫我做五保户，后来我没做。我还说我都有家在这里，我要做五保户，要我大嫂的孙子把我这边房子拿走了。我也老了，也吃不了多少岁了，吃也吃不了多少。我这个人身体不好，打青霉素多了耳朵都不行。我有时像好人，有时像死人。我如果一两天不出去，邻居就会过来看我，怕我是怎么样了。我有时不舒服了，他们会送一碗饭给我吃，我和这些邻居相处得还好。③

---

① 2007 年 10 月，村民韩蕾淑提供。

② "番仔"，此处韩蕾淑指的是丈夫与泰国妻子所生的孩子，在名义上他们也是她的孩子。

③ 2007 年 9 月 3 日，村民韩蕾淑在家中口述。

后来韩蕾淑终于给了我一个答案，她说："我有儿有女在泰国，我申请这个不是让人笑话我吗？再说，我怕我申请了五保户以后，我死后这个祖屋要被政府收回。"这个答案让我恍然大悟，韩蕾淑所说的"有儿有女"其实指的是她丈夫在泰国与番妻所生的儿女，她甚至没有见过这些儿女，这些儿女是否承认她这个唐山的母亲也不得而知，但侨乡宗族的文化观念让她固执地坚守着这个名分，她是有"儿女"的。而她把五保户想象成对于无儿无女的孤寡老人的救济，这在面子上是过不去的，而且她还十分担心五保户的身份在她死去之后会让其祖屋充公。祖屋的重要性在后文我还将详细叙述，但韩蕾淑坚守着自己心中的一个愿望，即她在乡里守寡几十年，尝尽人生苦痛，在这个侨乡宗族她是有依靠的。一是她有自己的"儿女"后代，虽然这只是名义上的。二是她是这个祖屋事实上的主人，如果她去世后，这也是她灵魂的归宿。中国传统的礼教在农村妇女的心里深深烙上这样的印记：无论在世的生活多么艰辛困难，但死后一定要在这个父系宗族谱系占有自己的位子，而且她们名义上的后代也是这一家族香火延续不绝的保证。

我今年80岁了，我是属蛇的。我当时16岁就嫁过来，当时是父母包办的，所以才早一点。如果是现在的话，哪可能这么早嫁？我刚过来的时候，世仪有兄长和父亲去番，只有世仪和我家婆在家了。

世仪的堂兄离婚，他有两个儿子，小的随母亲改嫁。后来他又娶了一个老婆，这个老婆也是老公在番，她改嫁时已经和前夫有一个儿子了。堂兄的小儿子改名换姓，现在不是我们这里人了。大儿子则失踪了。最近这个小的也回来认宗，他担心说："我这个二婶不知还要不要我回来？"我就说："我没有兄弟，我怎么不让他们过来。"他从他父亲做斋到现在都没回来，他的父亲灵啊，要他回来了。而失踪的这个也是18年不回来，他们住在定安。他的叔父要养他们其中一个，但他们两个都不愿意和叔父生活。

而这个堂侄只生了一个孩子，现在大学毕业出来也没工作。他当时夫妻在农场工作，后来去广州进修才转正，现在在C县做老师。堂侄后来随母亲改嫁，（后爸）姓苏。每年都回来祖乡，一般春节回来的。

去年我病了几个月才靠下面的家璘公的二儿子带我去看病，花了一千多元。我这次就吩咐我的堂侄早点回来。[1]

---

[1] 2007年9月3日，村民韩蕾淑在家中口述。

这个堂侄及其后代是韩蕾淑仅存的亲人，他们在离开祖屋几十年后再度认祖归宗，回到这个家中。每年的春节和清明，这家人都会从 C 县回到这个家中。而韩蕾淑现在唯一可以依靠的也就是这些亲人了。接下来韩蕾淑还给我讲述了她嫁过来时日军在 W 县一带农村实施的暴行，那段血雨腥风也深刻影响了韩蕾淑的家庭生活。

我丈夫是我嫁过来第二年才去番，那时候根本没有小孩生，当时我还是小孩，怎么可能生小孩，当时的人也是吃得不好，发育不好，怎么可能生小孩，生蛋啊，还生小孩。

当时日本兵十分猖狂，一到晚上就搜村。我 16 岁时父母就安排我出嫁了。当时要良民证，穿得破破烂烂，那样才可能要到良民证。丈夫就是怕日本鬼子才去番的。八爹（指家厚八公）是正月十六去的番，我丈夫二月份才去。我丈夫 22 岁去番，我当时十七八岁。当时日本兵在 J 墟，当时传森二公做甲长，一下来抓壮丁就怕得要命。

我去外家躲避，当时我外家一个大姐嫁聂家村，那时一个晚上日本兵就砍杀了七八人。当时同龄的人一同跑完了，这边村是我丈夫、八公、征仁、家青他们。

我记得当时的新闻说日本已经投降了，但他们（日军）还要骗一个村的人集中在小学开会，黄洋农场下面，（这个村）叫杨坑村，然后在小学里面放火烧死全村人，只有一些不在家的人幸存，后来才传下一村人。

我妈和我还有父亲他们到其他地方逃难，我那个兄弟和我们分开走，他当时在印书馆工作，他全身穿着也不像做农的，被抓住，日本人就把他活活刺死，他们捅不到他死处，捅了几十刀，他才断气。那时是大白天，那些血流到遍地都变黑了，这可吓坏了我父亲，当晚连夜就把他埋了。当时没钱，后来也不知坟处了，不知什么房子压住了。

我另外一个兄弟上街去，日本兵在街上，我父亲也说这个儿子如果也死了，那这个家就绝种了，没想过了三天他才回来。我外家邻近 J 墟，全村人不知多怕。

日本兵开始上来杀人很多，我当时逃难的时候还很小，后来他们占据了墟市后，就开始检查良民证。他们没多久就换一次证，他审查时，看你是否面容变色，如果有问题会十分详细地拷问。①

韩蕾淑回忆南村在 1950 年后的那一段生活，除了集体生产时的热火朝天之外，余下的便是与家婆相依为命的生活片段。

> 1950 年后，我就没机会见过丈夫了。后来我 50 岁时他才回。回来没多久，他母亲就去世了。
>
> 当时很多华侨妻的丈夫都回不来，我没考虑改嫁，因为我这边只有家婆一个，我外家那边也只有一个妈，我妈不让我走，说："你这边也只有一个母亲，你不能走。"我当时做妇女主任去镇里面开会，很晚才回来，家婆就守在村子外边，她总怕我不回来了。
>
> 当时我们这些年轻力壮的妇女，只有自己，又没有孩子，哪里都调去，主要是修建水利、农田基本建设，建锅炉、炼钢铁等重任务生产队都指派我们去做。
>
> 平时我都是叫家璘公代写信，叫他写信可以收得到钱，主要告诉一些家里情况就好。房屋是十几年前他寄钱回来修建的。
>
> 我的家婆去世已经有二十几年快 30 年了，她去世时我已经 50 岁了。我外家的妈妈也不让我改嫁，我这里的家婆也不让我改嫁。我外家的妈说："解放后，你丈夫会回来的。你走得又麻烦。别人会说三道四的。另一个，你也有一个家婆，她也是疼你的，你要到处去也不行。"②

韩蕾淑不太愿意评论村里和她一样没有改嫁的华侨妻们，但她心里一直不原谅她丈夫，因为他没帮助她在 20 世纪 70 年代申请到香港定居。

> 以前我们村有几个华侨妻没有改嫁，秀英、红英、洋湖二婆、惠钰等等。冬燕的母亲是（征琚）第二个老婆，之前那个（老婆跟他）离婚了。现在这一家人（指冬燕母女）幸亏还靠征阶公的帮忙。
>
> 我说秀英她很有钱，就是不给她四弟的孩子们，也不给冬燕的母亲，她与附近的人都相处不好。她有这些钱还不如给邻近这些兄弟的孩子们一些好处。留那些钱也没用，要是有钱我就随便吃，到处参观旅游，只是现

---

① 2007 年 9 月 3 日，村民韩蕾淑在家中口述。
② 2007 年 9 月 3 日，村民韩蕾淑在家中口述。

在买菜的钱都没有了。

曼瑛改嫁了，嫁给外边一个有钱有势的老公。世广的老婆因为漂亮去海口做保姆时，还抢了别人老公。

当时去番也不好，要是去香港就好。现在已经都没有什么好想的啦。吃过一天就过一天啦。只有一个人你有什么办法。

以前我嫁过来（有）一家人，后来只剩我一个人，这边是我和我家婆的房隔开，那边是我婶母和我堂嫂隔开。当时都一屋子人，后来我丈夫去番，我大嫂改嫁，把小孩带走了。

我16岁就嫁过来了，20岁左右才发育。怎么可能有小孩？

我67岁时才不做农，当时有人说（我）这是得了肠癌，哪里都去看病了，但都看不好。不知怎么救，我去外家那边，丈夫寄4000港币，医病全部花完，还花了我部分积蓄。后来，我说医不好了，就回家死掉算了。但没想这样拖下去，吃了这些偏方就好了。当时的钱花得不少。

近几年他没有工作了，所以没什么钱了。他回来那次住了十天就回去了。他回来时距现在已经有二三十年了。他回来时我们还在空地上建起现在这个房子。当时去番的直接从深圳到香港出境的。他一回来，我就骂他，我说你没钱也不让我出去（指去香港生活）。他说老母亲在家没人照料。家婆则帮我说话："她伺候我几十年了，我快要死了，你也要让这个媳妇去番看看啊！"但他那个番婆坏得要死，他也不够胆让我过去。

我要骂就去阴间才骂了，我骂他也不敢回答，他自知理亏。几十年下来了。后来还有什么感情，没有感情的。事实上他也没本事回来再见我了。我来几十年帮他养老母亲，给他做奴，帮他守家，我得到什么？我什么都得不到他的。

改嫁的命运很难说，在这里就一个人一辈子啦。

我要是去得香港，我就想吃什么就买什么了。如果有钱我也想出去外面看一下。他在番的不寄钱，我外家的大嫂儿孙们没有这些华侨这个概念，他们经常给我生活费。

我外家有大嫂仔，大嫂孙（俗语，指她兄弟的儿孙们，用大嫂来代称），我现在见到他们的第四代了。大嫂的儿子，他们做钛矿的生意，很有钱，要不是他们我早都死了。①

---

①　2007年9月3日，村民韩蕾淑在家中口述。

韩蕾淑几十年始终没有离开这个家，用她的话说，是家婆和亲生母亲都极力挽留的原因。韩蕾淑的家婆对她十分疼爱，让她不忍离去；而她的亲生母亲也劝她认命，即使改嫁了命运也不一定好。韩蕾淑守着这个房子，给家婆养老送终后，自己也步入暮年，这时却落个无依无靠的境地。韩蕾淑可以说是"两头家"这种家庭策略最大的牺牲品，她为夫家奉献了一生，20世纪70年代后期想去香港也未得到丈夫的许可与帮助。

二　守了祖屋一辈子：洋湖二婆

洋湖二婆①名叫陈玫惠，是南村里年龄最大的老人，时年88岁，一直守在房子里。她的丈夫是中泰混血（在泰国出生，后回到家乡生活），娶了她没多久就去番了，但是他在泰国娶妻后，也没有生子。因为洋湖二婆性格较古怪，喜欢责怪人，所以街坊邻居都很少有人与其来往。我的房东的父亲早年也是从泰国回来的，他儿时父母双亡，一个人在茶店里帮别人端茶。后来洋湖二婆的丈夫从泰国的乡下将他带回南村。因而洋湖二婆认为他们家现在"发"到这么多人，日子这么红火，都应该感恩她家。同时，从族谱中我也得知房东家与洋湖二婆丈夫家是村里血缘上最亲的，是堂兄弟关系。从这里也可以看出南村"两头家"的社会共同体是基于宗族血缘的远近而构建的。这在社区与海外乡亲的日常实践互动中可以体察。

房东阿婆曾经和我说："二婆脾气很差，她的嘴巴闲不住。她还怪我偷她的衣服，我的衣服子女给我都穿不完。后来我一见她都躲得远远的。"后来知道我住在房东阿婆家，洋湖二婆再也不理睬我了，有时她不高兴，还会破口大骂。我与洋湖二婆只有一次交谈，那次她不住地讲述她的孤独与困苦。

> 我现在这里总是静静悄悄，听不到一个人的声音。
>
> 我都是洋湖村外家弟弟的孙子帮我买了菜就送过来，有时煮熟了送过来。人都说别人想吃到一百岁，但我要死就早死算了。阿五（即房东阿婆的五儿子）很坏，他不曾问候过一下。
>
> 我家一年2000元给他们家。一年寄两次。五爹②经常回来，他11月才回来。总是我老弟回来给的钱，我现在（的花费）也只是买菜、交电费。也没花什么钱了。

---

① 洋湖村是邻近南村的村子，她丈夫在家排行老二，所以村人称她为"洋湖二婆"。
② 四爹指征仁，五爹指征滔，分别是其丈夫的四弟、五弟。

四爹过年一次，七月一次，每次寄1000元，五爹要回来也是给1000元，他一年要回两次，每次都要给1000元。

都是我们家牵他们一家（这里指房东阿婆一家人，其丈夫早年父母双亡，在泰国无依无靠，是洋湖二婆的丈夫将其丈夫带回家乡生活）才兴旺起来的，从结婚到做房子。他爹妈带他去番，那时他父母早死了，他一个人在山旮，后来我二公（指她丈夫，下同。——引者注）去把他带回来。

下面的这一家人都不感恩，我一痛一病的，他们还骂我"死在家里臭啦"。

我自己一个人惨死，不大不小的。我在这里都不知见了多少老人，多少小人。但我这里现在就没有一个。我都快100岁了，都巴不得快快闭上眼睛了。

二公一世居住在番，都没怎么在家过。我十几岁就做新人（媳妇），结婚后没多久，二公他就偷偷去番。我二公在番娶了三个老婆，他去世都几十年了。死都死几十年了，不到60岁就死了，我来的时候（指结婚时）16岁，他18岁。

他疼不疼我？我也不合他多久（意思是共同居住，过夫妻生活）。他都是居住在番。

我来时，家里还有家公家婆，和我两婶嫂守在家里（其中一个是惠钰，是其弟伍征仁的唐山妻，20世纪70年代她前往香港，后再移居泰国与丈夫及番妻共处，这是极个别团聚在一起生活的"两头家"）。我这个鬼去哪都离不开这个家，心里都不离开这家，别人说只有二婆才这样啦。

我的眼睛看不到东西了，不知哪个伺候我去割眼。五爹经常回来，他说你要割眼就好了。

我们以前旧年代吃好后就去坡（指吃完饭就要下地干活），一天干到晚。

我的五婶（指五弟伍征滔的妻子，也是华人）很好，她挂心我老一个人在家。她懂得海南话，我五婶回来的时候，一句番话她都不讲，有些番婆回来都是讲番话，她就一句都不讲。

我一死的话，这个家就锁门没人住了。我吃了这么多岁，一天痛到晚，早想死了。我都算胆大啊，这里阴阴的，我也这样住一辈子了。①

---

① 2007年8月31日，村民陈玫惠（洋湖二婆）在家中口述。

2006 年我来到南村后，洋湖二婆已经不出远门了，她的生活空间就是在自己房子路门前的小屋檐下。每天早晨七八点阳光正亮的时候，她就会打开门，拄着一把塑料凳出来，端坐在门口几个小时。中午，她会回到屋子里吃饭，门锁上，午觉后又打开门，拄着凳子出来端坐一会。她的生活空间就局限在她守护的一排房子和门口的一小块范围内。每次端坐在门口，间或有人走过，高兴时她缠住别人攀谈，大部分时间她一人孤坐，目光混浊。听村民说，她自从摔倒后无法正常行走已经有两三年了，每天就在屋子里，以前左右邻居都给她买过菜，后来她怪罪邻居缺斤少两，大家也不再帮她的忙了。现在只有她外家洋湖村的亲人们给她送菜，一墟一次。村民说，她在番的两个小叔子（即口述中的四爹、五爹）一年给她 4000 元，她一般花不完，大多拿给她洋湖村的娘家了。

第二节　留守华侨妻的家庭策略与人格

在前面章节中提到的安南婆的故事中，我们看到马垅婆采取了自己的策略去争夺丈夫。结果马垅婆坐拥地利、人和把安南婆成功地排挤出家庭之外，这就是大多数"两头家"唐山妻与番妻之间紧张关系的集中表现。秀英婆也曾说，"即使打架也要打着抢老公生子"。生育权是她们地位和权益的最大保障，也是她们在家族中获得地位的重要资本。但两地阻隔导致华侨无法回乡，造成了一些没有后代的华侨妻的悲凉晚景。

一　坚强与自主：红英婆

红英婆对自己的人生似乎坦荡荡，她办事雷厉风行，像她这样自食其力的华侨妻在乡间并不多见。

> 我一世节约，1995 年做房子，三个戏（木偶戏），两次斋。我总是做大斋，出外场，请戏班子来演戏。小斋只在家中。大斋一般花 6000～8000元。家乔公是前年做的。做斋也要看经济。做斋一般几个一起做，祖先没做过也做。这要看形势是把几个人一起做。要加上家婆、大哥，那次没解①好。家婆没有解，她是服牛目椒自杀的。

---

① "解"，此处的意思是通过"做斋"这个仪式帮过世的亲人招魂，并解除亲人的怨恨，这样亲人的灵魂才能安顿下来，并保佑在世的家人。

我回去黄叶村把房子做好，让弟弟们住，也可以晒稻谷。我在 J 镇买楼，与别人合买。

我不能回外家死。公婆催你，眼睛一闭，脑海里就会想"过世的家婆及家人们就要你回家做房子"。日夜都这样。当时我的脚肿得更厉害。包给别人做。1994 年买材料。后来回来，承包给别人做，每顿还要煮（饭）给别人吃。建房子花费 13 万元，剩下 2 万元，后来弟媳生病也把钱用完。①

红英婆一生坎坷，她自认没有得到丈夫的任何爱惜与帮助。她年轻时的婚外情也是她颇受争议的原因之一。但红英婆在生活磨难下，反而激发了她生存的本能。她积极主动地参加生产劳动，担任妇女干部；历经波折得以定居香港后，不辞辛苦打工赚钱，将丈夫家的祖屋重修，为夫家的亲人祖先圆满地办了斋事。在传统女性的建构中，"家"是她们的最后归宿，也是她们生活的重心，因而塑造了柔顺、服从、守内的妇女形象。但从红英婆身上，我们可以看到华侨妻在丈夫——传统中家的"主心骨"不在场的情况下，在生活中形塑一种独立自主与坚强的人格。

二 "番婆是太太，没崽没女是乞丐婆"：秀英婆

秀英婆是我的关键报道人，她的丈夫伍征阶与番妻在 2007 年调查时还健在。伍征阶也是南村的侨领之一，在村子里有着崇高的地位。伍征阶有着很浓厚的家乡观念，每年清明节只要他身体无恙，他总会带上番妻以及儿孙回乡。

秀英婆当时去香港工作一段时间后，又返乡，这期间她与丈夫互通信件。因为她对丈夫关心泰国的妻子和儿女而冷落了她感到不满，因而她几次去信泰国都直呼丈夫名字。我自进入田野后经常找秀英婆聊天，她是一个典型的"两头家"的华侨妻，身体还比较硬朗，平时就自己一个人生活，自己吃住，但因为她并不愁吃穿，所以心境一直十分自足。

一天，秀英婆请我帮她一个忙，她的电视看不太清楚，让我帮她调整一下。我帮秀英婆调好电视后，她更加信任我，并主动将一封侨批展示给我。信中内容如下：

---

① 2007 年 10 月 7 日，村民陈红英在家中口述。

信 5-3

秀英妻收看：

顷接来信，读后令我恼怒万分。前次来信时，直呼我名字，今次也然。我征阶之名，除我父母及长辈外，他人直呼不得，呼之那是对我不尊敬，况且你是我妻子。他人直呼我之名字，简直是对我侮辱。妻子瞧不起丈夫，他人那有尊敬我之理。今后来信倘直称呼我名字，鱼雁少通为妙，免我怒火上升。是否回家度春节，悉由自便。我举家度春节，也费不了六千港元，你要此大数目，由你自筹。并询。

（兹将完璧归赵）

> 呆夫：征阶
> 一九八四年十一月二十九日①

此信是伍征阶从泰国寄给当时在香港居住的秀英婆的一封信，他在信中对韩秀英直呼其名之事十分恼怒。我问当事人为何这样直呼其夫名，秀英婆笑着解释道：

> 我是故意惹他生气的，他在那边只关心那个老婆与那些番仔，我在香港打工那么辛苦他也不过问一下，每次我都回家过年，家里香钱、纸钱，还有鸡、肉、鱼、蛋那些花销都是钱，我叫他寄钱回来，他嫌我要太多。所以我就气他喽。
>
> 我"爱"（发起脾气）就写信去责骂他，因为他带那个"小"（指番妻，因其是后娶的，故称"小"）的到处游玩，惹我火我就写信去气他。他回香港就带他们泰国那一家子去玩，旅游二十天。旅行社的老熟人也帮我说话"唐山嫂也在香港，你不如把唐山嫂也一起带过去"，但大公②却说"现在带这个回来，就不能带她同去了，要去下次再说了"。从那以后，他每次回来，那个"小"的都跟着。③

第四章曾提到韩秀英与丈夫一次相互的误解，韩秀英让丈夫娶番妻，但丈

---

① 2007 年 9 月，村民韩秀英提供。
② 韩秀英对我称其丈夫为"大公"，因伍征阶在家中排老大，而我按辈分则应称其为"大公"，下文叙述"大公"均指韩秀英丈夫伍征阶。
③ 2007 年 9 月 7 日，村民韩秀英在家中口述。

夫以为她要离婚另嫁，后来通过村人询问明白情况后就写信对韩秀英说："你放心住，船一通我就回来，我对你不外。"后来，她讲述伍征阶从泰国回香港后，他们相逢的情形，其中反复强调了番妻阻挠伍征阶与韩秀英相好的事情。

　　大公在泽楼结婚那年回来，过几年惠钰（征仁的唐山妻）申请去香港，她邀我："我们一起申请去番吧。"我说："我夫君几年前才回来，我就申请，我怕他责怪我啦。"她说她不怕责，她就申请。她就申请去香港了。我们家那个番婆当时可凶啦。听说她和大公互相打骂一夜，她不要我去番啊。八公就去开解，旁敲侧击地说："人家征仁也叫老婆过来，征宇也叫老婆（指唐山妻倩君）过来，只有你不让你家嫂过来。"后来，大公还是执意帮我申请，当时的申请都送到海口了，但当时也不知什么原因，后来停止不办泰国手续，手续被打回。后来只能寄信告诉大公，无奈大公只能重新帮我申请去香港。当时泽楼住香港品优米行，大公就用"品优米行"这个地址和公司帮我申请去香港，那样才批，那时我55岁才去得成香港。品优米行是澄坊村的人与泽楼的父亲他们合股的生意。

　　我要是胆大，我就与惠钰同期去香港了，我怕大公责怪。她申请比我早两年，她后来住不惯香港，后来去泰国与丈夫征仁及番妻住在一起。开始她住香港，她有家婆在那，她家的那个"小"又胜我那个"小"，相对可以合得来，又好一点，后来征仁叫她去番，开始一个月一个月地躲藏，后来久了才能申请那边的国籍，做了正式番人。她也不生孩子，老了才过去。她嫁过来的时候，是与我同年"牵"过来的。

　　五六年前，番婆回家乡和我吵过一次。她以前从番带回来的剪刀久不用了，生锈了，她怨我弄坏了她的剪刀。我回答："我有我的剪刀，我为什么用你的剪刀？"当时大公站在正厅外的铁门旁，她一生气就把剪刀扔到大公旁边的地板上。这样我也火了，我就灭她的嚣张气焰："你不要把那剪刀扔到孩子他爹的脚上，要是刺到脚上，我今天就不给你面子了。你以为他是你的老公，他是我老公，是你把他争过去的知道不？要说拜堂成亲，还是我先的呢！"她听我说她争我老公，她也被激怒了，要冲上来打我。当时我征阶公的侄子还有我娘家堂兄的儿子也在场，这几个年轻人赶忙劝停。我才不怕她呢，我当时就说："让她打嘛，看我不知端她哪里去！"她是胖过我，身高和我差不多，但她们这些人一直做家庭主妇闲在家里，我是做农的，身体硬着呢，怎么也不怕她。

　　她什么话都懂得讲，她是邻近刘坡村人的女儿，父母都是唐山人，4岁才和父母去番的。①

她谈兴未了，又说了一个故事。

　　我堂兄嫂去番的时候，那个番妻像个男人一样，又高又大，而我嫂就和我一般身材，她以为她很厉害，她来打我嫂。我嫂把她打得哇哇直叫，叫得活像见鬼一样。你再大个子，你平时是吃闲的，身体自然软啦，我嫂是做农的，身子骨硬嘛。我嫂回来给我们讲这个故事，让我们笑得不行，眼泪都快流出来了。我嫂去番在那边生了一个男孩，怀了一个回到家乡生，她一共生了两个男孩。那个番妻是潮州人，她生了九个子女啊。②

我问秀英婆："你第一次去番的心情怎么样？"
秀英婆平淡地说："当时都感觉很陌生了，唉，我55岁去香港，56岁才去番，十二月去番过年。人都老了，还念什么啦。我们去番必须从香港走。"
秀英婆接着半开玩笑地说：

　　我去番的时候，我自己住一个房子，大公和她（指番妻）住一个房。回到家乡也一样，我因为老了就懒得争什么了，我要是年轻的话我怎么也会打架着争老公生孩子。
　　我也和大公说过："现在大家都老了，我也不想说什么了，要是我年轻的话，我怎么也打架争着生小孩。"大公也答："你要是知道这层就好了。"大伙都笑不完。大公都是疼"小"的多啦，人家生了这么多小孩，我一个都没生。③

　　没有生育后代是秀英婆无法弥补的遗憾，一个男性村民这样告诉我："番婆是太太，没崽没女是乞丐婆。"
　　乞丐的意思就是"不过气、地位低"。"两头家"中留守的华侨妻没有生育子女的在南村有几个人，她们在家族的地位会显得较为卑微，到了晚年更是

---

① 2007年8月31日，村民韩秀英在家中口述。
② 2007年8月31日，村民韩秀英在家中口述。
③ 2007年9月7日，村民韩秀英在家中口述。

寂寞凄凉。

秀英婆曾怪丈夫伍征阶对她不好，村民给我复述了这样的对话。

> 秀英埋怨说："你都不在家，我怎么生孩子？"
>
> 征阶应道："你来后（指嫁过来）我都回来住了八个月，你又不生。"①

说到这里，这个村民还认为番妻至少应该心胸宽广点，番婆在回到家乡后应该做一些"礼让"，尽些人情，给唐山妻与华侨一些单独相处的机会。

> 征阶公回来的时候，这个番妻也一直跟着，不让征阶公和秀英婆有任何亲近的机会。我觉得这样也是很不人道的，老公陪了你一辈子，难得回来，你也应该让老公疼一下"大"的这个啦。
>
> 番婆也是坏，不要其老公和她在一起。秀英反映，征阶寄钱，可能她没法阻止，但征阶公每次回来这个婆都跟回来，不要其丈夫与秀英婆过于亲密。我听说秀英要争着住在东边的房子，意思是她是"东宫"太太，是"大"的（后据我观察，伍征阶回乡时还是与番妻同住在东边的房子，并不是秀英所说的那样）。②

从秀英婆的口吻来看，她是极力维护自己作为"大"妻的地位的，但因为丈夫长期和番妻一起生活，且番妻生育有子女。在这种情形下，她也是无可奈何，只能偶尔在一些日常言行中体现她的地位。

赫尔穆特·舍克曾引用人类学的材料描述非洲部落流行的一夫多妻制，那里几乎都有一条准则，规定丈夫要非常认真、不偏不倚地对他的所有妻子严格而平等分摊宠爱。③ 而华侨对于华侨妻的唯一补偿只是尽可能在经济上给予资助，有些华侨到了晚年，自己都得靠国外的子女抚养，更顾不上留守家乡的妻子了。至于情感上的关心，那更是微不足道了。

上面的事例在南村的华侨妻们身上都或多或少地得到印证，她们失去了很

---

① 2007年9月，村民伍家贺在家中口述。
② 2007年9月，村民伍家贺在家中口述。
③ 〔奥〕赫尔穆特·舍克：《嫉妒与社会》，王祖望、张田英译，社会科学文献出版社，1999，第85页。

多正常家庭所拥有的生活，有些甚至没有儿女，但文化因素还是把她们牢牢地捆在丈夫家。华侨妻为了生存采取了不同的策略，这些策略与人格结合在一起谱写了不同的人生。

在华侨妻人格形成的过程中，贞节观、孝道文化以及家庭的制度化都强化了"两头家"的存续。这些华侨妻到了晚年一般过着孤独悲凉的生活。

第三节 "两头家"的后代们

"两头家"中的后代们，他们可能在互动中通过不同的行为来表达彼此之间的认同，这一点尤其在 20 世纪 70 年代之后，两地可以互航后表现得更加明显。八公伍家厚曾期望他的子孙不要"归番"，但这样的发展趋势似乎无可避免。

一 无可奈何的同化

施坚雅在《泰国华人社会：历史的分析》中系统地论述了 18 世纪到二战期间泰国华人社会的发展和变化，提出了其影响深远的"华人同化论"的观点，强调泰国的华人政策是华人同化入泰国的主要原因。[1]

八公伍家厚带着两个在泰国出生的儿子回到南村老家时，这两个儿子都已经在泰国和美国取得高学历后工作了。他们第一次回到农村很不习惯，但八公还是要求他们把鞋子脱掉，打着赤脚踩在故乡的土地上，陪着自己在乡间的田埂间行走，观看农村的风景，绕着村子走了一圈。他的用心可谓良苦，但从小就接受西方教育的后代们总是难以接受父辈的价值观，他们只是有礼貌地服从但并不真心地欣赏"家乡"事物及风土人情。这些华侨的后代还是不习惯农村的生活，如果不是应父辈的要求他们自己会很少回来。两代人对海南"家乡"认同的差异，显而易见。

> 我的孩子们，儿子和（儿）媳妇都回来过，但女儿没有回来过。大儿子学了一些中文，现在才会写自己的名字，他只会说一些粗浅的海南话。中文深奥，番仔一见到中文都怕，番仔认为世界最难学的就是中文。
>
> 现在泰国的华人与本地人分辨不清。中国人去泰国是给泰国生后代。

---

① G. William Skinner, *Chinese Society in Thailand: An Analytical History*, Ithaca: Cornell University Press, 1957.

他们的外形与中国人差不了很多。仅文化这方面有点区别。

中国各地方言不统一，有潮州话、广东话、海南话。现在外国人开的学校，一个星期也有两三节中文课。老华侨还是希望后代认识一些中文，但泰国人早期比较重视泰文和英文。潮州人请家庭教师来教中文，他们的子女多少懂得些中文。

海南华侨在南洋那边很重视教育，教其子女读大学，出来进政府工作（即做职员）。子不承父业，第一代的华人做生意一天做到晚，而现在海南华人的后裔去政府、大公司、大医院工作，很少再像第一代那样辛苦创业了。[①]

另一侨领伍征阶谈及儿女们在他过世后还回不回农村老家的问题时，似乎也对第二代、第三代华人后裔弱化家乡认同的趋势不置可否。

这些后代基本不会说家乡话了。他回与不回，这是看他们的心情了，看环境怎么样。如果中国富强，他们可能回来。农村的生活如果还可以，他可能回。看日后的情形发展得怎么样了。不过很有可能是旅游性质的啦。

他目前是在泰国，他的生活是不错的，如果回来这边要差太远，他就不回。另外我们是在乡村，他们回来的机会总是少了。环境不适合他，主要是话语不通，回来没有话讲。或者他的朋友要回来这边旅游，他们会回来，总之回来的机会甚微。[②]

第二章小结部分讲述了老一辈华侨对后代子孙"变番""归番"的担忧，这表明了他们自己对中华文化及家乡的认同。但南村人很清楚"变番""归番"而不再认家乡、不回家乡是华侨年青一代文化认同的转变，也是无可奈何的事实和趋势。南村乡间坐落着一间间破败的祖屋，就是老一辈华侨过世后，后代不再回乡与"家乡"发生关系的例证，这些衰败的房子被村民称为"迷失的祖屋"。祖屋这个物化的空间在侨乡人心目中被赋予了人性化的意涵："迷失"在乡间，香火已绝，久无人迹。

---

① 2006 年清明节期间，华侨伍家厚于家中口述。
② 2006 年清明节期间，华侨伍征阶于家中口述。

二 "两头家"后代的关系

"两头家"两边的子女是什么样的关系，这也具有不确定性，如果国外的子女未生活在家乡，从小到大接受西方教育，也未受父母与同乡华侨的影响，那么他自然而然与家乡的兄弟姐妹疏远。但在探亲的过程中，一般的国外子女仍是显得热情友爱。韩惠樱的儿子伍世京1985年前往泰国探望父亲及泰国的母亲及兄弟姐妹，受到了热情的款待和照顾。韩惠樱说到当时的情形：

> 不知道番妈她心里是怎么想的，但是她做得很周到，世京去泰国，他们这些兄弟姐妹都招呼得很热情。番妈也懂一点海南话。他（惠樱婆的丈夫）现在就靠那些番仔，养他吃闲了。世京去过，我就懒得去看，他们又不懂讲海南话，不想去看他们。不过这个番妈还算好，征昇（惠樱婆的丈夫）要回来老家看，她都答应。世京去的时候，她的儿女们都同意和支持，也寄钱回来。

> 征昇不会叫我过去的啦，他都知道番妈在那边怎么会叫我过去。即使叫我，我也不会过去的，过去和番妈打架怎么办。他也不敢叫我过去。①

这是两地的儿女相会时的一般情形，从情理上，大多数的国内家庭与国外家庭还是彼此关照的。如果国外的妻子是不会说中国话的土著女子，那么她和她的子女对唐山家人的认同感就会十分低，如韩蕾淑的例子，番婆甚至阻止丈夫往唐山家庭寄钱，伍世仪只能偷偷往家里汇钱。

前面章节曾讲过，伍世伟的家庭中，番妈与唐山妈的儿女在国外和国内都曾经有居住过。伍世伟和其六兄系番妈所生，于幼年时被父亲及唐山妈带回家乡，而在国内生的三姐年轻时被唐山妈带到泰国成家，现在还居住在泰国。国外的兄长及大姐相继过世。我最后一次下田野时，伍世伟刚刚从泰国奔丧归来，他的四哥在泰国刚刚去世。但这次在国内的五哥、八弟并没有前往，这两人均为唐山妈所生。八弟在"文革"时武斗致残，现在在村子里居住。伍世伟和我谈他八弟的生活状况：

> 八弟在"文革"时的派系斗争中被打伤脑部，只可以勉强自理，右

---

① 2007年8月30日，村民韩惠樱在家中口述。

手不灵，右腿走路也不便。……最近，他才申请到了残疾人的补贴，一个月25元的补助。所以他的生活主要是其兄长们照料，生活的主要经济来源是在海口居住工作的五哥资助，每个月150元。这些钱我来掌管，买菜和生活开支，负责照料八弟的起居。①

这个五哥与八弟一样都是唐山妈生的。最近，这个大家庭只剩伍世伟夫妇与八弟住在家乡，五哥负责生活费和零花钱，八弟则和伍世伟一起吃饭。

后来伍世伟又给我介绍他去泰国为四哥奔丧的情形：

> 我的同胞四哥过世后我们八兄弟只剩下四个，除六哥后来全家又去番居住外，我和五哥还有八弟都在家。大哥去世最早，按顺序从第一到第四个兄长都已经在泰国过世了。
>
> 泰国的葬礼与海南农村的葬礼有很大不同，他那边的葬礼很隆重，生的仪式不见有多隆重，反而是死的仪式极为隆重。死的时候请和尚来念经，就像我们这边请师傅公一样。死的时候很隆重热闹，不认识的人也来，一起送尸体出殡，送死人升天。这是当地一种风俗。他那边死的人受隆重对待，我们这边死的时候，左邻右舍关门闭窗，他们那边的人还争着摸那个棺材。他们那边是佛教，而我们这边是道教。②

这次奔丧是他在泰国的四哥的孩子出的路费，而他同父异母的五哥及八弟并没有前往。有一次我与伍世伟五哥聊天，他还告诉我他们与番妈所生的子女的不同："世伟及其六哥被父亲和唐山妈带回家乡后，其番妈过世时留下的田产由其所生子女平分，世伟及其六哥因年纪尚幼，田产由其在番的兄弟们看管。后来，其二哥出车祸把田产都赔上了。"表面上"两头家"的子女们并无亲疏之差别，但在日常的生活中还是有一些细微的不同。

三 伍冬燕母女的生活策略

2007年伍冬燕58岁，她与丈夫及她的亲生母亲长期共同生活，这是南村唯一一例已婚女儿仍生活在娘家的个案。冬燕的母亲是"两头家"中的唐山妻，她父亲征琚于1950年去番后就再也没有回来，而冬燕就是在那年出生的。

---

① 2006年6月，村民伍世伟在家中口述。

② 2007年9月22日，村民伍世伟在家中口述。

伍冬燕的父亲在 1973 年，47 岁的时候因病去世，伍冬燕自出生后一直没有机会与父亲见面，伍冬燕与母亲相依为命直到今天。

伍冬燕的父亲在泰国是一个小有名气的富商，1950 年后，他无法回家乡，于是便在泰国娶了当地一个有华人血统的女人，这个番妻为其生育了 6 个子女，后来他又在别处再娶了一个妾，本书称其为"二番妻"，她生育了 5 个子女。据伍冬燕讲述，她父亲在晚年时，生意蒸蒸日上，身边总还带着一个年轻的情人，名义上是其秘书，但这个情人没有为其生育子女。

伍冬燕的父亲去世后，他丰厚的财产成为众多妻妾和儿女争夺的目标，按泰国当地的法律，具有泰国国籍的合法妻子和儿女才有财产继承权，因而伍冬燕和她母亲，还有"二番妻"、情人都没有财产继承权，但二番妻的 5 个子女有继承权。财产的一半交由具有合法婚姻关系的大番妻，余下的另一半财产由大番妻和二番妻所生的 11 个子女平分。伍冬燕的父亲在其兄弟中排行第二，他的大哥及三弟都侨居泰国，他们三兄弟的家庭都是"两头家"。在伍冬燕父亲过世后，善后和财产继承的事宜都是由冬燕的大伯父来主持，大伯父知道其弟在唐山家乡母女的情况，经他劝说和妥善安排，让伍冬燕的番妈和同父异母的弟妹们从自己所继承的财产中抽出一部分交给伍冬燕母女以资生活。

伍冬燕在 1984 年和 1995 年去了两次泰国，第二次去泰国时她母亲也一同前往。从伍冬燕的叙述当中可知，她的两个番妈和弟妹们都待她不错，每次去泰国，这些亲戚都给了他们不少的钱。伍冬燕自述维持与番妈及弟妹们的关系并不容易，她两次去泰国都尽力与这些亲人们处好关系，那时她的几个弟弟妹妹年纪还小，她每天都忙着做各种各样的家务，洗衣服、做饭、打扫卫生等。伍冬燕不把自己当成闲人看待，在探亲的日子里用心做事，积极主动融入这些亲人当中，令人钦佩的是她与两个番妈都相处融洽。

20 世纪 70 年代伍冬燕也有去香港谋生的想法，但那时她还年轻，认为其父在泰国，她要想去的话用不着像村子里其他人一样，用尽各种办法，有的还办了假证件。但不幸的是，他父亲患病过早去世，她只能写信求助于大伯父（伍征阶）。当时，伍征阶不便拒绝，同村另一位侨领伍家厚给她写信说："香港乃花花之地，并不是你一个赤脚女人混饭谋生之地。"意思是让她死心不要再向往了。她去香港的念头渐渐落空，之后就嫁给同镇的一个男人。伍冬燕结婚成家后，与丈夫一直居住在南村，用她的话说："如果我们不住在这里，那家里这个老人怎么办？"伍冬燕念及母亲孤身一人，选择留在南村居住，但这只是策略性的安排，并不是传统上的入赘婚。伍冬燕丈夫的家里还有兄弟，所以他可以接受这样的安排。伍冬燕生养了两女一男，这些孩子都是在南村长大的，现在两个女儿都嫁人了，而儿子长大成家后也搬回父亲的村子居住。

有一次伍冬燕将其写给番妈及那边的弟妹的信交给我看。伍冬燕有高中文化水平，每次她都会将中文信写好，再带到镇上由专门翻译的人将信译为泰文寄给泰国的番妈及弟妹。我还收集到了她的番妈及弟妹寄回的泰文信，从这些信件的往复中，我们可以看到伍冬燕在竭力地维持她与泰国那一头家亲人的关系，虽然其父亲早已过世多年。

信5-4　伍冬燕写给番弟的信

亲爱的十弟：

　　你好！我和你分别两个多月了，没有及时给你写信，是因为姐在香港做工没有人写泰文，所以到今天才写信，对不起。

　　姐这次到泰国探望你，姐真喜欢，真的。巴不得早一天见到你。姐在伯父处每天都想着你，那天姐终于见到你，姐真欢喜。但是我们语言不通，姐有很多话无法表达，只好用眼睛来传情，姐很难过。姐见到你如今长大了，又有一份好工作，姐真是欢喜。我们相会不到两小时又分别了，姐真的舍不得离开你，你自己在外边工作，离母亲很远，你要自己保重，你很爱惜姐，分钱给姐，我们如此地互相关心和爱惜，父亲在九泉之下也会高兴。

　　姐在香港一个多月，香港三婶和兰妹待姐很好，姐因为在香港不能工作，所以在前月顺利地回到家乡，勿念。

　　十弟你要抽出一点时间给姐写信，姐时刻都在想念你。在里一切依前，勿念。即此顺祝安好。

姐冬燕书①

这封信是伍冬燕在香港打工回来后给她在泰国的弟弟写的信，伍冬燕早年也曾意欲前往香港定居，但因父亲过世太早，没有人支持，所以没成功。泰国的弟妹、番妈也经常寄钱回来资助她们一家的生活。

---

①　2007年10月，村民伍冬燕提供。此信是她手写后拿去请人翻译为泰文之后保留的原稿，下同。

信5-5　伍冬燕回信感谢番妈寄的侨汇

敬爱的婶阿，同各弟妹：

你们好！很久没有写信给你们了，对不起。这次伯父（征阶）、伯母、三婶（征宇的番妻）、婶云（倩君之女）同各亲人回家，您托伯父、伯母带回泰币5000铢已经收到，同时收到阿丽妹的结婚相片，我们很是欢喜，我们全家感谢你们的恩情。

这次伯父等多人回来得知在外各况。得知阿十弟已经进入银行工作，阿丽妹和妹夫都在机场工作，见到丽妹同妹夫的照片是多么的可亲可爱啊。得知这一切我们是多么的欢喜，据伯父等人回来讲丽妹有回来看望我们的意思，我们真希望丽妹同妹夫一起回来。一来看看我们家人和家乡众乡亲，二来观看世界风景，我们迫切地等待这一天。望各位弟妹能多和姐通信，因姐没有你们各人的地址，只好托三婶转，以后你们都把地址写回来，姐姐写信给你们。

即此祝你们万事如意。

冬燕①

后来伍冬燕的弟弟妹妹确曾返回家乡看望冬燕母女及其一家，每当她们回忆起当时的情景时仍回味无穷。

信5-6　冬燕写给三婶的信

敬爱的三婶，强弟：

你们好！在此向在泰的各位弟妹问好，我们分别20天料必你们8日到海口，9日顺利到达香港，强弟这次回来因气候变化感冒了，料必一路上平安无事，顺利地回到泰国了吧。我们全家都很是挂念。在此我们全家向你们问好。

这次你们能够回来和我们共同欢度了十天，在这十天中我真感幸福，真想这幸福的时刻久长下去，但时间不留情，转目间我们又分别了。分别时的心情是无法形容的痛苦。8日当天我不能送你们去海口，心里真难过，只好把眼泪往肚里流，真想另外乘车去海口，又怕伯父骂，所以我真的没有办法了，只好流着眼泪回家。你们对我们全家真是爱惜，这次我在

---

① 2007年10月，村民伍冬燕提供。

泰的母亲及四弟能回来多得你们的支持和帮助，我们全家无限感谢，终生忘不了你们的恩情。

即此顺祝万事如意。

因姊阿的地址不知，所以托您转这信给姊阿，并叫她复信时写地址回。

侄女冬燕①

上信是伍冬燕写给三婶（伍冬燕父亲三弟伍征宇在泰国的妻子）的信，里面提及三婶和伍冬燕的番妈及弟弟妹妹一同回乡并尽情游玩与畅谈的情形，这段时光让伍冬燕尤其难忘。信中还向三婶表示感谢，因为三婶的帮助，伍冬燕的番妈与四弟得以一同返乡。

信5-7 伍冬燕写给番妈及弟的信

敬爱的母亲，四弟：

你们好，在此向在泰的各位弟妹问好。我们分别30天了，料必你们8日到海口，9日顺利到达香港。

这次母亲能和四弟回来和我们相会，我全家很感幸福，在此全家向你们问好。母亲和四弟回来，我们全家欢喜的心情无法形容，见到母亲和四弟，我们骨肉得到团圆，这使我更想起我们的父亲，内心的痛苦无法形容……

母亲和四弟我们共同欢度了十天，我们母子尽情地畅谈，多少个晚上我们谈到半夜，我们又共同到□□、□□等地游玩啊！那时刻是多么的幸福，多么令人留恋呀，总盼这日子久长下去，我真想一辈子在你们的身边照顾你们，但时间不留情，我们终于分别了。天南地北各居一方，相会时是多么的幸福，分别又是多么的痛苦。8日当天我没有送你们到海口，当时我的心情是多么的难过，真想另乘车到海口，但又怕伯父骂，所以只好流着眼泪回家。母亲您的心是多么的好，多么的爱惜我们全家，我愿父亲的在天之灵保佑您平安无事，万事如意。望各弟妹和姐通信。顺祝万事如意。

女儿冬燕②

---

① 2007年10月，村民伍冬燕提供。
② 2007年10月，村民伍冬燕提供。

这封信与上面寄给三婶的信同时寄出，在这封回信中冬燕向番妈倾诉了思念之情。

信5-8　感谢番妈对自己在泰国生活的照顾

敬爱的母亲及各弟妹：

在此代向哥问好！你们好！我和你们分别两个月了，没有及时给你们写信，是因为我在香港做工没有人写泰文，所以到今天才写信。

这次我去泰国探望你们，得到你们的关心和爱惜。记得做清明的那一天，我们母子、姐妹、兄弟聚集一起去拜父亲的墓，当时我的心里既是难过又是欢喜，难过的是我们没有父亲了，欢喜的是你们各弟妹现都长大成人了，我们姐妹、兄弟能相互爱惜，一同去做清明拜父亲，我爸在九泉之下也会欢喜的。

我当姐的没有给母及弟妹们一点帮助，如今弟妹长大了，每人都爱惜姐，分钱给姐，姐真过意不去。对不起母及各弟妹，姐及全家不知怎样感谢你们才好。姐终生忘不了你们的恩情。

姐回香港一个多月，三婶及阿兰待我很好。处处关心和爱惜，我因为在香港不能继续工作，所以在前月十八日从香港回广州，二十日顺利地回到家。我在香港做工一个多月得了六千港币左右。特告你们欢喜。

在家一切依前，勿念。我及全家都很挂念你们在外，望你们多多保重，免得挂念，望早日接到你们的回信。即此顺祝金安。

冬燕敬上

一九九五年六月八日①

在上面这封信中，伍冬燕讲述了她与母亲一同前往泰国探亲，在清明节与番妈及弟弟妹妹们一同拜祭父亲墓的事情。伍冬燕将其在香港打工一个月赚6000港元的喜事告诉番妈及弟弟妹妹们分享，从中可以看出去香港打工对一个农村家庭的经济来说是重要的补充。而每次伍冬燕都会提到番妈及弟弟妹妹分钱给她的歉意，但侨汇是维系关系的一个重要基础。伍冬燕申请赴港探亲主要是通过三婶（倩君）的名义去的。

下面几封信则分别是伍冬燕的番妈及弟弟妹妹的信件，通过伍冬燕的通信

---

① 2007年10月，村民伍冬燕提供。

联系，两边家庭保持着良好的互动。到 2007 年我调查的时候为止，番妈仍每年都有侨汇寄回。

信 5-9 番妈春节寄侨汇

冬燕女儿：

近好！你及家中各人身体安康，万事遂意吧？为念。我等旅外诸情依前，免介。春节将至，现付回人民币四百元，望查收应用。祝近安。

妈蓉婷示上

二〇〇七年二月二日①

信 5-10 番弟写给伍冬燕的信

亲爱的妈妈和姐姐：

很高兴收到冬燕姐姐的信和照片，也很高兴妈妈（指唐山妈）已经平安回到海南了。妈妈来泰国的时候，我很幸福，也非常想念爸爸。如果爸爸还在，我们也许可以一起住在泰国了，爸爸去世后好像缺了一家之主。在我这边只有妈妈一个人出去工作养孩子，送孩子上学。冬燕姐姐离开泰国已经 8 年了，我们非常想念姐姐。现在 Ni、Tub、Nid 都已经大学毕业了，以后妈妈就没什么很大的负担。现在 Ni（丽）在泰国航空公司工作，Tub 在某家私人公司当秘书，Nid 刚刚毕业所以在找工作。Lux 和 Gong 还在宾馆工作。妈妈来泰国时，只可以见她一次，真的很可惜没有带她去玩，去吃饭。因为每个人都要工作，所以没时间。妈妈说，燕姐姐不用担心，这边的兄弟姐妹都很好，都长大了。希望以后可以跟燕姐姐和家庭见面。

最后祝妈妈和燕姐姐幸福，万事如意。

敬爱

弟弟 Tub

P.S. 很对不起燕姐姐，我回信迟了一点。②

1993 年 5 月 28 日

信 5-11 番妻嘱托伍征阶带侨汇回乡

冬燕女：

你好！蓝瑶姐姐和冬燕，我已经收到你们的信和照片了，照片挺好

---

① 2007 年 10 月，村民伍冬燕提供，此信是泰文信，我请人代译为中文。

② 2007 年 10 月，村民伍冬燕提供。此信是泰文信，我请人代译为中文。

看，很高兴能看见他们长大了，希望他们快点毕业。征阶爷爷也收到你们的信了，不用担心。我让（征阶）爷爷帮我送钱给你们，在春节的时候了400港币，希望你收到后快点回信给我。还有那些孙子的学费，以后再汇给你们。我看见孩子的照片真的很高兴，连眼泪都流了出来。冬燕真的很厉害，能养育3个孩子，希望孩子继续努力学习。还有自行车的事情，姐先帮我买给孩子吧，以后还你钱。孩子的学校很远，如果要走路去的话应该很累。还有一辆自行车不能坐3个人。我前几天感冒了，现在恢复了一点。现在泰国很多人生病。希望姐和冬燕注意身体。我也很担心在中国的人，因为你们还要养3个孩子，还要送他们上学。给他们教育是最好的东西，这让他们的未来有美好的生活前景。在泰国的孩子都上学了，这真是我们家的幸福，每个孩子都爱学习。

最后很高兴姐已经平安地到中国了，在泰国的人都很想妈妈、姐和孩子。祝你们快乐。

落款（略）
1992 年 12 月 20 日①

从上面几封信中我们注意到，番妈称呼伍冬燕的母亲为姐，呼伍冬燕为女儿，番妈所生的子女也称伍冬燕母亲为妈，称伍冬燕为姐。反之，伍冬燕也称番妈为妈，称番妈的子女为弟、妹，在亲属称谓上并无什么特别之处。

从伍冬燕的个案来看，她是父亲在家乡唯一的孩子，但因为她是女性，承受了更多的压力。为了照顾母亲的生活，伍冬燕与丈夫一直居住在南村，她孩子也是在南村长大的，但这些孩子都没有改姓，这就表明伍冬燕的婚姻不是入赘婚。伍冬燕成家后仍选择在娘家生活主要是出于照料母亲的考虑，这是一种家庭策略。这种家庭生活模式在全部以伍氏组成的单姓自然村是独一无二的，在这个村子并没有入赘婚的例子，因而伍冬燕母女在南村的生活比较低调。伍冬燕的户籍一直还保留在这个村子里，她与丈夫在村里是出了名的农业能手，有村民形容他们夫妇俩干起活来十分拼命。低调做人，勤俭持家成了伍冬燕一家的生活哲学。

伍冬燕的父亲与她的大伯父、三伯父侨居泰国，而留在家乡的是她四伯父，过去她父亲还在世时，他和冬燕的大伯父一起寄钱给家乡的祖父，再由祖

---

① 2007 年 10 月，村民伍冬燕提供。此信是用泰文写的，我请人代译为中文。

父转交给伍冬燕母女。自从伍征琚过世后，伍冬燕母女得到的侨汇再也不如从前了，只是大伯父一年两次会寄回一些钱。

从伍冬燕的个案中我们可以看出，伍冬燕的母亲自从选择留守后就面临着许多生活的困难。首先，伍冬燕的父亲在冬燕刚长大成人时就去世，自1950年离别后就没有再与伍冬燕母女见面，她母亲含辛茹苦地将其抚养成人。其次，对于伍冬燕的母亲许氏来说，虽然嫁入了一个大家庭，但她没有生育男孩，只有一个女孩，这导致她在整个家庭乃至南村这个宗族社会中的无力感。她曾经说过当年为什么没有选择改嫁："如果改嫁去作别人的后妈，那我的孩子怎么办，不过现在老了也没办法了。不靠我这个女儿我就惨了，反正就很辛苦了。"有趣的是，在这个大家庭里，伍征琚与大哥、三弟都侨居泰国，但这三个人都在家乡留有家室。老大的唐山妻是原配，没有生育儿女；征琚是老二；老三结婚后自1950年就不能返家乡，直到1970年左右才再返家乡，而且与将近40岁的唐山妻生下一个女儿。三个妯娌在很长一段时间里生活在一起，家中很多事都是由家公家婆处理。老人去世后，大家庭的事情主要由留在家乡的四弟掌管。20世纪70年代初期，老大和老三的唐山妻都通过申请去泰国探亲，途经香港而滞留取得居留权。许氏则因为丈夫过世无人支持，没有这样的机会。

冬燕的家庭史让我们看到一个复杂的"两头家"大家庭，各人在自己的位置中谋取不同的生活资本。这些人物所选择的家庭策略合乎情理，无论从当地的社会结构还是从文化传统来分析，它们都塑造了每个人在这个侨乡社区中的人格。

第四节　余波：新移民的婚姻家庭问题

如前所述，"两头家"的社会背景已经发生了变化，文化传统也正在变迁，妇女解放的思想让新时期的农村妇女也不再接受"两头家"式的婚姻家庭模式，但随着移民行为的不断发生，新的婚姻家庭问题还会出现。

我在走访新一代向泰国移民的家庭时，发现有些青年男子因在异地谋生的不安定，也出现了策略性的婚配选择。如上文提及受八公伍家厚照顾的阿辉，在我调查期间，他的父母正帮忙抚养他将近7岁的女儿。这个女儿是阿辉去泰国前与海口市一个女人所生，据说他们已经结婚了。之前，女儿一直由母亲及外公外婆抚养，阿辉在泰国多年不回来。眼见自己的女儿年纪越来越大，阿辉的丈母娘内心也很是焦急，多次与阿辉父母交涉，询问阿辉是否已经在泰国另有家室，如果是请及早告知，不要耽误其女儿青春前程。阿辉的父母对这件事情始终遮遮掩掩，能拖便拖。农村是一个熟人社会，从泰国返乡的人员也十分频繁，大家风传阿辉已经在泰国娶当地番妻，从而方便其谋生，国内的妻子却仍是被瞒着。

从这个例子来看，移民的家庭是极不稳固的，但现在已经不再可能出现"两头家"那种情形，即两边的妻子都安于现状。一旦这件事情败露，国内的婚姻会随之结束。

另外有点类似的情形是泽君的情况，泽君是前文提及的泽观的弟弟，他已经在泰国多年，拿的也是93师的橘色山民证。他现在从事导游职业，之前获利颇丰，但近期行情也不景气。我前几次前往南村调查时从没听说泽君已结婚有儿女，村里人也不知晓。最后一次下田野时，泽君的父母带着一个年仅4岁的小女孩，他们承认这是泽君的女儿。原来泽君在前几年曾经返回家乡做生意，在海口结识了一名女子，后来该女子为他生下这个女儿。他们是否已经正式结婚，泽君父母闪烁其词。这个小女孩的母亲不久前也去了泰国，与泽君一同生活，做导游生意。但据泽君母亲所说，这个媳妇在泰国居住似乎不太习惯，因为当地谋生环境也不容乐观，两人都没有当地合法身份，不知会不会回国。如果这位女子决心回国，那么泽君的婚姻可能又会发生新的变化。

南村新一代还在延续着祖父辈的足迹前往泰国谋生，他们的婚姻选择和家庭策略可能将出现新的变化，但无论如何，新一代人始终与自己的家乡保持着千丝万缕的关系。

本章小结

本章主要讲述了至今仍住在南村的几例华侨妻的现状。韩蕾淑为照顾家婆而留下，在20世纪70年代南村人移居香港的高潮时期，她没获得丈夫的同意，也就没有移居香港。家婆过世后，韩蕾淑已到暮年，孤苦伶仃，仅靠娘家人的资助过活。洋湖二婆、韩秀英则得到大量的侨汇而衣食无忧，但在精神上也无聊，空虚寂寞。陈红英、韩忆瑾，还有倩君（秀英夫家弟媳）等人移居香港，靠着香港良好的福利也过上了有保障的生活。生有儿女的华侨妻现在也多倚靠儿女及后代们，如惠樱、菊英。这些"小人物"也是特定历史时期遗留的最后一批华侨妻。她们的故事仍会长留在侨乡人们的记忆中。

　　"两头家"的后代们也受到这种家庭形式的影响，两边的后代联系并不多，冬燕是一个努力维系两头的"家"的关系的例子，这也是她与母亲的生活策略。唐山这头"家"对于维系这种联系是充满热情的，但在国外的第二代亲属渐渐被当地社会文化所同化，淡漠了对父亲故乡的认同。这也是老一辈华侨不愿看到的事，但这又是无可奈何的发展趋势。

第六章

"两头家"的经济、社会与文化分析

第一节 "两头家"的经济背景分析

一 侨乡经济

南村全村有 600 多亩地，现在很多田地荒芜着，水利设施年久失修，农业生产远没有集体经济时期红火。人均才 2 亩多一点田地，后来分田到户后，人们从事农业生产的积极性就不高了。很多外出不在村子里的人的田地都让人帮忙种了，而不少的地就荒芜着。据我统计，现在村中以农业为主的农户只有21 户，占户籍总户数 71 户的 30%。因而南村村民的经济呈多种形式。

首先是侨乡经济。泰国、中国香港甚至澳门的亲人的侨汇可以让南村的侨眷们过上衣食无忧的生活。

除了境外的侨汇收入外，南村人外出打工的现象也较为普遍。现在的年轻人大多不在家乡务农，一般去外面打工。这些外出打工者一般是年轻人，他们一般在海口、广东沿海一带打工。尤其深圳、东莞、佛山三地居多。这样的打工又分很多种。男孩子一般到广东沿海的工厂打工，有的做模具，有的从事广告板制作，因为他们的文化水平较低，一般只读到初中水平。而女孩子较聪明和漂亮的一般到深圳打工，因为本村在香港有着复杂的社会网络资本，久而久之，这些女孩中很多人就通过各种渠道或经人介绍后嫁到香港。

还有一些人从事各种非正规职业，有的靠捡柴卖柴火过活，有的则靠到处讨好有钱人，从番客那里得到一些小钱做零花钱。还有一个在村子里饱受恶评的人，他近期专门以偷卖村集体甚至个人的树木为生。

当然也有许多人有稳定的职业。伍世志是 J 镇上的理发师，中午工作完后就回到家，而他妻子主要是种田。也有人做厨师工作，每当村落方圆几十里内有红白喜事时就会十分忙碌，这些工作往往是夫妻中一人去做，但闲时就会帮助丈夫或妻子干农活。我还了解到外出照看老人做家务、做保姆的人也有不少。例如，伍家昌到海口帮忙照看一个男性老人，一个月800元，包吃包住，拔花生农忙时他也回来帮忙，他的老婆则在家种植点瓜果蔬菜，还养了几头牛，这次回家他也介绍他老婆做类似照料老人的工作，但他老婆考虑再三还是没去。一是因为她习惯了农村的生活，二是她有一个孩子还在家读书。而伍才念的老婆，也是在W县城帮忙照看老人，一个月大概600元，也包吃包住，在拔花生割水稻的农忙那几天她也回来帮忙了几天。伍才念他们家算是比较辛苦的，平时他妻子在外帮助别人照看老人，他一个人撑起这个家。83的老母亲跟着他生活，他有一个女儿毕业好多年，有一点羊痫风病，因而很难出外找工作，迄今也没有找到婆家。他儿子已经18岁了，在家还没事干。伍才念的舅舅平时开三轮车载客去镇上，回来后还得操持农务活。

此外，村子里还有部分人是退休回到农村居住的，如家壮，他是Q市某局退休人员，他的退休金每月将近1300元，但因为各种原因他老婆至今还没争取到退休金；伍世伟夫妇都是农场退休人员，每人每月的退休金才1000元左右，他们平时也种点花生等；伍征丘夫妇也是退休人员；伍家朝也是退休人员；伍家慷是农场退休人员；伍传苏是水利局退休人员，他的退休金较高，将近1700元，但他穿着破烂，买菜也十分简单，村里人都爱拿他开玩笑，笑他吝啬，他的爱好是打麻将、看书。此外，他是南村纂修伍氏族谱最积极的人。有些退休老人偶尔会回来，如从Z市水电局退休的伍家贺。而乡镇的老干部如伍家珍，每个月的退休金有2000多元。还有伍世伽也是经常回农村的。

南村的交通工具是三轮车，车主平时大多是赶集那天载村里的人去赶集，平时很少在镇上做生意，其中有几辆车的车主是务农的农民，平时到赶集那天载客补贴家用。此外，各家各户基本上有摩托车，村子与镇里的联系是紧密的，而村子里的人群主要是老人家。走路和骑单车上街的人几乎没有了。

二 侨批、侨物

侨批又称番批、银批，现称侨汇。侨批一词中的"批"字多在闽、粤、琼使用，且有着深厚的历史渊源。"批"，源自闽语言，所指即"信"，泛指书信、信函，福建闽南（包括厦门、漳州、泉州三地），方言读"信"字，谓之 puě（音"普唉"）；福州方言则读作 piē（音"撇"），因为谐音关系，故书写时用"批"字作为注音字。① 陈达在研究中也讨论了当时汇款的方法："批信局或批馆是华人汇款回国最重要的机关，这种制度可以简述如下：四五十年前华侨往往托亲戚或朋友于返国之便带些银钱回家，后来有些人以为这是有利可图，便以汇寄银钱为职业，他们专为旅外侨商寄钱回国，取一笔手续费，这些人同时做些生意，把国货运往南洋去卖，或把南洋土货运回国内销售，他们就叫'水客'，有时或称南洋客。"②

侨批是联结"两头家"的重要经济基础。侨批业在 W 县已有 100 多年的历史，侨批对帮助海外华侨给家乡亲人传递信息、解付汇款起着重要的桥梁作用。前文提及，南村的经济主要是外洋经济，这是很重要的经济来源，也是村里务农的人较轻松的原因。而南村有 60% 以上的家庭有侨汇收入，虽然随着第一代华侨的老去，侨汇的数量和分布正在减少。现在华侨往家乡寄侨汇一般是一年两次，一次是春节前夕，另一次是农历七月十五中元节前。其他的侨汇则根据具体的事务来寄，如生老病死、婚丧嫁娶等。下面摘抄几封侨批，借以了解华侨与亲人们的互动。

信 6-1 嘱托侨汇分配

征锐弟收阅启者：

前由世伟侄交来一信，阅后得知世城侄弃世。愚兄等非常悲痛，但愿吾弟要保重身体。现愚兄在外各人身体平安免念。现随信付回港币一万七千六百元。内征益三千一百元。交姨姊母两千元，六姨姊五百元，阿事三百元，阿金女三百元，但要她复信也。家龙妻两千元。内三姊寄两千元，分征锐弟一千元，分里家嫂两百元，次嫂两百元，次姐两百元，春欣两百元，黛菡两百元。存一万零五百元。内交里家妻两千五百元，次姐六百元，冬燕母四百元，冬燕四百元，黛菡六百元，春欣五百元，世传两百元，荷湖嫂、世伽、世深、家容、世鸣、明滔、璐颖嫂、银萍各一百元。交世城妻五百元，泽谦五百元，尚存三千五百元你自己应用，即此告知。范四阅（里家春欣、冬燕、黛菡、次姐、征锐弟）。

即此敬请均安。

愚兄征阶字

一九九六年农历十二月初十③

---

① 李天锡：《也谈侨批的起源及其它》，《华侨华人历史研究》1997 年第 3 期。
② 陈达：《南洋华侨与闽粤社会》，商务印书馆，1938，第 87~88 页。
③ 2007 年 9 月，村民伍征锐提供。

信 6-2 资助建屋

征锐弟收阅启者：

久未付信，料必吾弟及家中大小各人身体平安。愚兄及家中大小诸侄儿女等身体平安，生意依前，勿念。

至于吾弟前要求帮助建屋一节，现愚兄不要使你久等，现即付回港币五千大元，照信查收，买建屋器材之用。至于你前信提及要建屋 J 镇一事，但此事你自己去决定可也。但建屋费要多少，望你复信吾知之。候至明年春季再付回也。唉，自你三兄去世后，使吾心灰意冷，现写至此，不能多写下去了，即此告知，敬请均安。

愚兄征阶字

一九八〇年十二月十日①

信 6-3 嘱咐来泰事宜

家壮弟：

你之担保手续本月十二日往移民局办理清楚，大约十五天后随外交公文袋寄往泰驻华大使馆，依次序寄给你，希你候佳音。昨日四嫂托征方侄带回港币两千元，春节期中回家领取为购机票之需，从广州或香港来泰，希请教识途老马，不但可省去若干时间，也免破费不必要的小费，所需肾结石药品，到泰后可请教医生，方购不迟，际此春节将届，顺祝举家平安。

兄家厚家梁于灯下圣诞节午夜

一九八六年十二月五日②

信 6-4 寄药慰问病弟

家壮弟：

又是重阳登高的时候了，我写此信时，王维"独在异乡为异客，每逢佳节倍思亲"的感慨诗又涌上脑海中环绕，思乡忆故人常令我感怀。相信旅居海外的中国人，都患着这个通病，也是我们中国人血统关联息息相关的传统表现。希望这种传统美德永远存在我们中国人的血液中，光芒四射。

你所需要的神经衰弱症药并其他药品，前月我已由邮局寄给你，去信你得收否？造成神经衰弱症的最大原因，由于缺乏营养再加操劳过度，是

---

① 2007 年 9 月，村民伍征锐提供。
② 2006 年 5 月，村民伍家壮提供。

其主要因素。今后对肉类必须及时按餐增加，以配合你身体消耗量，单靠药品，那是不济于事的。兹夹上病因及治疗法之资料一份，供你参考为保健康所需。

艺雅姐丈久未落脚曼谷，没缘会面，不能表达你之愿望，相信我努力之下，终有一天使你两鱼雁畅通，末了并祝愉快。

呆兄家厚、家梁手书

一九八一年十月十九日①

信6-5 寄物慰母

母亲大人膝下敬禀者：

来信收到了，各种知悉，甚喜。儿现在外面与媳妇各大小亦如常健康，免念。儿此次返里探大人，两个月之久都甚为高兴。但在泰的开支非常惊人，数目也是入不敷出，包括此次大儿学期学费与字册费、衣裤、饮食费。一共支过一万铢左右。现在泰国物价涨得可怕，此是难以意料的情形。现便由荣兴利信局付回港币一百五十元，请收应用。儿自唐到泰后就上清迈河陂婆请付三千港币给四婶建横屋，河陂婆亦答应了。未知有付没，已去彭世洛梧家石、家军叔祖将家勇叔祖的话转告清楚了。又请代告征永叔大婶，儿去与征永谈话，已有多日，上去松椒与绩叔过了一天，一起谈天说地津津有味。再者代告征础叔他所托的话，儿亦对上湖二婶说清楚了。亦去与嵩叔岳父谈话，他决定中元节后返里，勿对外人说。嵩叔要抵港一事，儿已经与姑母赖谈及了，她决定代办。请放心，三婶谢远峰妻已答应要寄金耳衣裤给三婶。最近彭家村彭兴秋兄要返里，儿托他带相片四张，请查收。又代问世奋弟他的同事需要哪些补品，儿因忙忘记了，请再来信告知。许家村二婆之事儿已告诉家厚、家梁叔祖与世新弟知了。请求劳烦母亲代理此一事，就前世新托儿带回个物件，计有参一两，重绒线五磅，重水布二十条。世新在此，已有吩咐，照他安排分给各人使用。因儿一时事务过于繁忙，世新所嘱的话完全忘记了，真使儿头痛。现想请乐天婶将各物件分给各人。人参分半两给世新母亲用。绒线给妹二磅半，给世阶妻磅半，水布给世阶六条，请乐天婶照交出切勿误。如愿意交出分的话就好了。比如没有愿意交出来，照分各人的话，儿在此要照价赔钱给世新作为损失。因我忘记了他的嘱咐的话，我亦愿赔偿。不管乐天婶愿意与

---

① 2006年5月，村民伍家壮提供。

不愿意的话，急急来信示知，勿误。此次由邮政付给四姊药品小二樽，有否收到？另寄家容叔祖针药水有否收到？下次还有再寄。下室次姐的屋事明夏叔祖亦清楚了。又家乔叔祖亦答应要付四五千港币回修理屋事，明年他三四月清明节间回里与四姊相会，请安心。

　　祝大人福安

儿世福拜上

一九七三年七月二十四日夜写[1]

　　侨物在侨乡的历史上曾发挥着重要的作用，尤其是三年困难时期。村民伍世志回忆说，当年他叔父伍征昊（此人也就是伍世志父亲伍征琉同父异母的弟弟，前有提及，他早年被送回兴中小学学习中文）寄来的大米，还有铁桶装的猪油，这些救了他们一家人的命。当时物资紧张，不少村民在那个时期饱受饥饿煎熬，有些村民就此饿死。

　　华侨寄的侨物主要有几大类，大多数物品在国内物资紧张时期不易购得且多为南洋出产的特色产品。

　　第一类，药品及补品。如追风虎骨丸、标油、棉药布、胃痛丸、百草油、祛风油、黑猴膏、茄楠药水、保心安油、红花油、万金油、整肠丸、神经衰弱症药、肝精针水、哮喘丸、H-3针水、阿胶、胃仙U药丸、B12针水、鱼肝油及各类抗生素药等。

　　第二类，金银饰品。如金项链、金手链、金耳环、公头（指佛像的胸饰）等金银饰品。

　　第三类，皮带及纺织品。如衣裤、布料、毛毯、皮带等。

　　第四类，食品。如大米、麦片、食用油、糖、饼干、咖啡、牛奶、麦乳精等各式各样的物品。

　　第五类，贵重物品。20世纪70年代通航后，华侨常给亲属们带回贵重物品。但每一次入境个人只能携带三件贵重大件物品。早年的侨乡有"三大件"的说法，从最早的"收音机、缝纫车、自行车"到后来收音机分别被录音机、电视机取代。

三　祖屋

　　W县的农村住房，一般为庭院式布局，由正屋（主屋）、横屋（即庑廊）、

---

[1]　2007年10月，村民伍世奋提供。

围墙、门楼（有的只有小门）组成。有一家一院的，也有数家顺序连在一起的大院，有些一边是厢廊，有些两边都是厢廊。房屋一般坐北朝南，也有坐西向东的，随居住地形而定。住房的格局大致如此，具体情形要看建房者的宅基地的大小、形状、地形、风水，还有家主的经济状况以及实际需要等因素而定。

图 6-1　南村的祖屋

南村的情形也大致如此，除了民国时期地主伍家材建起了一幢两层楼外，全村都是这种传统的模式，即便是伍家材的那幢楼，两层楼也只是建在横屋的位置。而主体部分还是传统式的正屋，因为正屋才符合农村人放置祖宗神主牌的习惯。南村房屋大门上方刻有文字，以示吉祥。如门朝南则写"熏风南来"，门朝东则写"紫气东来"，门朝西则写"爽气西来"或"金龙西飞"。近年来，有些人在村的外围盖起了平房，但这些平房只有居住的功能。他们往往保留原来的祖屋，祖屋是几个兄弟合用的，祖屋的主要功能是放置祖宗神主牌。一年四季，大小节日的各种祭拜仪式多在祖屋进行。祖屋的祭祀功能一直维持着。有些人不再居住在祖屋了，即使它破旧不堪，也没人去维修，因为这是兄弟们共有的，大家都不愿意出钱维修，因而维持现状。同一祖屋里的后代虽在经济上分家了，但祭祀的场所不分家，如春节大家都回祖屋来祭拜祖先，只不过错开时间罢了。

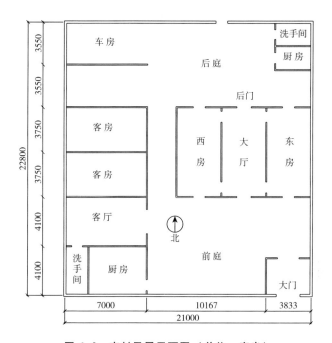

图 6-2 南村民居平面图（单位：毫米）

图片来源：作者绘制。

我也看到村子里有些不和睦的兄弟，对祖屋的问题置之不理。有些祖屋用来放置农具和杂物等，有些祖屋用来养猪和鸡，有些祖屋干脆闲置着。

至于经过几代人才把香炉、祖宗神主牌分家，村里的人说法一般是三代以上才分。而惠樱婆告诉我，她夫家的曾祖父伍开都出南洋创业，赚了不少钱，回来建了一排房子，一共三间，他三个儿子伍传坤、伍传昂、伍传浩分别占一间。后来，三兄弟成家生子，但妯娌之间不知什么事不和睦，三兄弟就分家了，神主牌也分立。后来，这个家族的男丁损失很多，有的因祸因病死了。惠樱婆的家公家方只生了一个儿子伍征昇，伍征昇和惠樱婆也只生了一个儿子，即伍世京。

下面是我观察到的侨乡祖屋的几个特点。

第一，在农村，新人一般会占据正屋，而老人一般让出来，住进旁边的横屋。辈序长或同辈年长者住在东边，反之则住西边。

第二，村民们一般都不愿意修祖屋，因为维修祖屋的钱要大家一同出，修好又属于公用，这样就不太容易协调。所以，五代之内共用的祖屋往往得不到修缮，显得较为破旧。

第三，在农村做房子有一套十分烦琐的礼仪，要请风水先生来看，将全家大小的名字都填上，然后再选择良辰吉日。

第四，华侨捐资修建的祖屋一般较新，很气派，但修完后经常空置着，交由邻居代管。

一个没有得到华侨兄长资助修建祖屋的村民伍家慷向我抱怨他的兄长：

> 我的兄长不济事，他9岁就去泰，后来几十年也极少过问老家的事。前年在征阶的鼓动下回了一次家，那时这个房子还没做好。几个父兄出来散步时来到我家，他们都说我兄长应有责任出点钱把这房子修一下，他当场答应了。可是他一走后，我修房子都是在外做工的孩子们给的钱，他一点也不给。
>
> 唉，别说了，他就是不济事啦。前一段说要我们去探亲，我把护照都办好了，他又打电话回来说那边有事不必去了，我们也只好算了。①

祖屋是华侨对于"家"认同物化的象征空间，这里承载着他们对祖先的崇拜、子孙后代香火不绝的期待，也包含着他们对故乡生活方式的怀旧。从另一方面来说，祖屋的修建也是华侨光宗耀祖的一种炫耀心理。在很多的侨批中，华侨对于祖屋的修建倾注了极大的心血。

信6-6　修缮祖屋

征锐兄：

> 去月接兄来信，拜读后得悉在里情况，本欲早复，奈因年关在即，工作繁忙，迄今方能执笔成书，料必工作遂志，贵体安适，以慰远念。弟旅居佛邦，客体粗安，希免介意。
>
> 据兄来信所述，弟室宅周围及照壁前，素来路面坎坷不平，经不了雨水常年冲刷，地基崩塌，窟窿甚多，比前尤甚。拟代弟从大宗祠建筑一道拦水堤，又从照壁前接建堤道到排水沟，免受雨水冲击。况且咱村前所建之长堤，剩余石头甚多，弃之可惜。倘建成后，可保持水土不失流，虽日积月累对家室也不致造成损失，使之一劳永逸，足见吾兄设想周密，经验

---

① 2007年11月，村民伍家慷在家中口述。

丰富，兄一片隆情胜意，永铭五中。异日返国，当面致谢忱，兹值世炎侄
归国之便，托他带回港制补丸三千粒，届时领收，并望兄代主持建筑事
宜，直到竣工，以慰远虑。顺此敬祝近好！

弟征益谨上
一九八七年十二月二十日①

上信中的伍征益出生在泰国，但他的父亲教育他不忘家乡，后来他成为泰
京伍氏宗祠的理事长。上信即他委托伍征锐代管建房之事。在我走访期间，这
幢新房常年无人居住，只有征盖母亲家的亲戚逢年过节来上香打点房子。

信6-7 劝邻改建祖屋结构

家珍叔：

近日可好，各事如意吗？

我有一事要麻烦你了，是因为你上庭院那间屋子的脊对准我屋尾的中
宫。为什么我今天去信同你商量这事呢？因为我回家时没有时间请多位懂
得这方面的人士看，后经过多位人士看，确实需要同你商量此事，我想你
及你家人商量能否同意拆你上庭那间屋子，重新做平顶。或如何改，我问
过帮我看屋的人士，你的屋子这样改，对你们家完全不影响，只有好没有
坏处。望你及你的一家成全我的要求，我及我的一家感激不尽，永记于
心。其改建所需的一切费用由我负责。家珍叔，人生如戏，我现在还正在
接受治疗，此告。敬请家珍叔复信是盼。

顺祝安好。

侄世园书
一九九八年八月五日②

上信中伍世园疑伍家珍家屋子影响其屋风水，故而询问伍家珍能否改建，
如果伍家珍愿意改建屋子，所需费用由伍世园负责支付。后来我返乡时，此屋
确实已没有了，伍家珍遵从邻居的要求和建议拆除了房子。这可以看出南村华
侨对于乡村一整套的风俗习惯仍是十分笃信。

---

① 2007年9月，村民伍征锐提供。
② 2007年11月，村民伍家珍提供。

203

信 6-8　扩建祖屋

家璘叔如见：

来信收阅，并及时寄去五百元报知意见。在此侄与在港征皓哥联系，他同意协助修建横廊室，但这次要把门头建坚固耐久，门一定要有门闩（铁制闩）。并在开工前，去信或电报叫陈流舫姐夫回南（村）磋商修建，在令做中不争吵，以免众人笑话。现依叔父预算数目随信寄上港币一万三千元整，见信查收。以应修建房室之用。关于征星兄建室我家地基多少，请来信告知，母亲准备去信与他说明道理，回头是岸。专此即祝众安。

侄伍淑娴

一九九四年八月十八日[①]

信 6-9　嘱托做斋之事

亲爱的（家）璘叔及大婶：

你们均好，自从我母亲去世后转眼之间又将近一年时间了，我未给璘叔回信相知，在外我及各人均好，勿念。

璘叔，关于我三哥前次回家做屋的问题，已初步与璘叔商量了，并前两个月也前来泰国与征原谈话。征原说他要叫下湖外家世治的女子爱人去你南村与璘叔打价钱，据世治婆说需要港币八万元，是吗？世治婆已经告诉给征原了。美欣婆也想打电话给三哥知。

再的，我明年想回家做斋给我妈的事，明年哪个月份好，需要择看日在前，还是等回家后才择日呢？我不懂这个事，望璘叔回信来告知。

侄女伍淑娴

一九九八年[②]

信 6-10　向侄求助建屋银两

亲爱的征原、阿嗟、阿叻侄收阅：

逢春节之际寄来人民币八百元，应年关之用，侄都念看家乡故情，叔已收到，欢喜万分。但是很久没有接到侄的来函，很是想念。侄大小各人在外的身体如何？近况怎样？

旧的年月已过去了，新的岁月将至，祝侄各人吐旧纳新之福，万事胜意，生意兴隆，玉体福安。

---

① 2007 年 2 月，村民伍家璘提供。
② 2007 年 2 月，村民伍家璘提供。

如是兄嫂在世之言，欢喜万分，兄嫂为弟成家已有二十多年了，叔的长儿已在谈对象，在什么时候结婚尚未决定。拟定后方向侄报喜。一切都是侄的父母之恩德，使叔惦念不尽。只是叔的房屋败坏，都想从头修理，叔的身体老迈，存积有限，叔向侄求助人民币3万元，侄的意见如何？在里各人的身体依常，免介。余言后述，顺询福安。

叔伍家璘①

上面这封信是伍家璘写给在泰国的侄子们的，主要目的是希望他们能资助自己3万元以修建破败的老屋。伍家璘的屋子与信中的侄子们的祖屋连在一起。直至我2007年11月离开南村，伍家璘修建房屋的愿望还没有达成。

从信中可以看出伍家璘表露出让亲戚助其修房之意愿。伍淑娴的父亲是伍家飞，征原的父亲是伍家星，家飞、家星的祖父伍开智与家璘的祖父伍开诚是同胞兄弟。伍家璘与伍淑娴、伍征原等人的祖屋是连在一起的，因而要兴土木的话，就必须连伍家璘的房屋一同修建。我调查期间又听闻，伍淑娴的两个兄长伍征学、伍征皓不和，这其中复杂的关系让房子迟迟不能动工。伍家璘把希望寄托于华侨身上，最后也没有结果。

从中也可以看出侨乡人对华侨的依赖心理。下文中伍家璘还与伍征学的妻儿们一同操办了一次"大斋"。

信6-11 寄钱资助"做斋"

家壮弟：

来信早收安，迟上作复，也许你望穿秋水了，钱并不如你们想象中那么容易，为达你目的我也学诸葛亮舌战群儒。

凡事宜分辨急缓之需，住室为"衣食住行"四行之一，你反云抓紧时间及时兴建，反使物价飞涨，工资高升，应得的成果反而降低。这是你处理大事过失之证明。反把"建醮"超度先父母亡魂列为首要，有否先后倒置之感，孝思不匮，难为人子之孝道，这属小节，那一时节均可，你太郑重其事，使我掷笔之叹。凡事宜面对现实，我对先人也有孝思，但常感"祭之无不如养之原"，未悉你有同感否？

兹付回港币七千元，弥补你为修理住室之需，如无數，不可削足适

---

① 2007年2月，村民伍家璘提供。

205

履，希早日兴工，免物价飞涨影响工程进行，是言。并祝近好。

兄家厚、家梁暨侄征昭潦草灯下

一九八九年十一月二十七日①

信6-12　嘱侨汇分配之事

家壮弟：

俗说"年近月满"，说明春节又将接踵而来，虽在泰国，应景的年货琳琅满目，充满唐人街的每个角落，一遍欢腾气氛，市人追忆在里过年的乐趣，永在追忆。

兹将名单列下，恕无称呼。家超及妻400元，家壮及妻400元，征昇妻200元，世京200元，征耀妻200元，传荪、家珍、征玄妻、世轩、公八、公九、公十、世桦、世尧、世慧、征著各100元，才峰、才桐妻、新丰妻、阿凤各200元，喜悉世桦之男有燕尔新婚，并祝赠300元。

代告家超弟，我前月和流彩侄婿会面，并转告他："家超有意修建围墙和大门，苦不存积，希望你和我帮助他完成他之愿望。咱二人各负责其半。"他便对我说，他必须和阿二磋商，方可决定。迄今两个月尚未接他之电告，今将他之电话号码列下（略），楼上（略），希家超弟直接通话，可能奏效。

四嫂寄2000元，承她口告，蛟湖村仅交200元，余者依老例分派，兹将人民币5000元，希届时依列分派，值此金猪降临人间，并祝你万事如意。另，家容100元，家昀男200元。

兄家厚潦草

二〇〇七年一月二十一日②

四　道义经济：华侨资本

"道义经济学"是詹姆斯·C.斯科特研究东南亚农民政治活动和反叛基础的一个关键概念，他用这个概念来揭示如何用对饥荒的恐惧来解释农民社会许多奇特的技术的、社会的和道德的安排。在柯群英的研究案例中③，在各种利

---

① 2006年2月，村民伍家壮提供。

② 2006年2月，村民伍家壮提供。

③ Kuah Khun Eng, *Rebuilding the Ancestral Village：Singaporeans in China*, Aldershot, Brookfield：Ashgate, 2000.

益和文化的推动下，华侨、地方政府、华侨眷属三方都被卷入这种捐助的道义经济学的循环圈中。华侨不得不参与到这项事业当中，如果他们在这方面吝啬，他们会遭到家乡眷属及邻居的冷嘲热讽。对于地方政府官员来说，每年华侨的捐献、地方基础设施都是其实在可观的政绩，因而他们为了争取华侨经济上对地方的捐助会不遗余力。张继焦以其家乡海南省琼海市为田野调查点，收集资料，试图建立一个解读非正式制度的范例。张继焦在调查中得出的结论是："海外华人对侨乡的侨汇、善举与投资，包含了海外侨商与侨乡之间多重的交互关系。最根本的一点是，无论是海外华人对侨乡的侨汇、善举，还是投资都不是孤立的现象，而是植根于侨乡的社会经济关系之中的。海外华人对故土的乡情、亲情等认同感与投资营利是互相混合的，其中包含各种各样的关系。"①

改革开放后，华侨成为一种特殊的社会资本。华侨的眷属也因而在国家政策上享受了许多方面好处，如升学、就业等。在现实生活中，华侨眷属发生的纠纷与困难总是成为地方政府优先解决和照顾的事务。

现代城市生活可能使许多华人移民感到侨乡关系正渐行渐远。我们从现代华人中产阶级的邻里关系中很难看到以前那种特殊的劳动力输出链条，但这种链条仍在乡村社会存在，如李明欢对温州农村的田野调查就显示出这种劳动力输出之间的联系。②

然而，从侨乡本身来看，他们希望与已侨居海外数代的乡人重建联系。柯群英对福建安溪侨乡的研究显示，当地实施了一些文化政策以推动新加坡华人参与家乡的经济与社会发展。当地每个侨眷家庭都有义务参加这种"道义经济"，其目的是让新加坡华人资助家乡的公益事业，这种活动在当地被看作一项公平的招商引资活动。在安溪，这项活动已经取得了一些成绩，通过帮助他们发起大型的祭祖以及重建宗祠等活动，安溪人已经成功地把新加坡华人进一步整合到这种"道义经济"之中。③ 但这些活动很难重建传统文化，它更代表了一种如童话般的美好幻想。

2001 年以来，中国经济高速发展，东南亚国家经济的比较优势不再明显，我在调查当中也经常发现这样尴尬的事情，有些华侨能回乡一趟在经济和精力

---

① 张继焦：《市场化中的非正式制度》，文物出版社，1999。

② 李明欢：《"相对失落"与"连锁效应"：关于当代温州地区出国移民潮的分析与思考》，《社会学研究》1999 年第 5 期。

③ Kuah Khun Eng, *Rebuilding the Ancestral Village：Singaporeans in China*, Aldershot, Brookfield：Ashgate, 2000.

上已实属不容易，但他们还得面对各种群体渴望的眼光，他们当中有些人不得不躲了起来。我就曾听房东七弟述说他妻子家亲戚一个令人啼笑皆非的故事。

> 我老婆的伯父一个人从泰国回来，什么也不带，穿得比我们还普通。说真的，我没见过这样客啬的华侨，他每天早上不敢下来喝茶，我想他是怕过钱（付钱）。这里的乡亲父老又多，哪个华侨回来喝茶时不是大家围着坐得满满的。你说其实大家现在也是不缺吃缺穿的，谁会在乎喝他的那杯茶。所以，你说好笑不好笑，他每早就让我去下面帮他买碗"抱罗粉"①。

这个华侨或许在泰国也只是一个普通人，在经济上并没有那么富足。他在清明期间或许也是花费不少盘缠才回乡祭祖的。但在侨乡民众的心目中，华侨已经变成一种特殊的文化象征符号：他们出手阔绰、衣着光鲜、对家乡的事业和亲友慷慨大方。可是事业有成、衣锦还乡的华侨毕竟只是少数，而那些在泰国普普通通、经济上没什么成就，年老后只能靠子女的老华侨的经济情况或许并不比国内的亲友好。华侨之所以要返乡，动机可能是多种多样的，但很多华侨是想了却一个心愿，即回乡拜祭先祖、慰藉心灵。他们生活在侨居国，但内心还惦记着故乡，这是一种家园情怀。这样一种文化动机经常被一种"道义经济学"所冲淡，华侨回乡如能捐助地方事业、资助亲友，那么在乡村舆论中他们会得到诸如"光宗耀祖""饮水思源""爱国爱乡"的好名声。但正如柯群英的研究一样，形成这种"道义经济"后，一旦被拉进这个关系网络中，就很难"脱身"。那些经济能力勉为其难的华侨就会处于十分尴尬的境地。

在 W 县一带侨乡广为流传这样一句当地闽南语顺口溜："久久不见，久久见。久久不见就相思，久久不见就想泣。久久一见就欢喜，久久一见就花钱。"这句民谣反映了 W 县地方文化中浓重的人情味，但这种人情世故后面又隐藏着许多迎来送往、亲近远疏的交换互惠和社会关系。华侨的返乡行程常常伴随着这些琐碎的故事和烦恼。

改革开放之后，海外关系成了一种时兴的社会资本，侨乡人不仅可以名正言顺地以拥有海外关系为荣，而且纷纷通过海外关系争取更大的发展。政府强

---

① "抱罗粉"：海南著名地方风味小吃，以大米粉条配靓汤及多种佐料调制而成。

调"侨"牌经济,侨乡地区"文化搭台、经济唱戏"的策略比比皆是,因而侨乡的特殊性不断地刺激着当地的村民、政府乃至海外的乡亲。民间津津乐道于身为"侨乡人"的种种特殊性,因为从审批出国出境、复兴宗族组织到重修祖坟、宗祠、寺庙,几乎都可以在"侨乡特殊性"的旗号下享受某种"特殊照顾",这种由村民、政府、海外乡亲组成的多重网络是一种无形的社会资本。

南村的公益事业大多靠华侨与港澳同胞的资助,而村子里的道路以及祠堂、公庙、公墓等传统的祭拜场所大多由华侨与港澳同胞捐资来建设。有一年清明节,从泰国、中国香港甚至澳门回来了不少人,因为泰国是南村移民历史最悠久的国家,总计有四五十人是从泰国包机回来。清明节前的 4 月 1 日晚,从事运输行业的伍世寿和儿子把他们的大客车开去海口美兰国际机场接待从泰国曼谷乘班机回来的 20 多个泰国侨胞,车上同行的还有一些侨胞的家人。

接机那晚,因为飞机误点,而且旅行团员多是回乡祭祖的老侨胞,出站的速度十分慢,一直到凌晨两三点才坐上大巴返程回南村。虽然时间已经很晚了,但回到村里的老侨胞们仍精神矍铄,兴致勃勃地谈论返乡的事情,不时还开点玩笑。

经过 J 镇时还有一段小插曲,有几个侨胞在村子里的房子已经破败了,也没有亲人在乡下,所以打算在镇上的旅馆里住下来,但镇上条件较好的宾馆已经被清明返乡祭祖的侨胞住满了。于是,只好仓促地另外寻找客房。更糟糕的是,这时一位八十几岁的老太太说她丢了一个背包,大家就分头去寻找。这时已经三更半夜,找东西找人都十分困难,东西始终没找到。据说这位老太太是南村人的女儿,她从十几岁离乡到南洋谋生后就再也没有回过家乡。她在家乡也没有亲人了,年事已高且活动十分不便,坐着轮椅上下出入。她这次是听说同乡们一起回来祭祖,或许知道自己来日无多,而且一直挂念着故乡,因而就希望能回来看看。南村的海外乡亲平时都互有联络,后来经过联系,老太太得知这班航机是回海南的,并且定好了回来的人数,另外一个同乡考虑到她的特殊性,就与她交换机票,好让她与大家一起同行。老人家浓浓的故乡情给乡亲们留下十分深刻的印象,这个丢失的背包也就更加牵动着大家的心。因为当时人多物杂,而且一直在夜色中上上下下,背包可能被人误拿,一时很难分辨。庆幸的是,后来在另一位乡亲那里找到了被误拿的背包,这位老太太原本失望和焦虑的心情一下子放松下来。

海外的社会资本对家乡的公益事业、基础设施建设贡献巨大,这里详细介绍一下南村的泰国华侨及香港同胞还有留居祖乡的父老乡亲如何联合起来，将兴中小学从困境中拯救出来的故事。兴中小学的发展，反映了侨乡如何利用海外社会资本，整合各种力量全力发展教育事业的过程。

（一）办学：留点遗爱在人间

前面的章节中屡次提及伍家厚在南村公益事业中所做的贡献，他在南村村民中享有很高的威望，在他的信中也多次体现了他为筹划家乡公益事业而花费的心力。在一次访谈中，他用这样的话概括自己的心境："我从贫苦的乡村走出来，现时可以达到这种成绩都是家乡给我的，我现时都是抱着一种'留点遗爱在人间'的心态。"

信6-13　议建校之事，防监守自盗

家壮弟：

我迟迟作复，料你望穿秋水，奈因返后时而违和时而作恙，近日方见痊愈，方执笔写信报讯。去月七日夜返泰赴港时，聚集村中旅港诸昆季。即席阐明兴中学校东西二边横廊崩塌在即，倘无改建，势必危及莘莘学子。并叙述先贤办学惠及族中子弟，为国家储备人才，同时并保持兴学为我们一向的传统美德，引起他们共鸣，决尽能力以赴，完成善举。我返泰后也向诸昆季劝捐，虽非风起云涌，成绩可谓美满，建筑费绝不成问题，已去信吩咐绘制蓝图，开标承建。建校委员会仅负责监工，以防监守自盗，故伎重演。须知筹款不易，务使涓滴归公，勿辜负旅外诸昆季一片热情。

我因为谋衣食，弱冠特南渡异邦，而你正在童年，少和你聚首，仅去年你来泰探亲，方有一段时间。话及桑麻。由于你守贫乐道，墨守成规，满足于现状，对你整个家庭前途影响甚巨，而今觉悟为时未晚。今时来运转，可把你整个环境转变。古谚有云："有百年兄弟，没有百年亲戚。"希寄话某君："将在外，君命有所不受。"你之命运，掌握在他手中，望他认清助人为乐之本。我的子女，今稍成就，实平日行善所致。斯次行色匆匆，来如一阵风，去如一缕云，好似穿霄飞燕。可是某君热情潇洒，给我留着深刻印象。希通过你之口信，顺道向他问好。七兄是一诺千金的人物，对于修理房室之款项，是芝麻小事。盱衡周围形势，审察当前环境，我们反复研究后，最好把伍征峰的事情弄妥，免你有后顾之忧。明年方议

修葺室事，岂不美哉。

顺祝

近好。

兄家梁、家厚于百感潦草中

一九八八年十一月二十九日①

信6-14 七村合议建校

家珍、征成、征越、征锐、彭斌诸昆季同鉴（上述五人为七村兄弟同意选出）：

亲疏故旧、关山隔阻，易惹乡愁是月圆，我们虽旅外邦有年，但对故国永在心头中，故对家乡教育事业视为己责，去春同人归去拜扫先人坟茔，目睹学校围墙崩败，厨房破落，教学大楼窗槛长期受风雨侵蚀，势有脱落掉的一天，况且祖国一到冬季寒威凛冽，学童衣单裤薄，何能抗拒寒流侵袭，发抖受课，那有心得。同人有鉴及此，上述三项工程宜同时着手进行。正当老翁点头辞旧岁，儿童拍手庆新年的春节期中，接你们来信，读后得知你们的构思和我们的方案不谋而合，今拟托征滔任带回港币七万元，即人民币约五万余元，望你们精打细算下，完成上述善举。

关于厨房，最好建在西边，污水易于排泄。但据童年所忆，东西二边范围内，有葬先人坟茔，凡在建筑范围中，宜挖深半公尺以勘虚实，尚有宜举行隆重迁葬仪式，以示慰死安生，精神上得以寄托，心理上得到安慰，苟任性不顾而兴建践踏先人骨骸地下于心不忍，有失阴德，如迁移坟茔成为问题，为变通着想，可将厨房缩入以适应坟茔存在，使坟茔后人和诸委员均感满意，和衷共济，启示后人百忍为全。房顶希建钢筋水泥以固永久，厨房和食厅中间勿建隔墙，使空气流通自如，尚款项不敷，可来信直告约量汇付。

专此敬布，并祝七村昆季快乐

旅泰七村昆季同启

一九九一年二月二十六日②

兴中小学有80多年的历史，主要是南村及邻村共7个村庄兴建而成。其他6个村分别是澄坊村、礼洲村、罗坊村、薛溪村、蓼洲村。前文提到的

---

① 2006年2月，村民伍家壮提供。

② 2007年11月，村民伍家珍提供。

伍家厚、伍征阶等侨领幼年时的启蒙学校都是兴中小学。兴中小学是最早的校名，1950年后曾用过南村小学这个名字。改革开放之后，因为政府的支持有限，学校近年的发展都是靠泰国华侨、港澳同胞的支持才一直办下去。在侨乡教育事业的发展中，海外华侨和港澳同胞全力支持、亲力亲为整合各种社会资源。兴中小学近百年的风雨历程，也经过办不下去的困境。南村隶属于柳村行政村，而柳村行政村有两个小学：兴中小学和光中小学。光中小学的生源主要是洲边村及邻近的村庄，而兴中小学的生源主要来自南村及附近的6个村庄。在我国实行计划生育政策及大量人口外出打工后，乡村社区内适龄儿童的数量大幅减少，2004年一度只剩下100多名学生。同时地方教育部门缩减经费与机构，一个行政村两个学校更是分流生源，于是J镇教育部门计划保留光中小学作为完小，而兴中小学缩编为只有低年级（一至四年级）的初级小学。

面对这样的危机，南村的父老乡亲很快与海外华侨、港澳同胞联合起来，出谋献策拯救这个培育了他们且负载了其强烈乡情的母校。在乡村教育面临经费紧张、师资缺乏和生源不足等诸多困难下，各种社会资源在泰国侨领伍家厚以及南村有威望的宗亲父兄的带领下整合起来，他们有钱的出钱，有力的出力。80多岁的伍家厚老先生一如既往地支持和关注母校的发展，这次听到学校面临的危机，他不顾自己的高龄，旅行于泰国各地，会见各个侨领募集捐款。而他的影响力还影响了南村的"香港客"们，在伍家厚等泰国华侨的号召下，作为迅速崛起的海外资本新势力的"香港客"也成立了兴中学校香港董事会，为兴中小学的发展贡献了巨大的力量。下面是一封伍家厚等侨领写给海南省教育厅的信。

信6-15 向教育厅陈救校意

海南省教育厅长公鉴：

我们是漂洋过海浪迹天涯的一群，籍辖W县J镇柳村大队兴中小学校的校友。今能签得自己的名字，写一张普通的中文信，念懂中文报纸，皆得兴中小学校之赐予。虽寄居泰国数十年，但对故乡的一草一木，样样感到可爱，永志在脑海中。反之，更随日月而俱增。据闻市教育当局曾言，兴中小学五、六年级班次，每班缺额二三人，有意将五、六年级二班取消仅留初级部，同人闻之不胜惊骇。兴中小学为乡中先贤苦心孤诣筹谋建校，迄今有百年历史。在历史的长河中也有一段史迹，同时并筹得一笔基金，创立振南学会，往常为该校添砖增瓦，补其所乏。

倘把高小部取消，莘莘学子须往 J 镇小学就读，程途虽无关山万里，但身为家长者势必陪送迎归，非但浪费时间，况且农村经济收入有限，增加经济负担势在必行。依众人之管见，无论从任何角度观之，有损无益，故此，希望有关当局维持固有班级，不但可慰先贤在天之灵，也解除旅居异邦之群虑，这是我们共同的心声。并祝。

公安

二○○四年三月二十日

一群寄居泰国校友暨七村乡贤敬呈（人名略）。①

在众乡亲的支持以及几位老华侨不辞辛苦的奔波下，兴中小学经过 3 年的发展，现在已成为远近闻名的名校。2007 年有 6 个学生考上 W 县中学（省重点中学）、7 个学生考上 W 县侨中（市重点中学）。这两年学校的师资、校貌和升学率等办学声誉吸引了远近的学生，几十公里外黄洋农场的家长甚至把刚刚读一、二年级的幼龄孩子都送到学校寄宿学习。在这种形势下，柳村村委会的年度总结报告上有这样一段话：

兴中小学打造侨牌，实行三级阶梯筹款建校，即在泰华侨成立振南学会，负责筹款搞基础建设，优化学校环境；港澳同胞成立理事会，负责筹款聘请名师强校；家乡成立校董会，负责筹款实行奖教奖学基金。对聘请的名师，享受套间住房式供给。全校教师实现自来水供应。到今年 4 月份止，兴中小学已筹集 42 万元建设综合操场，改造教师宿舍，购进优质木质课桌、板凳，购进 5 部电脑机、一部复印机，率先在本地区实行信息技术教育。五、六年级的测验试题，本班学生基本会操作。由伍家厚先生捐建 14 万元两层图书馆大楼正在兴建之中，18 万元装修教学大楼资金已在筹集。并投入 0.65 万元资金修建荷湖大桥和 300 米大道，方便薛溪村学生上学。②

谈及现今已成为全村人骄傲的兴中小学，一位侨领这样说："在 W 县侨乡，华侨捐资办学的现象比比皆是，但很多情况是一个大侨商一次投了几十万（元）或几百万（元）后就很少过问了，但这样一次性的支持是不够的，在一

---

① 2006 年 5 月，村民伍世寿提供。

② W 县 J 镇柳村行政村 2006 年总结报告。

次性建设后，就任其自生自灭了。我们村的华侨虽然没有巨富，但支持教育是一如既往的，我们在这里接受启蒙教育，对这个学校一往情深，这么多年来对学校的一砖一瓦、一桌一凳、一草一木都倾注了无数的心血，这在 W 县整个侨乡都是罕见的。"①

信 6-16 与兴中学校同喜

世伽贤侄：

二十一日邮来信件，经已收安，其中夹信相片八张，披读信件及睹相片后，顿使我们喜形于色。有人常说近乡情怯，而我这一位老番古，细观相片后，在下意识的冲击下反感到近乡情浓。不但把时间拉近距离，宛如置身乡中，古人说魂在牵萦梦中，但我还抱一点希望，终有一天还我圆乡之梦。

兴中小学校，从风雨飘摇中走上稳定，从稳定迈进康庄大道。今天能有一点成就，是我们内外昆季耕耘之成果，更希望共同维护之，须知成果得来不易。

从相片视之，众昆季把村前大道建成通途，旧貌变新颜。村前椰树随风婆娑起舞，全村充满朝气，一片祥和景象，连我们旅居佛邦的一群也都感至沾光，临颖依依，即此搁笔。

并祝

阖村愉快

旅泰老叔祖家厚 潦草灯下
二〇〇五年十一月十五日水灯节②

伍家厚在收到乡贤伍世伽寄给他兴中小学的相片后，感到十分欣慰。老一辈华侨怀念家乡的情怀也跃然纸上。

信 6-17 询捐款上名之事

征培兄：

您好。先祝玉体安康，硬朗。万事如意。我等旅外诸事依前，前次我也有交一万泰铢给征阶哥带回捐助村内学校。未知你是否知道。如果没上

---

① 2006 年清明节南村侨领伍征阶口述。
② 2007 年 10 月，村民伍世伽提供。

名也罢了。不要问他们以免多事。春节将至，现付回人民币五百元，内分
二姐两百元，余者您与世瑚侄平分应用。专此顺祝平安。

妹伍永春上

二〇〇二年二月二十六日①

上信伍永春询问自己捐款办学有没有上名的事宜，这也反映了华侨重视名
分的心理。而这也是侨乡道义经济学的一种表现。

在乡村基础教育资源紧张的情况下，泰国华侨、港澳同胞和地方乡贤三股
社会力量分别成立校董事会，在不干涉学校内务的前提下，共同解决学校的经
费和后勤等后顾之忧。每年海外华侨和港澳同胞返乡，兴中小学都是他们最为
牵挂的事业。2006 年他们为学校全部更换了坤甸木（东南亚名贵木材）的课
桌凳椅，港澳同胞则从香港为每个学生订购了书包。华侨社会资本与当地乡村
社会资本整合起来一起为侨乡基础教育的发展提供支持，这是侨乡地区发展基
础教育的典型个案。

（二）侨乡基建

华侨资本对村庄的建设远不止于教育投资。改革开放后，华侨对南村的基
础设施建设贡献显著。2006 年，南村投入 26 万元修建村前大道，工程量大、
质量高。据村民称，在没有修建这个村前大道前，村子里的出行十分不方便。
过去有人去世，棺材都无法抬出，必须从灌木林中穿行。同年投资 1.3 万元修
建一座桥方便群众生产生活。对于农业生产的重要建设，华侨捐了 2 万多元，
在村子的农田里修建了一条沟渠，这是给近年屡遭旱灾的村民带来的最大福
音。除了这些村庄公益事业以外，用来祭祖的祠堂、公庙以及祖坟修缮等事宜
无不包含华侨资本的贡献。

信 6-18　议果园之事

南村诸昆季收览：

际此仲春季节，大地春意盎然，处处充满生机，顺祝诸昆季身心愉
快，工作进步。

敬启者，兹据征滔侄返泰后所述，咱村东队昆季，已将咱村北边一大

---

① 2007 年 10 月，村民伍永春提供。

片土地，即一、二、三房山后坡城市路，北赵巷仔，南到牛车路，立契约租与湛江市李某辟为柑园，将原有树木砍伐殆尽，现用推土机平整清楚，正属栽苗阶段。据云每亩每年有租金收，未悉该地有多少亩，租金每年若干，该款用于何途？所订契约经过村中众昆季通过否？而是两三个人所决定，抑或西队无权过问。缅想咱村自明末礼昭公创村之远，沧海桑田，几度变迁，历经四百年，财虽无旺，可说丁已兴，否则哪有今日之延长世泽，虽有俚俗"东截""西截"之称，但一脉相承，荣辱与共，盛衰息息相关。

众人等虽去国日久，但对村里一切兴革事宜，不因去国日久而淡忘，反之，垂暮之年常感哪有几度夕阳红，东望乡关，不胜神驰。

众人等闻斯消息后，甚感惊愕，盖村后之树木，枝青叶绿，为我们祖先培栽出来的，目的在御北寒冷，为一自然环境屏障。村以山为背，山为村添光。一片葱翠茂盛，蔚为壮观，今滥伐精光，变成牛山濯濯，怎去保持水分，一旦飓风降临，或淫雨成灾，房屋倒塌必在意料中。推其症结所在，皆没有密林挡风所致，正如人体不着衣履以何蔽体，惩前毖后，"大炼钢铁""大跃进"期间，滥伐树木的惨痛教训，应引以为殷鉴，勿重蹈覆辙，"故事"重演造成咱村悲剧。

旅泰诸昆季，并无盲目阻挠村中正当建设，意在望高瞻远瞩，宜权衡成败得失，缘化故园，为我们一向之素志。

希在里诸昆季慎重考虑，能否废约，尚违反契约需赔款若干，希赐示，以释群疑，翘首企望佳音，专此布意。

旅泰诸昆季（人名略）敬书

一九八七年三月二十六日①

以上信件是众侨领得知村中欲出租村子后面的树林给外人种植经济作物后所作出的反应。从信中我们可以看出南村华侨关注乡里发展的恳切之心。据后来村民们反映，这件事情在侨领们的联合反对下夭折。南村侨领在乡里的事业有着诸多的发言权，因老一辈侨领都在乡里度过童年，他们对乡里的一草一木感情颇深。早年因生计和光宗耀祖的原因离乡背井，南下泰国谋生，及至晚年事业有成，老华侨难免萌生怀旧情怀。从我的观察来看，南村的农耕地、林地

并不缺少，但事实上这些资源并没有得到很好的利用，村民的农业经济基本还是单纯靠传统的水稻、蔬菜等农业经济为主，要在管理水平落后的农村实现规模化生产或靠外力的租金给村民带来实惠仍较难实现。

（三）侨资的逻辑

伍宽原是南村里最勤快的农民，他几乎没有得到华侨的任何帮助。对于华侨的汇款及捐助公益事业，他看得非常透彻。华侨每每捐资办学，各种公益事业都是那些乡队干部牵头，但其中更深刻的逻辑是华侨信任的是与其血缘相近的，或交谈投机有共同背景的人。华侨的资本是通过亲缘、血统、房支这种关系十分微妙地彰显出来。例如 2006 年那次伍世强遇难，哪些人捐了款、哪些人组织筹款？这后面总是有一个深刻的逻辑。

在田野调查中，我发现历次华侨捐资款项的管理和使用，基本上由他们同房支的亲人，或村干部来出面。我听说在很长一段时间内，有某些负责人用款不当，中饱私囊，后来被村民写信至南洋告发。从这以后，这位原先处于华侨事业核心位置的人逐渐淡出权力圈子。祖乡这一批乡贤精英，他们掌握着华侨的侨汇资金和话语权，其中某些人往往又握有乡村的公权，在这种多重网络的支配下，以每一次公益事业为焦点，这个权力核心圈子处于各个房支、实力对比不同的博弈中。

如伍家厚每次寄信有一个固定的名单，按固定的配额发给各人多少钱。而收信人一般为其同房支较受信赖的伍家壮。一次，伍家厚的名单出了些差错，漏了一些人，引起村中议论纷纷。没多久，伍家厚又补了一个名单寄了回来，上次漏了的人依例补上。

从以上的案例来看，海外的侨领实际上是这个宗族事业发展的主要推动者，财政和大事的决策大多依赖他们，而家乡的具体大小事务则由村里的精英们（当地人所谓的"父兄"）来做执行人。

第二节　"两头家"的社会结构背景分析

一　宗族

1950～1978 年，南村的宗族文化受到严重冲击。据村民们反映，那些乡里各人只在自家拜祭三代内祖宗，大多数不知道自己属于什么房支，而对旁人的房支也语焉不详。改革开放后，华侨作为一种社会资本为政府所认可，华侨优待政策使侨乡经历了一场潜移默化的社会变革。华侨回乡总是通过各种渠道释放他们的资本，于是以宗族、房支为核心结构的祭祖活动也为华侨所乐见。在他们的推动下，南村的华侨依据旧谱划分人群，组织各个房支的海外资金进行清明祭祖活动。这种活动渐渐推动了侨乡宗族的复兴。

我于2006年清明节期间亲历了这样一个活动过程。清明祭祖那天的程序是这样的，先是全村人集中在一起给南村的创村始祖伍礼昭拜祭，礼昭从Q市的刀坝村移居而来。而后，他的孙子一共四人，分别是伍修仁、伍修义、伍修智、伍修勇，他们繁衍出南村现今主要的四个房支，按顺序分别为长房、二房、三房、四房。发展到今天，这四个房支强弱不一，其中四房的人丁最旺。二房的人丁也不少，听说他们是因为村子里土地面积太小，部分迁至邻近的薛溪村，每年祭祖二房的人还要回南村来祭拜。南村素来有五房之说，除了这四房之外还有一房支叫"长房长"。这一房支的来历是这样的，他们的祖先是南村的创村始祖伍礼昭的兄长，到了第三代，其中有一个同为修字辈的伍氏祖先从刀坝村迁居过来，其实就是投靠其叔公和堂叔他们，而后其繁衍的后代就叫长房长，因其祖先是伍礼昭的兄长。据说，长房长前几年清明祭祖时是不祭拜其他四房支共同的祖先伍礼昭的，但近年来华侨、港澳同胞回来得多，往往出资巨大，因而清明祭祖超越了单纯的祖先祭拜，也是凝聚村中男女老少、贫富、各房支、居住地不同的乡亲的集体活动，在这种活动凝聚力下，长房长一共不到十户人家，人少力薄，于是也心甘情愿地被整合到大的祭祖仪式中去了。

据老人们回忆，这种房支的区分在1950年前并不是很明显，四个房支除"长房长"外都拜祭共同祖先伍礼昭，然后各家拜祭自己的近几代祖先，并没有在一个生活平台上显示各人分别属于什么房支，而只是自己清楚自己的祖先系谱，不太清楚其他人分属的房支。1950年至改革开放前这段时间，因为政治的影响，各家各户只在自己家里不公开地拜祭近几代祖先。而到了改革开放后，政治气氛逐渐变得宽松，泰国的华侨最早筹钱寄回来拜祭。后来在泰国的各房支纷纷寄钱回来作为各房支的资金，各房支的村民在清明节这个民俗的文化展演中开始对自己房支进行自我认同。

陈其南认为，"房"的观念是厘清汉人家庭制度的关键，主要原因是：（1）家、族、家族或宗族的用语本身无法分辨系谱性的宗祧概念和功能性的团体概念，而"房"很清楚地显示出这两个概念的差别。（2）房的核心概念，即儿子相对于父亲称为一房，直接明确地阐明了一个家庭的内部关系和运作法则。（3）房所指涉的范围很清楚地不受世代的限制，两代之间可以称房，跨越数十代的范围也可以称房。[①]

陈其南还把"房"这一个中心概念所蕴含或延伸出来的相关语意范围简单地划分为几个原则：（1）男系的原则：只有男子才称房，女子不论如何皆不构成一房；（2）世代的原则：只有儿子对父亲才构成房的关系，孙子对祖父，或其他非相邻世代者皆不得相对称为房；（3）兄弟分化的原则：每个儿子只能单独构成一房，而与其他兄弟分划出来；（4）从属的原则：诸子所构成的"房"绝对从属于以其父亲为主的"家族"，所以房永远是家族的次级单位；（5）扩展的原则：房在系谱上的扩展性是连续的，"房"可以指包含属于同一祖先之男性后代及其妻等所构成的父系团体；（6）分房原则：每一父系团体在每一世代均根据诸子均分的原则于系谱上不断分裂成房。[②]

庄孔韶在一篇论文中说："我发现成年男人都清楚地了解各墓各房的树系分支。辈分和同一世代均等分房分别构成了汉人社会宗谱的横轴和纵轴，黄村农人不用看宗谱树就会对长幼、房派有精细的认识，连嫁来的女人也很快熟悉了父系宗谱的人际关系。族谱亦如宗族祠堂、祖墓一般，均是同宗乡民在不同场合亲族认同的不同标记。"[③]

这种体会我也在南村的日常生活中经历了。我的房东二儿子在泰国谋生，在上文提到的那次清明节，他携带着泰国籍的妻子回到南村办婚礼，设酒宴款待众乡亲及亲朋好友。他与泰国籍女子结婚是他日后在泰国定居的必要基础。我在酒席上看到这样一个有趣的情节，房东的大儿子是一个底气十足、充满血性的年轻人，他在酒席上吆喝，要四房和长房比酒量。他本身是四房的人，前文提到现在四房人丁最旺，人口最多，势力是其他房支难以匹敌的。但从饮酒来说，长房并不输，当晚有几个年轻人，其中有三人是兄弟，还有一个嗜酒如命的年轻人。四房仗着人多力量大，而长房人虽不多，但个个都是狠角色，当时真是势均力敌，喝得十分疯狂，每方 10 瓶啤酒摆上桌后，双方对面一字排开，一杯一杯地喝。当时场面甚为热烈，也有其他房支的人在看热闹，100 多瓶啤酒一个多小时就喝完了。

我置身其外，观察在什么样的情境当中，房支的划分才会被强调。我发现

---

① 陈其南：《家族与社会》，联经出版事业公司，1990，第 129~130 页。
② 陈其南：《家族与社会》，联经出版事业公司，1990，第 131~132 页。
③ 庄孔韶：《中国乡村人类学的研究进程》，《广西民族学院学报（哲学社会科学版）》2004
　　第 1 期。

其中有一种由近及远的差序格局，对外他们一致以南村的兄弟相称并团结在一起，对内南村的各种事务经常是以房支为单位划分的，而具体的土地、房屋的承继则是以更为细分的血缘的远近来区分。在海外谋生的情境中，"兄弟""父兄"这样带有深刻宗族血缘意涵的概念是存留在每个华侨意识深处的。南村的伍氏村民在生活的方方面面都显示出血缘亲疏远近，并以宗族房支的区分作为自己日常生活中的潜规则。

南村的乡土社会经过几百年发展至今，其结构已经发生了巨大的改变。从宗族来看，伍氏宗族的五个房支是南村宗族划分的基本单位，往往在一些祭祀、红白喜事等具有浓厚大家族氛围的活动中可以看到各房支的划分若隐若现，村民对于自己属于什么房支是十分清楚的，但在平时的生活实践中并不是十分明显地表现出来，只是在一些特殊情境中才能感觉到这种划分是确确实实存在的。

从前面可以看出，南村是一个历史悠久、宗族结构完备的侨乡村落。南村下南洋网络的形成是一个互相牵引的过程，按其阶序性发展可总结为三个阶段：开拓式迁移（即个人下南洋在异地独自开拓自己的事业）、链式迁移流动（即在开拓式迁移后，事业发展有了基础，就开始牵引家属、亲戚、朋友下南洋谋生）、网络式迁移流动（同乡、同宗、同行的社会网络开始形成），最终形成基于地缘、血缘和业缘的移民社会网络。

在与南村乡贤的访谈中，他们告诉我，在"文革"期间这些祭祖活动几乎都取消了，人们只在家里偷偷祭拜自己五代以内的祖先。到改革开放以后，华侨与祖乡的联系日益紧密，他们推动了南村的宗族复兴。下面几封侨批是具体的案例。

信 6-19　祖坟之事

（人名略）等诸位弟侄：

为了继承祖业，追念祖先，发扬祖德，饮水思源不忘祖根，复竖祖碑，以留纪念，这是我们不能推卸的责任。祖宗是大家的事，复竖祖碑也应由大家商量决定，以大多数子孙的意见行事，要求每位子孙提出自己的意见。

竖立祖碑的经费，根据各人的经济能力，以自愿自报多少无论的原则，有困难没能力也无关系，不足之数，应由海外子孙包尾，有剩余之款，应留日后祭费之用。

办理竖立祖碑的具体事务工作。要求在国内的子孙商量办理。办理的原则应照做公益事业的原则"有钱出钱，有力出力"，我俩希望大家合力办好这件事，也希望世舜侄主持这具体工作。调查尚有存多少祖坟，应竖多少碑记（原则尚存的都应竖，大小不论），每碑记应刻多少字，经济的初步预算，为先祖留个纪念，先祖一定会扶助我们。

祝大家身体健康，事业兴隆。

倡议人 征璧、世平于曼谷

一九九二年五月四日①

信6-20 寻祖墓立碑记

世舜侄、西坡侄媳：

我们几十年未曾通信，原因是多方面的，我们都不想追责谁的过错，过去的事就让它过去吧。重新建立我们叔侄关系。

怡莲孙女来泰国一直在她舅父处。上星期她搬来我处住。我处地方大，空气好，食住都没问题。现在我设法找关系，找份工作给她做。目前还未找到，但我相信定能找得到的。请勿担心。怡莲孙女勤劳、聪明、懂事、有情义。我会尽我的能力照顾她，请你们不要挂心。各地方，各姓氏，各家族，都在竖立祖碑，追根问本，这是好事，办理这事刻不容缓，应赶紧着手办理。我们大家都六十多岁，日落西山，我们归西后，后代是没办法去找这些祖坟的，那更谈不上去拜祭。这是历史交给我们刻不容缓的任务。希望大家协助办妥，这是我们的责任。

前世平侄，泽涛侄孙来泰，我曾和他（即世平。——引者注）商量这事，并带倡议书回去发各人，但至今已半年未见音信。并嘱他和你联系办理，我并托征超弟带回泰元公下的子孙名单。应找的墓，竖立碑记，传材公婆，开运公婆，□□公婆，泰元公婆，请你去查找。同时请我三姐大姐，白蛇姐，大家去寻找。是辛苦的，祖宗会扶持我们。相信我的话。抓紧时间立刻行事。顺祝全家安好。

愚征璧草

竖立祖碑的倡议书，我交世平侄带回，若发各人不够，再在海口复印。征璃、征晓弟的请交征晴弟寄发。因我找不到他们的地址。

你寄我处给怡莲孙女的信我已转交给她。她现帮人家做家务工作，每月约得1700铢，约折500港币，吃住在人家，离我处不远，她空时回来我处。本来我想托人帮她和海亮婿办理结婚手续，使她合法居留，但海亮

婿办的手续时间不长，大家都怕出事，没有人支持我。所以没有办成。没有手续，找工作很困难，事不能心急。要等机会。她的事我会关心的，她在我这里，你们不必挂心。

一九九二年十一月十三日①

信 6-21 分范肉之事

家勇兄既世奋、世京侄收览：

岁暮云常，残冬将去，春又将降大地矣，我们虽远居异国，每逢佳节倍思亲，为彼此联欢共乐连成一心。特组织范一丸，每丸港币一百元，共计十四丸，总港币一千四百元，收款后希买猪屠之分肉，以增热闹。内家欣二丸，家纶二丸，家石（中略）、世新、世福、世仪各一丸。家欣各庄分五斤，家朝分张坊岳母五斤，若家壮返乡度岁也分五斤，家纶各庄分家珍一丸，分杨店大婶及家瑞一丸，征仁各庄者春桃姐征祝、河背次嫂、马坡内弟、世新各庄者分柘湖祖母及世忠兄。特此告悉。致询近好

弟家厚潦草于灯下百忙中
一九八〇年十二月三十日②

二 "两头家"的互动

20 世纪 70 年代，侨乡与海外的航路终于打开，华侨及其家乡的眷属开始了频繁的跨国网络互动，而"两头家"的家庭成员则需要这种互动来舒泄压抑了几十年的夫妻、父子、母子之情。这种跨国网络的开启也是侨乡新一轮移民潮的序幕。

伍家珍的儿子伍征环欲借伍家厚名义申请赴泰，伍家厚寄回一信以做证明。

信 6-22 申请手续

征环贤侄收阅：

枌榆一别，忽已数载，悬念故园日殷，本欲买棹南归，省视家园，共叙桑麻次慰远念，惜岁近古稀往返诸多不便，希你接草后向祖国主管出国部门申请来泰国一行，伯侄把晤共叙离情，次慰晚年思乡情愫，来往川资

一切由伯父负责，随信寄回我之身份证，作为申请依据，特此布达。

　　并询。

　　近好。

伯父家厚手泐

二〇〇年七月一日[①]

伍世舜的女儿伍怡莲旅泰后，暂把一对女儿寄托在父母家中，信中百般关切。

信6-23　抚养孩子

亲爱的父亲母亲及哥嫂侄儿们：

　　你们好，父亲来信我收到了，得知我寄（的）钱与三个玩具父亲都收到了，三个玩具是给正雄用的。

　　好父亲母亲，不要挂心我，我在泰国很习惯，也识了很多泰话，但是我很挂心两个孩子，父亲来信讲阿强不听话，我很挂心，我来泰国留下两个孩子给父亲带，让父亲艰苦了，很对不起，请原谅我。春节我一定寄钱给父亲，望父亲帮我带好两个孩子，到明年我想叫两个孩子一起来泰国团聚，这次伍贺公来泰探亲返里，我寄一些衣服，衣与裤共有十条给两个孩子用，望父亲查收。就这告知，前封信我放四十港币在信封里与一信一同寄回，不知父亲收到了没有，不见（的话），父亲信中告诉我。即写一点，以后再谈，顺祝身体安康，生活愉快。

女儿：惠琼

一九九二年十一月二十二日[②]

信6-24　与母商返乡之事

母亲大人膝下敬禀者：

　　妈来信已收到了，在里诸情亦清楚，儿在外边各大小起居一切亦健康，请妈免多挂念。妈信中说望儿明年返里一事，使儿真是为难，求妈知悉，因为在经济方面是个大问题，最少须要五万铢才能动身，这不是一个小数目。儿的心内亦时刻想着返里与妈相会，并不是忘记了妈妈的养育之恩，对儿们（的）爱心与照顾，儿们始终没能忘。妈的心思，日夜在心头内。求

---

① 2006年5月，村民伍家壮提供。

② 2007年9月，村民伍世舜提供。

妈知之。其他事免提。儿们只求妈食命长长，就是儿们一生最快乐的一件事。

现便由荣兴利信局付回港币三百元给奋弟营养费用，儿望奋弟早日病好，照常复原，身体健康，使儿安心宽慰。又关于美锐二叔之事，一人自小来泰，一人自小出生在泰，完全没明白在唐之事（人情世故），他二人只顾做他生意，没查①你在里的惨处与痛苦。代告四婶知之。世发弟亦是自小来泰，亦没（不）十分清楚在里的痛苦与困难，代告四婶知此事。此次四婶付来外信，儿亦转寄给世发弟了，儿亦在长途电话中告美锐叔知了。

祝母亲大人福安

儿世福拜上

一九七九年八月十二日②

在上面这封信中，伍世福一再表达了自己对母亲养育之恩的感激。为尽孝道，他虽然想返乡探望老母亲，但因为航资昂贵，他不得不再三推迟行程。

前面几封信都反映了华侨与家乡亲人的互动，很多侨批都是讨论华侨回乡及家属前往探亲的事宜。在这些事宜的处理过程中，亲情、关系和财力都影响了"两头家"之间的互动。他们在日常生活中根据自身的需要错开，或者根据自己的条件去重新解释各种未必对他们有利的条件，通过这种办法来绕行或克服自己的困难处境。华侨与侨乡亲属围绕着"家"这个认同通过不同的家庭策略及日常实践建构起跨国的社会共同体。

第三节 "两头家"的文化背景分析

一 "家"的传统价值

儒家文化中有关"家"的要素孕育了在华南侨乡与海外华人社会存在"两头家"的可能性。

（一）祖先崇拜

在《孝经》中，个人被告诫要完全尊重和服从长辈和祖先以尽孝，对故

---

① 没查理，即不关心的意思。
② 2007 年 10 月，村民伍世奋提供。

去的祖先要待之以礼，因为在中国文化的宇宙观中已经故去的祖先被看作家庭和宗族的重要成员，他们是中国文化的根源和传承者。祖先在中华民族的宇宙观中占有核心位置。祖先崇拜体现在"两头家"上，主要是期望留守的唐山妻看护祖屋，进行日常的家庭祭祀，还有传宗接代等。这包括物质空间（祖屋），象征体系（家庭祭祀、香火），还有生物上"种"的延续（传宗接代）。在祖先崇拜之下就是一种对家的延续的渴望。海外华人的中华文化认同也得以在祖先崇拜的仪式体系上维持。

（二）孝道

"孝"其实与祖先崇拜一脉相承，它代表了中国人对家族延续的一种情感，直接表现则为对父母的"反哺模式"。而在本书的"两头家"中，因男性华侨远离父母双亲到海外谋生，虽看似与"父母在不远游"的古训相矛盾，但其安排唐山妻留守祖乡照看父母双亲，自己则不定时地回来，平时通过侨汇支持家乡亲人的生活。这也是"两头家"得以存在的重要原因。从某种程度上来说，唐山妻照看父母双亲的功能似乎要比她生儿育女的功能还要大。

（三）"根"的观念

对于"根"的论述，这是凸显华侨为何要保持"两头家"的一个重要的文化认同心态，早期的华侨侨居海外有一个从"落叶归根"到"落地生根"的转变。而第二代、第三代华侨对于祖乡这个文化"根"认同的淡化也是"两头家"消亡的必然趋势。此外，中国传统的价值取向如贞节观、宿命观也影响了"两头家"的存在。

（四）贞节观

传统礼教对农村妇女的行为有深刻的影响，而族谱上的烈女传、闺阃淑德起着舆论导向的作用，钳制着妇女的思想，制约着妇女的行为。我们在中国汉人社会可以找到许多一夫多妻的例子，如侨乡的男人存在着"两头家"现象，但绝没听说过女人也有"两头家"的。传统女性追求"好名声"、贞节的形象，无疑是几千年男权社会对妇女进行道德规范的结果。在本书的个案中，"守贞"与否与"两头家"能否维系紧密相关。有些"失贞"的华侨妻虽勉力留下，但其生活经受了更多的磨难与艰辛。

（五）宿命观

"两头家"留守的华侨妻们大多历经岁月的磨难，最后她们把自己的选择当作一种"认命"，似乎她们的一生境遇是命中注定的。这些华侨妻一方面不断地描述自己一生坎坷困苦的经历，另一方面也强调自己对家庭的忠贞与责任。这种宿命观也影响了她们在维系"两头家"过程中所采取的家庭策略。在"守"与"不守"之间，"宿命观"成为选择留下来维系家庭、保住"好名声"的核心价值取向。

二　妇女地位

"社会性别"（gender）是当代西方女性主义理论的核心概念，与"性别"（sex）相对，它的定义是："社会性别是基于可见的性别差异之上的社会关系的构成要素，是表示权力关系的一种基本方式。"[1]

中国的亲属制度和婚姻家庭一直是西方女性人类学研究者关注的一个焦点，如萧凤霞（Helen F. Siu）、R. 华生（Rubie S. Wastson）、J. 斯托克（Janice Stockard）、玛格丽·沃尔夫（Margery Wolf）、瑙玛·戴蒙德（Normal Diamond）等人对中国汉族妇女的研究作了出色的贡献。其中瑙玛·戴蒙德的观点尤其值得注意。她指出，不能总是从传统封建意识残余的角度来解释中国女性的从属地位，而应从中国农村社会组织结构方面找原因；她还认为农村集体化未能改变传统的家庭权力结构，尤其女嫁男方（从夫居）的婚姻形式继续存在，从而为父权制的复生提供了土壤环境。[2]

中国家族制度的特质是"系谱体系"，许烺光认为中国的家庭最重要的结构特征是"连续性"，所以中国家庭的核心是"父子轴"。[3] 陈其南继承了这个观点，他认为："传统中国人的观念皆以宗族、家族或房的延续为重，这些观念具体表现于姓氏的传承、祖先的崇拜、财产的继承和孝道的德行。根据父系

---

① 谭兢嫦、信春鹰主编《英汉妇女与法律词汇释义》，中国对外翻译出版公司，1995，第145页；转引自范若兰《移民、性别与华人社会：马来亚华人妇女研究（1929-1941）》，中国华侨出版社，2005。

② Normal Diamond, "Collectivization, Kinship, and the Satus of Women," in R. Rapp（ed.），*Toward an Anthropology of Women*, New York：Monthly Review Press, 1975, pp.372-396；转引自庄孔韶主编《人类学通论》，山西教育出版社，2004，第472~473页。

③ 〔美〕许烺光：《祖荫下》，王芃、徐隆德合译，南天书局有限公司，2001，第48页；又参见庄孔韶《回访和人类学再研究的专题述评——回访和人类学再研究的意义之二》，《西南民族大学学报（人文社科版）》2004年第2期。

的原则，一个男子一出生便在其父亲的家族中具有'房'的地位，自动成为家族财产的拥有者之一，死后得受祀于该家族的祠堂或公厅。相反地，女儿不论如何均无法在其父亲的家族中拥有'房'的地位，她的系谱身分只有透过婚姻关系附属于其夫之家族和房。此种观念很严格地表现在祖先崇拜和冥婚的仪式上。"① 华侨丈夫长期外出不归，南村的妇女她们之所以守活寡终身不再嫁，这与中国家庭中妇女的地位有着重要的关系。如果她们改嫁，她们的名声以及列入祖先牌位中的地位就会受到影响。红英婆备受丈夫的冷落，几十年来几乎没有收到侨批侨汇，去香港的事情也遭到丈夫的拒绝。但红英婆几十年来还是对夫家不离不弃，在香港辛苦赚钱一个人把祖屋重修，给去世的家人尽数"做斋"。

本书第三章第三节曾论及海南当年禁止妇女出洋，海南女子受到严重的"重男轻女"封建思想的禁锢。而我在乡间也常常看到男女地位差异的现象，在 W 县一带，男人喝茶闲谈时，女人是不能站在旁边插嘴的。在正式和非正式的场合吃饭，妇女通常和小孩子同席，等到男人们吃饱喝足后，她们才收拾碗筷。正是这种卑下的妇女地位，才使早年大量的"两头家"家庭得以产生并存续。此外，在祖先祭祀以及日常信仰中妇女的角色与功能也不容忽视。

在"两头家"中，留守的华侨妻扮演着重要的角色，在社会"男尊女卑""嫁鸡随鸡，嫁狗随狗"等封建思想的约束下，侨乡出现了大量的留守华侨妻，有人称她们为"活寡妇"。有的终其一生都未见过丈夫，有的只见过一两次，好点的在丈夫滞留家乡共同生活期间生下"一男半女"（注意这是当地的说法，男的才称为"一"，是完整的，而女的则称为"半"，意即不完整），不具完全社会意义的后半生可能没有依靠。

这些华侨妻选择留守，维持"两头家"的家庭形式，她们不像一般家庭那样把生儿育女放在第一位，她们在家庭中的作用往往只是照料家公家婆、看守祖屋、维持日常家庭的祭祀。作为交换，丈夫将侨汇准时寄回家乡，维持留守妻子和家中老小是其义务。这样一种交换关系更多地可以视为华侨对于父母双亲的孝道。在记载的材料中，有些华侨甚至在家乡娶妻后一辈子再也没回过家乡。我认为"两头家"祖乡这边的妻子更多的只是"父子轴"上的附属结构，她们最大的职责就是代替丈夫尽孝。因为在父系宗族社会中，最重要的亲属关系是父子关系，父亲掌握着儿子的生死权，而儿子必须侍奉孝敬父母，父

---

① 陈其南：《家族与社会》，联经出版有限公司，1990，第 300 页。

母亡故后，服丧是儿子应尽的义务。① 前文"'孝'与'远游'"部分也论述了华侨在处理"尽孝"与"移民"之间的矛盾。侨乡的社会氛围和经济环境都默许男性华侨到海外谋生，而"尽孝"和保持家族传承的任务就交给留守家乡的妻子。

作为家庭的成员，留守的华侨妻的心理需求与生理需求都难以得到满足。一般人难以想象她们承受的孤独与痛苦，但这种孤独与痛苦在社区中被消解，留守的华侨妻不是少数，她们彼此之间都会以对方作为榜样，社会舆论与宗族都让其留在社区中。我在调查中发现，近代以来中国发生的政治变动对留守的华侨妻冲击很大。尤其是新中国成立初期，集体经济时期提倡的妇女解放运动，有部分留守的华侨妻毅然脱离了这种特殊的"两头家"，因为受限于当时的国内外环境，她们对丈夫何时能返乡一无所知。有的村子出现较多的华侨婚姻问题，而我所调查的南村这种情况相对较少，原因有两个：一是上面所说的"榜样"效应，二是该村是一个宗族力量强大的村落。

这些华侨妻将自己的青春及一生都奉献给了华侨的家庭，这种生活并非她们主动的选择，而是乡村社会父权制家庭的传统与国家政治变革的结果。有些华侨妻在出现机会时竭尽全力地去抗争，如本书提到的红英婆、忆瑾婆等人绕过丈夫移居香港的故事，但更多的留守华侨妻无法挣脱形势、文化、传统势力的束缚，终其一生独守空房，至年老无依无靠。事实上，对于华侨妻来说，"认命"是一个不断重复出现的最重要的主题。尽管如此，我们也不能过分强调妇女在传统父系宗族社会的地位，还应关注这群留守华侨妻如何在其特殊的婚姻模式、家庭结构、经济活动中增强自身能力，激发她们建立特有的人际关系和生活哲学。在"两头家"这种家庭策略下，她们不应只是被动的接受者。

三　民间信仰

杨庆堃曾经说过："中国普通民众常常慨叹，无论怎么努力，也难保一辈子无病无灾，生活富足，家庭和睦。人们深切地感受到，家庭生活的好与坏并不完全由人类掌握，而是需要神灵力量的保佑。"②

在侨乡的生活里，各种民间信仰在老百姓的精神生活中占据了重要位置。南村原来的宗族祭祀集中地——大宗祠堂在"文革"期间被摧毁了一半，现

---

① 〔美〕许烺光：《祖荫下》，王芃、徐隆德合译，南天书局有限公司，2001，第49页。
② 〔美〕杨庆堃：《中国社会中的宗教——宗教的现代社会功能与其历史因素之研究》，范丽珠等译，上海人民出版社，2007，第41页。

存另一半也被用作村中小百货店,已不做祖先祭祀之用。而现在的日常信仰仪式多在村东南角的恩主庙中进行。

(一)祖先崇拜

八公伍家厚提起迷信的时候这么说:"中国人比南洋人还迷信,我们拜神拜公是为了精神上得到寄托。"

我在调查中了解到,在这样的侨乡村落中,清明节的重要性往往要超过汉族最重要的传统节日——春节。华侨也纷纷选择在清明节回乡谒祖。2006年清明返乡祭祖或因应这个节日而回来访亲会友,办红白喜事的人数众多。我在南村田野调查期间,正逢清明节,粗略统计从泰国返乡的华侨约60人,由香港返乡的华侨约20人,还有从省内外等地返乡的,总计约200人。平时寂寥无人的农村到了清明假日一下子沸腾了起来,热闹非凡。

相比之下,在春节期间回南村的华侨、港澳同胞却不多,回来的一般是在国内工作的人,他们有假期,而且他们会把老婆孩子带回来与家人团圆,出嫁的女儿也会带着丈夫和孩子回来拜年,从这个意义上来说,回来的人群基本上是来自与村子紧密相连的家庭。

当我问起清明节与春节的不同时,村里的一个老者的说法让人信服。他认为在番的人,因为出外谋生艰辛,所以铭记祖先的保佑,他们清明节回乡祭祖是对祖先的一种纪念和崇拜。而春节的意义在于一个家庭的团圆,然后在上香、上供品这些仪式中缅怀自己前几代的家人,如父母亲、祖父母,更多的是一种具体的感情和对现今家庭的一种整体性团圆的维系。反观清明节回乡的华侨,这些人往往年事已高,其后代子孙也渐渐融入侨居国当地社会,很难拥有前辈那般对故土及祖先的感情。而第一代华侨是从乡村里走出去的,对家乡的一草一木有一种自然的亲切感,它们逐渐转化为海外华侨对故土和祖先的崇拜,也是对祖乡和中华文化的一种文化认同,而这种情绪更随着他们年龄的增加而愈加明显。[1]

(二)"做斋"

我在田野调查中还观察到一种在W县十分盛行的"做斋"仪式,这种仪式的作用是给死去的亲人超度亡魂。该仪式一般要在亲人死后第三年后(或称

---

[1] 根据2006年清明节期间对伍征璧的访谈整理而成。

"对年"）才举行。"做斋"仪式一般花费较高，在侨乡看到的情况往往是家里几个过世的人一齐超度，即以前过世的亲人如果没有"做斋"，那么待到时机成熟，筹够经费，会将他们与最近去世的亲人一同举行一个"做斋"仪式。这些费用主要由华侨出资，一般花费 4000～6000 元。"做斋"时，华侨非常重视，总会远渡重洋回来主持参与。

我认为当地民间的"做斋"应是文化人类学中定义为"斋醮"的仪式。"醮"是祭神的意思，在东汉末年道教盛行之后，逐渐变成僧道设坛祭神的专有名词，自南北朝开始，历代朝廷大多有建醮的祭仪，尤其盛行于元朝和明朝。在《简明文化人类学词典》中"斋醮"的解释是："道教设坛祭祷的一种仪式。即供斋醮神以禳灾求福的仪式。其主要程序为清心洁身，筑坛设供，书表章以祷神灵。道教典籍《云笈七籤》卷一百三《翊圣保德真君传》记载结坛之法有九种，设上三坛为国家，中三坛为臣僚，下三坛为士庶。并要求如果条件不允许备设以上三坛，至少也得清洁词章，供以鲜花异果，击鼓请神以降，以诚心恳祷神灵。道教其他重要典籍如《道藏》等，也载有修斋设醮的各种仪式。"[1]

我在田野调查中遇到一家的女主人给自己过世的丈夫"做斋"。仪式进行了一天一夜，先是道士作法请土地公，然后用纸做一个过世之人的小型人像摆在家室的凳子上，上面还燃着蜡烛和摆放着供品，而家人一律穿着白色的素服，头戴白布，跪在放着小纸人的凳前哭泣。这样的过程从白天持续到晚上。这家女主人的丈夫是在香港去世的，他全家也因为这次"做斋"才赶回来的，因此，到了晚上，"做斋"仪式就多了一个"流灯"的环节。这个"流灯"是给在境外去世的亲人超度回乡的一种仪式。它反映了当地的侨乡文化。

晚上，准备好纸钱金银和瓷碗，还有火水，供奉的东西，以及道士的道具等。一行人包括举行"流灯"仪式的女主人一家、道士及助手，还有村子里过来帮忙的乡亲（这些帮忙的人一般都是最亲近的族人，比如举行这次仪式的女主人是三房的人，那么她请来帮忙的一般是三房较亲近的乡亲）。坐车来到几公里外的一个河滩边，把供奉的米和酒等东西都放在桥面上，道士开始作法术和扔签占卜，结束后，几个乡亲把蜡烛放在碗里面，点燃它，然后把这个点着蜡烛的小碗轻轻地放到水面让它漂走。一共放了十几个燃着蜡烛的小碗，然后人们在岸边烧纸钱金银，静谧的夜色伴着鳞光闪闪的水面，仪式的主人泪光

---

① 　陈国强主编《简明文化人类学词典》，浙江人民出版社，1990，第 419 页。

闪动，仿佛看到亡灵循水而来，缓缓回乡。"流灯"结束后，所有人上车回村，有两个村民坐于车后举着火把，不断地点燃纸钱，并扔在路面上，一路上都有火光伴随，意思是把亡灵引回家。回到村子里后，接着是一班唱戏的人演一出反映阴间亡灵认祖归乡、安居乐业、不再游离的戏，很多村民在旁围观，主人家仍跪拜于纸人前。第二天清晨，仪式最后一个程序就是把依照房子样式做的纸房烧掉，里面还放了许多纸钱金银，也同时点燃。这些房子基本按真实房子的 1/10 比例来建造，材料是用竹子做骨架还有竹篾捆绑，用画有图案的纸做表面，巨大的纸房子燃烧起来甚为壮观。在这个烧纸房子的仪式后，"做斋"的整个仪式也就结束了。

"做斋"后的第二天，主人家又请一个小戏班来唱戏看，这种做法据村民说是两年前才兴起的，叫作"一悲一喜"，圆满结束。但我从一个老侨领处听到另外一种说法，他说现在的"做斋"已变得面目全非，让他看不懂了："现在的社会把传统的东西都变形、曲改、丢掉了，'做斋'本来是一个缅怀家人、超度亡魂的仪式，应该是一个肃穆、悲伤的氛围。而还没缓过劲来，第二天就做戏给别人看，这样显得太不认真、太嬉戏了，就好像泪水还未干就马上嘻笑起来一样滑稽。"

从这里可以看出当地宗教信仰中侨乡文化的元素，其中有不少信仰仪式是为境外的家人祈福保佑，乃至超度亡魂的。而我在考察中发现，无论是泰国华侨还是港澳同胞都十分笃信这一整套当地复杂的民间信仰体系，他们愿意花大量的金钱、时间、精力来操办这些事情，在华侨的意识深处，他们总相信自己在境外谋生不易，冥冥之中总要依靠故土的祖先及神灵的保佑。另外这也是一种精神"落叶归根"的归属感。有一次，我就做斋仪式请教了伍家璘，他将整个仪式详细地告诉我：

这个仪式一般从九点开始，而之前的准备工作提前做好了，等着师傅（道士）过来。

第一步是"请水"，这个水是主人家日常用的井水，意为水为通天神。去井边打水，一次进行，是多少就提多少回来，过程中不能着地，然后放在路门的八仙桌上，意为玉皇案（通天）。

第二步是"发书"，也叫"做奇师"，通玉皇通地府，就是发布文书告知玉皇和阎王，今天主人家什么人给哪些亡灵超度。

第三步是"做法奏"，告诉生死公今天亡魂进行法事，告诉他们今天

"做斋"。

第四步是"黎请"，一般是（在）一些小河小溪边（进行），通过溪神请亡魂回家，这一步必须有主人家的人在场，这样才能亲近灵魂。而这是为晚上"流灯"而准备的前奏，"流灯"是为那些漂洋过海而在外地过世的灵魂（做的）。

第五步是"开五方"，这时一般到了黄昏五六点，通知"东西南北中"五方神圣，道具是五个鸡蛋、五张椅、五碗米。

前面几个程序主人家全部身着白衣，大部分时间跪坐于凳子前，凳子上放着纸剪的小人。在这种情况下，如果主人家哭得厉害，旁人和舆论会认为他们是真诚地心痛去世的亲人。把亡灵的名字写于纸剪的小人上。而那些不满十六岁的都属于"夭亡"，这样的亡灵无法"参祖伴宗"，在阴间只能四处随父母讨生活，而那些女的，则是进花园做奴。

第六步是"请屋主公"，请他做证明，今天主人家给家里逝去的亡灵"做斋"。

第七步是"流灯"，这时候一般已经入夜了，主人家还有道士带上道具来到最近的小溪边，在这里的桥上作法，烧纸钱。道士作法，然后"赌飞"（占卜）。随行的人把盛有煤油和油芯的瓷碗点着，将这些点着的碗轻放于水面让其流走，意为让水神请亡魂回家，可以"参祖伴宗"接受恩德。

流过灯后，在回去的路上，一路上（坐在）车后的人把夹有用煤油蘸过的纸钱的竹篾，点燃后约十米一支扔于路面上，总之要在视线范围内看到这些点燃的灯火。

第八步是"做戏"，这是请戏班按情节来演出，其中的剧情十分复杂且富有当地文化的特色。

首先是土地公收到文书，土地公收到文书后，请"辅利"大将军送书往阎罗王阴府，信到鬼门关，这里有一个守门的大将"本介"，他见到来者会喝道："没钱不让过。"但辅利大将军勇武过人，打败本介，将书送至阎罗王处，于是阎罗王就会将这些亡魂招集，一一审问。他会问亡魂"祖村在哪""什么姓氏""有多少钱""知道路回家否"，而扮亡魂的人则一一作答"本人南村""某名某姓""匆匆死去身无分文""东西南北分不清，认不着回家的路"。其后，阎罗王扮演者还问"你是怎么死的""是什么病"，还指教得了什么病应吃什么药。

这一段落后，土地公发文书十张，分别经十个殿，十个阎罗王，但往往两殿过一次，就只需要五张书。由一个地府派来的鬼师给亡魂带路，首先要经过转鋆车，其中有六条路，三条好三条恶，即三条路是坦途，三条路充满艰难险阻。这样来鉴定亡魂是好人还是坏人。无论是好人还是坏人，最后一般都转为好人。而后就来到"奈何桥"，桥头有一个白发苍苍的老人，她专卖孟婆汤，如果亡魂抵不住诱惑买了喝下去，那么他就会忘记世上的一切东西。

最后来到曼柴山，此处有两座山峰，一个曙光初现是阳台，一个阴暗是阴府。如果赶在鸡鸣三声前从阳台山赶回家里，那么一切都会圆满结束。①

我在田野中遇见最多的仪式是"做斋"，我也无数次听到村民在言谈中提到"做斋"。侨居海外的村民，他们甚至比居住于祖村的村民们更为笃信这一套民间传统的神鬼信仰体系。

下面几封侨批是华侨与家乡亲戚讨论"做斋"之事。

信 6-25 委托做斋

家璘叔父大人：

近来在里情形怎么样，甚念。在此一切照常，各人均安，请免挂念。

你托人带来之信，已收到。但父亲去世已久尚未在里给他做斋招魂，希你接信后代为请道士择良辰吉日。诸人如下：父亲伍家瑾，一九八九年十二月十四，即农历己巳年十一月十一日生肖兔，七十四岁；母亲胡佩静，殁于一九九二年九月十四日，即农历壬申年八月十九日生肖羊，七十三岁。而我兄弟生辰如下：

征原：四十九岁，肖鼠，正月十八日。

征昕：肖羊，农历一九五五年八月十五日。

征云：肖狗，十一月初五。

希你先请木匠刻好神牌及择日做斋。一般是做斋的第二天点主上高登龛，然而希你要先择日清楚后才回批，即收银后便去请日师择日，以便我们兄弟买机票返里参拜。随信寄上港币一千元，到时依收为择日及你儿入

---

① 2006年5月，村民伍家璘在家中口述。

学之用。

侄征原

一九九六年十二月二十四日①

信6-26　资助做斋

敬爱的璘叔及大婶：

祝你们各大小均安，前次你托各人带来的东西，我都收到了，并感谢璘叔对我的关心。

璘叔，我母亲在新历十一月十六日已经去世了，我香港大嫂、三哥三嫂各人都来泰国送母亲她老人家上坡（即安葬。——引者注）。两个星期后才回去香港。但由于我一时对于母亲的思念，从小同母亲生活一起，总没有心情给你去信告知，请你谅解。

璘叔，今年泰国的生意根本不比以前发达了，可能在家也知道。这次只付回港币九百元整，内分给柳村婶一百元，高陂大婶一百元，孟塘婶两百元，余下五百元给璘叔买东西来做公婆②。

祝你顺意。

侄女伍淑娴

一九九七年十二月二十六日③

信6-27　资助渐少

家璘叔：

中元节即近，未知家中各事如何？为念。在此各事依前，唯目前泰经济景况欠佳，谋生不易，收入有限，少有接济，请见谅。今付去人民币两百元，为节日拜祭家神公婆之用。即祝福安。

侄女伍淑娴

二〇〇五年八月八日④

从以上信件可以看出，伍淑娴寄给家璘叔的侨汇在逐年减少，这大概也有她信中提到的"经济景况欠佳，谋生不易，收入有限，少有接济"的原因，但这在某种程度上反映了华侨与祖乡亲人联系的减弱。

---

① 2007年2月，村民伍家璘提供。
② 做公婆，村民对于给祖先祭祀的口头俗称。下文"拜祭家神公婆"也是这个意思。
③ 2007年2月，村民伍家璘提供。
④ 2007年2月，村民伍家璘提供。

（三）"做婆祖"

W 县侨乡地区有一种仪式，叫"做婆祖"。当地老百姓解释这是为了"许愿祈神"或"还愿酬神"。老百姓有渴望达到的愿望，便在"婆祖"面前许愿，当愿望实现后，他们会"做婆祖"来还愿，感谢"婆祖"的保佑。"做婆祖"的目的是酬谢神明。这个仪式通常是有喜事才做，如生子、婚嫁、出国、升学、致富、建房等。这个仪式在 W 县侨乡民间十分普遍，而华侨也十分信奉"婆祖"，许多"做婆祖"的仪式都是华侨推动和出资操作的。

比如有人家要入新房，他们就要请师傅公①看时辰，请人宰羊。一般是子时开始进行"过羊生"的仪式，"过羊生"就是宰羊的意思，这时羊的四肢被捆好，架在长凳上。时辰一到，一人按着羊，一人拿着刀刺入羊的脖子，血即喷在铁盆里。这事一般在房屋外面露天的庭院中进行。

"过羊生"时，正屋的八仙桌上面放香火与蜡烛，整齐地摆着鸡肉、猪肉、鱼肉（鱼要两条，称为"鱼对"）、酒杯等，在这些供品后面，还放着一个用红纸和竹篾做的半月形的纸模型。这时阴阳先生在供品前面念咒语，这些程序完毕方才进行"过羊生"的仪式。

宰好的羊用开水烫过后，开始脱毛，开腹取出内脏。然后用开水煮，煮时要注意，把羊摆成四肢弯曲的跪拜姿势。待羊煮到半熟，便取出来，羊角和羊尾用红纸包个圈圈，这样放在八仙桌上。羊是跪着的，头朝外，即面向大厅门的方向。这时的羊称为"全羊"。

忙碌了 6 个小时后，"全羊"准备好了。然后师傅公再来念咒，意为"请公"，"请公"完毕，全家的男性子孙，由长到幼按序跪拜，一般行"三叩九拜"礼，拜神许愿。

待跪拜完毕后，就在室外燃放鞭炮，意为"谢公"。

上午的程序完成后，全家及请的帮工就开始忙碌筹备中午的酒菜，设宴款待亲朋好友。

我亲历了一次从深圳返乡的伍世洪"做婆祖"的过程，他此行有两个目的：一是为儿子办理前往泰国的护照，二是为嫁到香港的女儿办理证件。

那天是 2007 年 9 月 15 日，伍世洪要在当晚离开，他和去泰国工作的儿子已经在村里住了一个月。他是伍征础的长子。伍世洪的老母亲在家，弟弟伍世

---

① "师傅公"是 W 县对阴阳先生的称呼，师傅公主持各种红白喜事的礼仪。

峰在家开三轮车，伍世峰的爱人在家务农。伍世峰有两个儿子，老大 1983 年
出生，在镇上开班车，来回 J 镇—海口的路线；老二在深圳打工，最近一个星
期才回来，因为其堂兄从泰国回来，所以他也请假回来。伍世洪早年就去深圳
工作了，全家大小也在那时候去了深圳，女儿于 1979 年出生，2003 年嫁到香
港，还未满 5 年到香港定居的期限。儿子伍泽强 1980 年出生，从小在深圳长
大，于 5 年前去了泰国，辗转至现在，主要从事装修业。他这次回来主要是重
新办理去泰国的护照。

伍世洪的女儿 2006 年生了孩子，这几天准备从香港返深圳，因为无人照
顾，伍世洪必须提前返深圳照顾女儿和外孙。因此，"做婆祖"的日子选在
2007 年 9 月 15 日。

这天大清早，天刚蒙蒙亮，周围就传来了鞭炮声，这时伍世洪一家人就开
始忙碌，我来到他家时，他们已经把东西放在桌上了，六个红碗盛着米饭，还
有一只鸡、一只鹅、一碟五花肉、一对咸鱼、六小杯酒。由家里的老母亲躬拜
完毕后，其他人也恭拜了一番。他们告诉我，这是拜村里的屋主公。这个程序
走完后，伍世洪父子，一人拿着香火、鞭炮，一人拿着一桶煤油（20 斤左右）
向村里的恩主庙走去，弟媳秋香担着刚才桌上的所有东西跟在后面，她的小儿
子随后，走在最后。恩主庙坐落在村屋宅区的东南角。

来到恩主庙，把刚才的东西照例摆上。然后点上十四支香，左右两个香炉
各插上三支，左墙角插上三支，右墙角插一支，出来隔墙上各插一支，再出
来，在恩主庙门口左右上侧各插一支。

祭品摆毕，伍世洪、伍泽强、伍泽勇都依例行三叩九拜礼，与村屋主公说
话、祈福。然后，伍世洪母亲作为家中辈分最高的人叩拜，她口中念念有词，
鞠躬云："奉请本村恩主列位乡神，当地福德正神，庙宇会内，有感威灵，敬
请降临。本村恩主，职掌乡邻，恩深德厚，庶民不忘。现备馔醴香，恳恩鉴
格，伏主尝笑。恩主显赫，赐福庶民，广开财路，如愿以偿，护其安康，东做
东成，西作西就。"这是一些吉利的话语。再把恩主庙中所有公婆都念了一篇，
然后再说出自己的心愿："求公保佑我们家这些子孙，世洪深圳赚到钱，世峰、
泽智开车平安顺利，泰国、香港的孙子们也赚到钱。"最后是请恩主公吃饭。
这时烧纸做的金银元宝，然后点燃鞭炮。

鞭炮燃放完毕，伍世洪母亲又行三叩九拜礼，念："洞鉴洒醴，菲仪领谢，
事毕回归，庙宇端坐，完满后奉送。"然后把东西都收拾后，只留下那桶煤油，
表示诚心供奉给婆祖们应用。回到家中，他们又去他们的老屋拜祭，仪式的程

序与村恩主公一样，只不过称谓不同，在老屋拜祭要说："奉请本家历代及宗亲太高曾祖考府君祖妣各氏孺人暨本家先亡后化男女老少殇神。"

这个老屋离他们住的地方约有 100 米的距离，这里只有一个正屋，里面放着"家神公婆"。据他们介绍，这是他家的祖屋，伍世洪的父亲、爷爷以前就在这里生活。而现在住的房子是 20 世纪 70 年代建的。虽然他们现在居住在这边，但因为老房子是他们正宗的老屋，这间老屋和旁边的横屋倒塌后，他们只重修了一个正屋，把家神公婆置于屋中，用于拜祭，日后如果有了钱再修建。

在老屋的仪式与前面几乎相同，放鞭炮是最后的程序。回到住处后，伍世洪一家依刚才在老屋的程序又走了一次，这次请"家神公婆"吃饭的意思是保佑后来承继这个屋子的主人。

信 6-28 寄钱"做婆祖"

最亲爱的（家）璘叔：

您好，因为我什么都不知道，一切事情都要靠您做，辛苦您啦。您办事很是节约，谢谢您。您母亲一生为人很好，我决定做大斋①给您母亲和征学哥。请您计算一下，做斋、做婆祖戏、请兄弟们吃饭等，要用多少钱？因我经济有限。璘叔，咱们做婆祖戏，请您告诉西陂姘姆家人买一对鱼及一些东西给咱们做头尾才大吉大利。璘叔，我想请您来海口机场接我一同回家，可以吗？我提早寄回一千元，您买金银元宝和买做斋拜神的用品，做斋当日穿的白衣服您在家租用，还是我自备？您要买什么请来信示知。璘叔，因我文化低，如有错漏，请您多多指教，烦请您及时复信是盼。

祝您全家身体健康。

侄媳王明霞

二〇〇六年三月三日②

我在南村的几次田野调查期间都遇见村里人"做婆祖"，尤其是从海外回乡的人。一次是世捷的二儿子生了一个男孩，他之前向"婆祖"许愿，如愿以偿后还一直没有"还愿"。2006 年清明节期间，他们一家就"做婆祖"还愿。仪式在当天晚上就结束了，第二天就请一些亲朋好友过来吃饭，这种仪式

---

① "做大斋"即"做斋"加"做婆祖"。

② 2007 年 2 月，村民伍家璘提供。

是不收红包的。当时请的宾客大多是二房的，还有一些关系较好的邻居和朋友。在小型酒席上，农村人请客的标准还是有一个亲疏远近之别的。

我在 2007 年完成最后一次田野调查离开南村时，伍征原夫妇从香港回来，一起同来的有大儿子、大儿媳妇和孙女，以及另外一个儿子。这个孙女才三岁，也是第一次从香港回到家乡。大儿媳妇是内地人，是伍征原大儿子在返乡的机场上认识的工作人员。伍征原说，这次返乡是带儿子及孙女回来探望自己的老母亲，老母亲快 84 岁了，身体也日渐衰弱。征原一家临走前一天也"做婆祖"还愿。

（四）侨乡民间信仰的意义

侨乡的风俗信仰与非侨乡地区有所区别。很多风俗信仰需要大量资金来支持。而一般以务农为生的农民，他们的经济能力不足，很难支撑一次大型祭祀活动的开支，如我在前文中提到的伍家璘的例子，因为他香港的侄子一家与他家联合"做斋"，所以大部分费用由"香港客"承担了。据说这次"做斋"花费了 20000 多元。

伍家璘与在香港过世的伍征学的父亲是堂兄弟，而伍家璘的祖父伍开诚与伍征学的曾祖伍开智是同胞兄弟。他们的两间祖屋紧挨着，虽然在血缘上他们已经相隔三代，但在村子里也算是最亲近的了。而前来帮忙的伍征星的曾祖父伍开瑞与伍开智、伍开诚也是同胞兄弟。这次回来，听村民说他分别给这几户人家每家各 1000 元。这对番客回乡来说是正常的情况。

据说，伍征学的儿子伍世莽在香港开了一个汽车配件店，生意还不错。这家人可能还要帮忙一起修建一个新房子。在村民眼中，这次"做斋"仪式伍家璘家受益最大，他家祖先的灵魂也在"香港客"的资助下一同操办了。

在与伍世珠的聊天中，他告诉我，老一辈华侨深受儒家传统"仁义礼智信"伦理道德的影响，而这些儒家伦理文化体系和民间复杂的信仰体系紧密结合在一起。老一辈华侨大多从故土远渡重洋到他乡谋生，对家乡的一草一木都很有感情。这是一种"根"的情怀，当他们功成名就后，越发萌生怀念故土的情愫。在日常生活实践中，这一套传统的民间信仰仪式可以满足他们慰藉心灵的需求。

许烺光先生对魔法和科学之间的关系曾经有这样的论述："一个以科学为主导的民族，并非总是可以将伪科学外衣下的宗教魔法与真正的知识区分开来，正如一个以宗教魔法为主导的民族总是将真正的知识与他们的宗教魔法中的信仰、禁忌、符咒混为一体一样。出于这样的原因，我认为在探讨人类行为中宗教魔法与科学的关系时，除非将它与决定人类行为的主要因素，亦即特定的社会组织和文化（particular social organizations and patterns of culture）联系起来，否则这样的探讨是毫无意义的。如果做到这一点的话，我们就会发现不仅东方与西方能够找到共同点，而且人类将成为一个整体。"①

我在研究中反复强调文化与社会框架对于分析具体事件的重要性，因而对作为"两头家"得以维持的宗教信仰因素，我们也不能忽视。此外，侨乡的大量民间宗教信仰活动是由华侨推动进行的，而华侨又大多数来自科学昌明、经济发达的都市地区，这让我们不得不思考宗教与科学之间的关系。如用许烺光所提出的框架，是否可以说，华侨回到家乡的乡土社会后，他们会感到现实生活的真实知识（科学）与来自祖先之地的民间信仰是息息相关的，民间信仰会影响他们现实的生活处境，如升官发财、传宗接代、全家平安等。华侨的这种愿望也与村民对华侨经济的依赖在一定程度上达成共谋，促成侨乡民间信仰文化的复兴。

本章小结

从本章对"两头家"的分析中，我们首先可以看到经济因素的影响，如侨汇、侨资等；其次是社会因素的影响，如宗族、家族的结构关系，以及这种结构中"两头家"成员的互动；最后还有文化因素的影响，如民间信仰、妇女地位等。

可以说早期侨乡的"两头家"赖以维持的社会、文化和经济因素是错合在一起发挥作用的。若干年后，时代的变化也导致诸因素的变化，而"两头家"这种家庭形式的变化也集中体现了这些因素的影响。

如果我们进一步把"两头家"的视野放宽，可以从两个层次理解"家"的内涵。一是移民的家庭策略，在现代生活中，因现实需要，家庭成员可能分居两地或数地，这种亲缘纽带会导致他们对彼此的牵挂以及他们互动形成的共同体即谓"两头家"或"多头家"；二是移民对家的一种文化认同，对祖籍地文化和生活方式的怀旧，如对祖屋这种物化象征空间的关注。

---

① 〔美〕许烺光：《驱逐捣蛋者：魔法、科学与文化》，王芃、徐隆德、余伯泉译，南天书局有限公司，1997，第8页。

结　语

"两头家"：文化传统与社会结构下的家庭策略

　　中国人类学者对中国的家族与祖先祭祀进行研究时，对文化与社会结构做了重点关注。本书第一章介绍了华南侨乡存在"两头家"的社会与文化土壤。之所以引入家庭策略的视角，是因为每一个体的行为选择，除了受文化传统与社会结构的影响外，还要受行为主体的性格、心理的影响。"两头家"因这些复杂的因素交织在一起而呈现不同的状况。

　　首先，我将总结"两头家"的内部家庭结构、运行机制、特征，以及家庭策略的影响因素。其次，我将讨论两个主题，第一个主题是"两头家"这种特殊的家庭形式是如何成为南村人在新中国成立前下南洋谋生时集体选择的家庭策略。我将重点讨论个体的选择，这种选择不仅受个体个性的影响，还受当地文化习俗、社会结构、时代背景的影响。第二个主题是从南村"两头家"现象一个世纪以来的变迁中，我们可以看出国家、家庭和个人的关系。南村移民及其眷属的个人生活和家族生活与中国社会的变革紧密相连，也可以说，"两头家"的个人和家族，以及南村的命运就是华南侨乡社会变迁的集中反映。"两头家"的家族史也反映了侨乡的历史变迁，华南沿海侨乡作为近代海外移民的故乡，它是如何与外部世界发生关联的，它在世界体系中又处于什么位置。对华南侨乡"两头家"现象的讨论也是从"周边"看"中心"的视角下，探究中国家庭文化特殊性的一个案例。

一　"两头家"的内部家庭结构、运行机制、特征以及家庭策略的影响因素

　　走出侨乡，和人们谈起"两头家"时，他们可能会有各种疑惑。这不是旧中国一夫多妻的一种吗？这种"两头家"现在还存在吗？

这些疑惑也正反映了"两头家"的特殊性。为什么会有"两头家"？"两头家"是怎么样的？"两头家"通过什么产生关系？"两头家"特殊在哪？

（一）"两头家"的内部家庭结构

1. 唐山妻与番妻：大与小，正与侧

"两头家"中最重要的关系就是两边家庭的妻子之间的关系。我在南村调查的"两头家"个案有两种情况，一种是先在家乡娶妻后再去番娶番妻，另一种是去番娶番妻后再回乡娶唐山妻。在陈达的描述中，他认为番妻多为侧室。[①] 侧室在南村当地被称为"小"，与之对应的正室则称为"大"，男人娶侧室称为"娶小"。但南村有一些唐山妻并不是"大"的例子，如前文个案中伍世伟的父亲之所以娶唐山妻作"小"，是父母出的主意，两个老人需要人照料。依据南村当地传统"定命"（当地订婚的说法）娶的妻子，南村人称之为"大"，否则就依据娶妻的时间顺序称"大""小"。

由于两个妻子同时面对一个丈夫，这必然导致她们关系紧张。我在调查中，常常听到唐山妻与番妻争宠吃醋的事例，从中我们可以看到两个妻子是如何利用自己的资源来对丈夫进行争夺。留守的唐山妻在家庭婚姻中的大部分需求都得不到满足与关心的情况下，她们凭借对番妻的一种污名想象，来达到她们心理的平衡。这里面一个很重要的文化心态是"嫉妒"。

2. 夫与妻

费孝通认为："夫妇一方面是共同享受生活的乐趣，另一方面又是共同经营一件极重要又极基本的社会事业。若不能两全其美，就得牺牲一项。在中国传统社会里是牺牲前者。"[②] 这在农村就表现为公共场合里夫妇感情的淡漠，保持一种"相敬如宾"的默契。而在"两头家"中，丈夫与留守华侨妻虽也有共同的"社会事业"，如与家乡、家族的联系，但因时空的分隔，这项"社会事业"更多是留守华侨妻一人在勉力支撑。而在海外的丈夫应尽的义务是努力赚钱然后通过定期的侨汇支持侨乡的家庭。在本书中，侨批的文字体现了南村华侨如何吩咐钱款的分配、对家人关心和问候甚至对侨乡社区事务的贡献。在这些文字中，对于留守妻子的情感表露是极少的，更多则是对家中父母的孝顺关心。

我在田野调查期间，曾多次询问留守华侨妻与丈夫重逢的情形，有的留守

---

① 陈达：《南洋华侨与闽粤社会》，商务印书馆，1938。

② 费孝通：《乡土中国　生育制度》，北京大学出版社，1998，第147页。

华侨妻一生中仅与丈夫有一两次见面的机会。对于这些"历史性"的重逢，华侨妻们总是轻描淡写，她们总是说："我和他有什么话好说的，他回来的时候两个人都老了。"绣华婆还说："我当时就骂他不让我去香港，让我后半辈子继续吃苦，他不敢和我争。"华侨妻把与丈夫仅有的为数不多的会面表述为尴尬的经历，其中的辛酸苦辣外人难以体会。

3. 婆媳关系

"两头家"的家庭结构与一般的家庭不同，这也导致了"两头家"的婆媳关系有别于一般家庭的婆媳关系。费孝通认为："在孝的观念下，社会鼓励着母子的系联。……典型的孝子，大多是对母的系联，很可能是弗洛伊德之辈所说的恋母情结的表示，而且是在习俗容忍之下保持着的感情冻结（Fixation）。……中国家庭间感情的结构是一个被忽略而极重要的研究对象，从这里我们可以解释很多中国文化中的特性。"[1] 在传统的研究中，婆婆与儿媳妇大多是一种紧张的关系，因为婆婆不愿放弃对儿子的控制和感情上的依赖，而儿媳妇又出于小家的私心对丈夫的很多决策产生极大的影响，出于对同一个男人（婆婆的儿子，儿媳妇的丈夫）感情的争夺，这一结构性的矛盾导致婆婆与儿媳妇之间的关系大多处于紧张的状态。[2]

而在"两头家"中，因为男性的不在场，上述中国家庭关系结构发生了变化，婆媳的紧张关系得到缓解，更多地表现为同病相怜以及情感上的归属感。南村的许多个案中华侨妻并没有生育后代，也没有收养子嗣。她们大多没机会与丈夫团聚，在留守与离开的选择中，婆婆对她们的选择产生了较大的影响。婆婆视儿媳妇为己出，关爱有加；作为回报，儿媳妇留守照顾婆婆到其终老。在这里，女性的自我价值更多地表现为自我牺牲与利他主义。儿媳妇留守照顾的动机来自与依赖者的感情。在侨乡，有部分婆婆在年轻时也可能遭遇到同样的命运，丈夫出洋，老小在家，也有婆媳两代的丈夫都是"两头家"的情况，这种感同身受更让她们在心理上亲近。

（二）运行机制：通过什么产生关系

1950 年前，"两头家"中的华侨丈夫来往于两地，以此对两头的"家"尽自己的责任。而航路中断后，"两头家"在空间上割裂开来，他们通过什么来产生关系？答案是侨批侨汇。

---

① 费孝通：《乡土中国　生育制度》，北京大学出版社，1998，第 149 页。
② 参见李霞《娘家与婆家》，社会科学文献出版社，2010。

因为政治原因，"两头家"的人员来往中断了几十年，华侨只能通过侨批侨汇来支持家乡亲人的生活，以及沟通感情。通过侨批，我们可以看到华侨与侨眷是如何进行交流的，这些日常生活实践后面是许多因素共同作用的结果。侨汇也反映了华侨丈夫与唐山妻子相互之间的权利与义务。华侨丈夫有给家里寄侨汇的义务，借以赡养父母，维持家妻及后代的生活；而家妻则负有照顾老人，抚育后代的义务。这里面还有更深一层的含义：华侨通过侨汇来交换家妻的青春，以及"性"的忠诚，而华侨则可以在海外另有妻室过着正常的家庭生活。这种交换之所以得以存在，并为当地人认可，与父权社会下一系列的规范、文化习俗、社会结构有关。

在侨批中，华侨最为关心的"家事"有两类内容，一是建房，二是民间信仰。

祖屋的修建一直是华侨与侨眷商量家事的一项重要内容。侨眷生活在祖屋或新建的房屋中，而华侨则把祖屋当作承载着家乡记忆、怀旧情结以及社区认同的"物化的空间"。这个空间还供奉着华侨的祖先牌位，华侨相信是祖先给他们带来了平安和财运。而且房子的修建在社区中也是一件光宗耀祖的大事。华侨如果在海外赚到了钱，他有义务将钱寄回来修建祖乡的房子，这也是对留守在祖乡的侨眷们的一种回报。

在侨批中，我们发现经常被提及的事情还有"清明祭祖""做斋""做婆祖"。这些民间信仰大多指向"祖先崇拜"与"孝道"的文化传统。例如比较有特色的"做斋"是给死去的亲人"安魂"的仪式。改革开放后，华侨可以较为方便的回国了，他们一般给死去的双亲或至亲的亲人"做斋"安魂，也会千方百计地出现在现场，十分虔诚，寄托哀思。村民说早期"做斋"的亲人们哭得越厉害，他们的感情就越真诚。

（三）"两头家"的特征

"两头家"在婚姻制度上应属于完整的家庭，但其中有一头"家"的夫妻远隔两地且是跨国的，但这并非离异。从权利和义务的对应关系来看，唐山的妻子单方面尽传统妻子的义务，并且弥补这种特殊家庭的功能的不足。而华侨丈夫也理应履行寄钱养家的义务。这种特殊家庭既不同一夫一妻制家庭，也不是单亲家庭，与传统的一夫多妻制家庭也有许多区别。在我看来，"两头家"有以下几个主要特征。

第一，时空的分隔，丈夫长期居住在海外，回乡的机会很少。这样的空间距离造成了"两头家"社会距离的疏远，[①] 夫妻感情较为淡漠。

第二，唐山妻主要是尽孝道，照看家里的老人，能否生儿育女并不是最重要的。

第三，看守祖屋，如前所述祖屋包含着很多文化与社会的意涵。

第四，可能是无夫妻性生活的婚姻。生儿育女在唐山这边不一定能实现。[②]

第五，另一头"家"建立在海外，不管番妻是华裔女子还是土著女子，海外的"家"注定受到不同于祖乡的当地文化传统影响。

（四）"两头家"家庭策略的影响因素

我们在这里将家庭策略界定为家庭面对社会变迁所采取的应对措施，它体现在一系列的彼此联系的家庭决策中。我就南村的个案总结"两头家"家庭策略的三个决定因素。

1. 经济因素

早期华南单身男子初到东南亚，他们大多从小生意做起，而这类营生没有一个女人管理财务、照料家庭生活是不太可能成功的。因而南村人多有这种观点，"去番不娶番妻不起水"。如前文伍世伟的父亲娶了泰国当地的女子。泰国的女子与男子拥有一样的财产继承权，番妻继承的土地成了伍世伟的父亲在当地谋生立足的资本。另外，"两头家"中的丈夫在南洋经济收入的一部分要寄回支持唐山家庭，这也是唐山家庭得以维持的关键。

2. 社会变迁

南村人下南洋的历史近 300 年，移民高潮出现在 1937～1949 年。历次出洋，男子占绝大多数，他们多抱有"叶落归根"的想法，因而成立"两头家"的比例并不算高。新中国成立后，随着国际形势以及华人社会的重大变化，南村侨民不得不在南洋"落地生根"，在家乡已娶妻的部分华侨又在南洋娶妻生子，"两头家"现象延续下来。

20 世纪 70 年代初中国侨务政策开始放松，南村华侨将其另一头"家"的

---

① 参见费孝通论述家庭的空间距离与社会距离的观点。费孝通：《乡土中国　生育制度》，北京大学出版社，1998，第 171 页。

② 我所观察的现象与刘湘金在金门地区观察到的侨眷妇女的情况不同，在南村无子嗣的华侨妻很少出现收养子女的现象，而金门的华侨妻如无子女则一般会收养子女。参见刘湘金《浮绘侨眷家庭妇女的生活图象——探讨金门地区 1930-1950 侨眷妇女的角色与功能》，硕士在职专班学位论文，铭传大学公共事务学系，2006。

眷属申请到香港定居，这成了南村人移居香港的主要途径。许多唐山那头的"家"移居香港，如前文伍世瑾的个案即如此。

3. 个体性格

个体的性格及其价值观是影响家庭策略的重要因素。如伍冬燕的个案，她的母亲选择留守将女儿抚养成人，而女儿成家后一直留在娘家，这些连贯的策略与她们的性格紧密相关。在新中国成立初期，有不少的华侨妻改嫁，南村也有这样的个案。

人际关系固然在人性形成中是重中之重，但唯有把个体置于社会综合结构中时才可以被理解。反之，任何社会综合结构都是其自身社会的文化的一部分，它的诸多特征只有在将文化组织视为一个整体时方可被理解。[①] 在本书很多个性鲜明的人物，其人格往往是由其家庭关系、社会结构以及个人境遇多重因素塑造而成。

早年，林顿（R. Linton）和卡迪纳（A. Kardiner）在《个人及其社会》中提出了基本人格结构（basic personality structure）的概念。它的含义是，在一个文化中，基本人格结构是基于社会成员的共同经验和可能产生这些经验的人格特征的一种整合类型。[②] 留守的华侨妻基于共同的文化传统、相似的家庭状况与个人经历，形成了具有一定共性的人格结构。

二 作为家庭策略的"两头家"

传统人类学和社会学将家庭视为一个稳定的社会组织，并担负了诸多的社会功能。当今时代，人口在不断地迁移，家庭呈现高度的流动性和社会网络性，使我们不得不更多地将家庭的研究放在一种跨越时空与文化边界及动态演变的视野下进行考察。而"两头家"则是在侨乡形成的过程中随之产生的特殊的婚姻家庭形式，它的一个重要特点是"两头家"在空间上的分割，两头家中的华侨丈夫以住在国外为主，来回于国外与家乡两地。

"两头家"现象何以在华南侨乡广泛存在？有些华侨妻没有生育儿女终身守活寡，这样的家庭是如何维系的？"两头家"中的家庭成员、亲属网络、地缘社群（以村落、宗族为主）如何互动、认同？如果我们从传统的功能主义的视角去研究这一类移民的家庭，恐怕很难对它进行一个全面的把握。

---

① 〔美〕拉尔夫·林顿：《人格的文化背景》，于闽梅、陈学晶译，广西师范大学出版社，2006，第 4 页。

② 参见庄孔韶主编《人类学通论》，山西教育出版社，2002，第 229 页。

本书从费孝通所论述的家庭三角结构入手，认为"两头家"是一种非标准的家庭结构。为维系这样特殊的家庭形式，"两头家"的家庭成员因应社会变动而采取各种具体的家庭策略。在华南侨乡地区，"两头家"就是移民家庭策略的结果。随着社会条件的变化，"两头家"经历了产生、发展和消失的过程，这也最终证明在现代社会中，家庭三角结构仍是最稳定的。但家庭成员因现代社会分工的加剧，他们之间的聚散具有更多的灵活性。

孙立平提出以"过程—事件分析"的研究策略来分析中国农村社会生活。[①] 这一研究策略是对传统社会事实定义的一个突破，社会事实不再被看作是固态静止的，而是鲜活的、流动的，在动态中充满着种种"隐秘"。而对家庭策略的研究可以加深对个人、家庭和社会变迁三者之间相互关系的理解。家庭不是被动地受社会变迁的影响，而是以自己原有的特点对社会作出反应，这种反应的结果是家庭各成员之间的合力，合力的方向或家庭策略的取向取决于各成员在家庭中的地位，因此，家庭的性质又必然影响社会的变迁。[②]

"两头家"也受到社会变迁的影响，新中国成立后几十年的侨务政策的变化以及农村现代化的进程必然在"两头家"的家庭史中体现出来，但这些家庭成员并不只是被动地受影响，他们会采取不同的家庭策略，譬如移居香港；家庭成员之间互动也是影响"两头家"变化的因素，如个案中伍冬燕为照顾母亲留在娘家生活；日常生活中的常规决策与家庭遇到重大事件时所采取的决策，这在"过程—事件分析"的视角下形成家庭的总策略。

回顾南村"两头家"大致形成和演变的历史，在 50 多年的时间里，"两头家"无疑是南村村民移居他地的社会结构性动力所在。我期望通过展现这段历史进而探究侨乡人如何在不同的历史时期因应政策、形势、文化、社会环境采取不同家庭策略。这种策略性的家庭生活，为我们理解"家"这个在中国社会中具有核心地位的基本社会单位是如何在历史变迁过程中发生变化提供了例证。

现代社会中家庭策略的变化往往依据男性和女性经济上的收益、结婚、生子和离婚的利弊、决策的机会成本而变化。而华南侨乡家庭的特殊性主要体现在移民性与宗族特征。"两头家"是早期华南侨乡一种特殊的婚姻家庭组织形

---

① 转引自樊欢欢《家庭策略研究的方法论——中国城乡家庭的一个分析框架》，《社会学研究》2000 年第 5 期。

② 张永健：《家庭与社会变迁——当代西方家庭史研究的新动向》，《社会学研究》1993 年第 2 期。

式，从家庭策略的视角，我们可以将宏观社会变迁的背景与家庭成员互动结合起来考察这一现象。"两头家"不是一种标准的婚姻家庭类型，是父系宗族社会的一种需要，也是早期华南侨乡移民集体选择的一种家庭策略。

三　永恒的家：个人、家庭与国家

移民们为什么要采取"两头家"这种家庭策略，他们为何要在家乡保留一个"家"？移民在侨居地与祖乡之间摇摆不定。这本身是一个文化认同，即海外华侨对"家"的认同模式的变化。华南移民对故乡"家"的文化认同背后隐匿着中国传统文化中"家"的特殊价值。传统中国社会中存在"一夫多妻"的家庭制度，"两头家"来源于这种家庭传统，但又有着很大的区别。移民采用这种形式来兼顾两边的家庭，其中重要的特点是时空分隔和两头的家处在不同的国家中，社会结构与文化传统有着重大的差别。

经历了近一个世纪的社会变动后，"两头家"这种现象也趋近终结。这也说明了"两头家"这种特殊的家庭形式的不稳定性。现代社会中大多数家庭还是以父母子组成的三角结构为主。这也让家庭回归"人性"本身，人们在家庭中可以满足许多"人性"的需求，如异性间的情感、亲子的情感、身体的需要等。而"两头家"模式在很大程度上压抑了妇女这方面的"人性"。通过本研究，我们在一定程度上了解华侨妻这种类型的"人性"如何被选择、塑造、解放以及压制，从而变得敏感或迟钝。我们也可以考察社会结构对"人性"结构的影响。

在以往中国农村家庭研究中，我们很少看到个人的角色与作用。而家庭是个体之上最小也是最基础的社会组织，个体在其中表现出了许多个性、情感。通过对信件和口述史材料的分析，我们可以比较清楚地勾勒出南村人心中"家"的观念以及在实际生活世界中所采取的具体有效的家庭策略。侨乡"两头家"的家庭史包含了许多人在面对时局变化的个体选择。居住地、生活方式和家庭成员的安排，这些都成为个体与家庭着重考虑的问题。

人类学擅长关注个体的微观生活，但这个学科也始终不忘记透过具体的社会事实来追问其后面的社会与文化的逻辑。个体之外的社会与国家可以形塑个体的人格，影响他们的生活。家庭策略的视角能让我们较好地观察个体、社会、国家之间的关系。基于此，本书将强调个人体验以及个人的主体性，而不仅仅只是关注社会结构与文化规范。

20世纪50年代以来，国家政策一直是推动家庭和当地人们生活方式变化的主要动力。南村的村民们在谈及 1949 年前华侨出洋的原因时，笼统地认为是战争所致。"小人物"们只是在大的时局背景下，作出自己个体的策略选择。1950 年后侨乡"两头家"的家庭成员随着社会形势的变化，作出了各种不同的选择。有的华侨妻选择离婚去寻找新的生活，有的华侨妻选择留守。20世纪 70 年代，有的"两头家"成员利用政策往香港地区和泰国等地迁移。只有将个人的生活与社会的历史这两者放在一起思考，才能真正地理解"两头家"这种现象。老百姓或许不知道也不关心社会的变迁与制度的变革给他们的生活带来的困扰，因为他对自身生活模式与世界历史的潮流之间错综复杂的联系几乎一无所知，普通人往往不知道这种联系对于他们将要变成的那种类型的人，对于他们或许要参与其中的构建历史进程意味着什么。人与社会之间，个人生活与历史之间，自我与世界之间的相互作用，他们或许不具备智识去理解。[①] 但"小人物"会根据周遭感受到的变化以及文化传统的制约而不断进行日常生活的实践，这样一个个具体而日常的策略建构了他们的生活世界。

村落世界并非一个孤立的体系，侨乡尤其如此，它与外部世界是一个有机的整体，存在着一种双向流动的关系。这种关系说明大传统的文化和小传统的文化并不是相互对立的，大传统文化渗入乡村社会是一种有联系的分离过程；而国家、社会与家在这一基础上又形成一种分离与联系的有机统一体，特别是21 世纪以来更是如此。本书认为，在过去近一个世纪里，国家在"两头家"家庭变迁中起了最为关键的作用。这一过程推动了侨乡移民家庭策略的变化，"两头家"这种家庭形式的消亡也证明现代社会已经很难再容纳"两头家"的家庭模式。

南村侨乡与泰国南村移民构成的"两头家"的社会网络，正如麻国庆所指出的，"只有把从华南到东南亚的华人社会的研究作为一个完整体系，从社区到区域再到国家或国家之间的合作的空间整合来考虑，才能达到新的学术视野高度。"[②] 从纵向看，南村移民及其家人的流动应被视为一种"过程"：一是南村移民从祖籍地到海外移民地的迁徙是一个历史过程，研究重点关注这个过程的"时间序列"和"重大事件"；二是南村移民及其家人在"两头家"（祖籍地南村及侨居地泰国）之间的流动是多变的、复杂的、情境化的，这构成研

---

① 〔美〕C. 赖特·米尔斯：《社会学的想象力》，陈强、张永强译，三联书店，2005，第 1~2 页。

② 麻国庆主编《山海之间——从华南到东南亚》，社会科学文献出版社，2014，第 9 页。

究家庭策略的意义所在。从横向来看，南村华侨流动的复杂过程中呈现"界"与"跨界"的问题：一是南村移民因移居地人文环境的差异，亦即"界"的存在，而采取"两头家"这种家庭策略以适应当地生活；二是"界"代表的并不是一条明晰的界限或障碍，而是一种接触、互动、交流、碰撞乃至融合的状态或场域。① 南村移民在漫长的"两头家"的日常家庭生活实践中不断地跨越这个时间、空间以及文化与社会的"界"，从而产生新的文化传统与社会关系。

当今时代，跨地区跨国境的人口流动愈演愈烈，家庭的形式与内容都在经历不同程度的变迁。移民的家庭团聚的问题在全球化时代下愈显突出。随着人口流动现象的增加，家庭（居住空间、家庭成员、家的认同意识）分散于两地，人和物的流动，使两地形成了一个独特的跨地区跨国界的社会空间，互相观照和界定对方，而移民主体则在多重的认知和社会结构中进行实践。现代人在迁移过程中对于"家"的认同会表现出多种形式。"家"可能存在于回忆与期盼、保守与创新之中，也可能呈现出概念化、情感化或具体化的特征。② 我倾向于认为"家"现在更多是呈现了现代人的一种"精神家园"的意义。③ 本书的研究由华南侨乡存在的"两头家"现象为发端，亦可以放在当今全球化新的移民时代下，思考现代社会家庭成员因流动而分割在不同空间的"家"的意义。

---

① 参见麻国庆主编《山海之间——从华南到东南亚》，社会科学文献出版社，2014，第9~10页。
② Aries认为，"家庭成为一种前所未有的事物：它是人们逃避外界干扰的避风港，是情感的寄托，也是一个在任何情况下儿童都占据中心位置的地方。"转引自〔美〕阎云翔《私人生活的变革：一个中国村庄里的爱情、家庭与亲密关系：1949-1999》，龚小夏译，上海书店出版社，2006，第11页。
③ 阎云翔研究中的一个重要主题是家庭从社会制度向个人避风港的转型。参见〔美〕阎云翔《私人生活的变革：一个中国村庄里的爱情、家庭与亲密关系：1949-1999》，龚小夏译，上海书店出版社，2006，第17页。

参考文献

一　中文文献

中文著作

曹云华:《变异与保持——东南亚华人的文化适应》,中国华侨出版社,2001。

陈达:《南洋华侨与闽粤社会》,商务印书馆,1938。

陈翰笙主编《华工出国史料汇编》(第一辑,第一册),中华书局,1981。

陈铭枢总纂,曾骞主编《海南岛志》,神州国光社,1931。

陈其南:《家族与社会》,联经出版社,1990。

陈其南:《文化的轨迹》,春风文艺出版社,1987。

陈庆德:《人类学的理论预设与建构》,社会科学文献出版社,2006。

陈志明、张小军编《福建暨闽南研究文献选集》,香港中文大学香港亚太研究所,1999。

陈志明、丁毓玲、王连茂主编《跨国网络与华南侨乡——文化、认同和社会变迁》,香港中文大学香港亚太研究所,2006。

段立生:《泰国史》,广东人民出版社,1987。

段立生:《泰国史散论》,人民出版社,1993。

段立生:《泰国文化艺术史》,商务印书馆,2005。

范若兰:《移民、性别与华人社会:马来亚妇女研究(1929—1941)》,中国华侨出版社,2005。

费孝通:《江村经济——中国农民的生活》,商务印书馆,2005。

费孝通:《乡土中国　生育制度》,北京大学出版社,1998。

费孝通主编《中华民族多元一体格局》(修订本),中央民族大学出版社,2003。

冯子平:《港澳琼人纪事》,东西文化事业公司,1995。

冯子平:《海南侨乡行》,中国华侨出版社,1993。

冯子平：《华侨华人史话》，香港天马图书有限公司，2004。

冯子平：《泰国华侨华人史话》，香港银河出版社，2005。

冯子平编著《走向世界的海南人》，中国华侨出版社，1992。

郝时远主编《海外华人研究论集》，中国社会科学出版社，2002。

何国强：《围屋里的宗族社会——广东客家族群生计模式研究》，广西民族出版社，2002。

黄连枝：《东南亚华族社会发展论——探索走向二十一世纪的中国和东南亚的关系》，上海社会科学院出版社，1992。

黄淑娉、龚佩华：《文化人类学理论方法研究》，广东高等教育出版社，1998。

黄树民：《林村的故事——一九四九年后的中国农村变革》，素兰、纳日碧力戈译，三联书店，2002。

黄应贵、叶春荣主编《从周边看汉人的社会与文化——王崧兴先生纪念论文集》，中研院民族学研究所，1997。

黄滋生、温北炎主编《战后东南亚华人经济》，广东人民出版社，1999。

李安山主编《中国华侨华人学——学科定位与研究展望》，北京大学出版社，2006。

李君哲：《战后海外华侨华人社会变迁》，辽宁教育出版社，1998。

李明欢：《当代海外华人社团研究》，厦门大学出版社，1995。

李明欢：《欧洲华侨华人史》，中国华侨出版社，2002。

李露：《娘家与婆家》，社会科学文献出版社，2010。

李亦园、郭振羽主编《东南亚华人社会研究》（上、下册），正中书局，1985。

李亦园、杨国枢主编《中国人的性格》，江苏教育出版社，2006。

李亦园：《人类的视野》，上海文艺出版社，1996。

李亦园：《一个移殖的市镇——马来亚华人市镇生活的调查研究》，正中书局，1985。

梁英明：《战后东南亚华人社会变化研究》，昆仑出版社，2001。

林家劲等：《近代广东侨汇研究》，中山大学出版社，1999。

林耀华：《义序的宗族研究》，三联书店，2000。

刘朝晖：《超越乡土社会——一个侨乡村落的历史、文化与社会结构》，民族出版社，2005。

刘宏：《战后新加坡华人社会的嬗变：本土情怀·区域网络·全球视野》，

厦门大学出版社，2003。

麻国庆：《家与中国社会结构》，文物出版社，1999。

麻国庆：《走进他者的世界》，学苑出版社，2001。

麦留芳：《方言群认同——早期星马华人的分类法则》，中研院民族学研究所，1985。

乔健主编《中国家庭及其变迁》，香港中文大学社会科学院暨香港亚太研究所，1991。

任一雄：《东亚模式中的威权政治：泰国个案研究》，北京大学出版社，2002。

上海社会科学院家庭研究中心编《中国家庭研究》（第一卷），上海社会科学院出版社，2006。

苏云峰：《海南历史论文集》，海南出版社，2002。

王明柯：《华夏边缘——历史记忆与族群认同》，允晨文化实业股份有限公司，1997。

文崇一、萧新煌主编《中国人：观念与行为》，江苏教育出版社，2005。

薛君度、曹云华主编《战后东南亚华人社会变迁》，中国华侨出版社，1999。

杨国枢主编《中国人的心理》，江苏教育出版社，2005。

杨建成主编《华侨之研究》，中华学术院南洋研究所，1984。

杨建成主编《泰国的华侨》，中华学术院南洋研究所，1986。

〔美〕杨庆堃：《中国社会中的宗教——宗教的现代社会功能与其历史因素之研究》，范丽珠等译，上海人民出版社，2006。

应星：《大河移民上访的故事》，三联书店，2001。

云愉民：《新加坡琼侨概况》，海南书局，1931。

曾玲：《越洋再建家园——新加坡华人社会文化研究》，江西高校出版社，2003。

曾少聪：《漂泊与根植——当代东南亚华人族群关系研究》，中国社会科学出版社，2004。

张国刚主编《家庭史研究的新视野》，三联书店，2004。

周大鸣、柯群英主编《侨乡移民与地方社会》，民族出版社，2003。

周大鸣：《凤凰村的变迁——〈华南的乡村生活〉追踪研究》，社会科学文献出版社，2006。

周南京主编《世界华侨华人词典》，北京大学出版社，1993。

庄国土：《华侨华人与中国的关系》，广东高等教育出版社，2001。

庄国土：《世纪之交的海外华人》，福建人民出版社，1998。

庄国土：《中国封建政府的华侨政策》，厦门大学出版社，1989。

庄国土：《中国侨乡研究》，厦门大学出版社，2000。

庄孔韶：《银翅》，三联书店，2000。

译 著

林耀华：《金翼》，庄孔韶、林宗成译，三联书店，2008。

潘毅：《中国女工——新兴打工阶级的呼唤》，任焰译，明报出版社有限公司，2007。

〔美〕许烺光：《驱逐捣蛋者：魔法、科学与文化》，王芃、徐隆德、余伯泉译，南天书局有限公司，1997。

〔美〕许烺光：《祖荫下：中国乡村的亲属、人格与社会流动》，王芃、徐隆德译，南天书局有限公司，2001。

〔美〕阎云翔：《礼物的流动——一个中国村庄中的互惠原则与社会网络》，李放春、刘瑜译，上海人民出版社，2000。

〔美〕阎云翔：《私人生活的变革：一个中国村庄里的爱情、家庭与亲密关系：1949-1999》，龚小夏译，上海书店出版社，2006。

周敏：《美国华人社会的变迁》，郭南审译，上海三联书店，2006。

周敏：《唐人街》，鲍霭斌译，商务印书馆，1995。

〔奥〕赫尔穆特·舍克：《嫉妒与社会》，王祖望、张田英译，社会科学文献出版社，1999。

〔澳〕杰华：《都市里的农家女——性别、流动与社会变迁》，吴小英译，江苏人民出版社，2006。

〔澳〕颜清湟：《新马华人社会史》，粟明鲜等译，中国华侨出版社，1991。

〔德〕恩格斯：《家庭、私有制和国家的起源》，人民出版社，1999。

〔法〕E. 迪尔凯姆：《社会学方法的准则》，狄玉明译，商务印书馆，2002。

〔法〕安德烈·比尔基埃等主编《家庭史》（第一、二、三卷），袁树仁等译，三联书店，1998。

〔法〕列维-斯特劳斯：《野性的思维》，李幼蒸译，商务印书馆，1987。

〔法〕马赛尔·莫斯：《论馈赠——传统社会的交换形式及其功能》，卢汇译，中央民族大学出版社，2002。

〔法〕米歇尔·福柯：《疯癫与文明》，刘北成、杨远婴译，三联书店，2003。

〔法〕米歇尔·福柯：《规训与惩罚》，刘北成、杨远婴译，三联书店，2003。

〔法〕皮埃尔·布迪厄：《实践感》，蒋梓骅译，译林出版社，2003。

〔加〕大卫·切尔：《家庭生活的社会学》，彭铟旎译，中华书局，2005。

〔美〕C. 赖特·米尔斯：《社会学的想像力》，陈强、张永强译，三联书店，2005。

〔美〕W. I. 托马斯、〔波〕F. 兹纳涅茨基：《身处欧美的波兰农民》，张友云译，译林出版社，2000。

〔美〕杜赞奇：《文化、权力与国家：1900—1942 年的华北农村》，王福明译，江苏人民出版社，2003。

〔美〕弗朗兹·博厄斯：《人类学与现代生活》，刘莎、谭晓勤、张卓宏译，华夏出版社，1999。

〔美〕丹尼尔·哈里森·葛学溥：《华南的乡村生活——广东凤凰村的家族主义社会学研究》，周大鸣译，知识产权出版社，2006。

〔美〕科尼利尔斯·奥斯古德：《旧中国的农村生活：对云南高峣的社区研究》，何国强译，国际炎黄文化出版社，2007。

〔美〕克利福德·吉尔兹：《地方性知识——阐释人类学论文集》，王海龙、张家瑄译，中央编译出版社，2000。

〔美〕克利福德·格尔兹：《文化的解释》，纳日碧立戈等译，上海人民出版社，1999。

〔美〕拉尔夫·林顿：《人格的文化背景——文化、社会与个体关系之研究》，于闽梅、陈学晶译，广西师范大学出版社，2007。

〔美〕露丝·本尼迪克：《文化模式》，何锡章、黄欢译，华夏出版社，1987。

〔英〕马林诺夫斯基：《两性社会学》，李安宅译，中国民间文艺出版社，1986。

〔英〕马凌诺斯基：《文化论》，费孝通译，华夏出版社，2002。

〔英〕马凌诺斯基：《西太平洋的航海者》，梁永佳、李绍明译，华夏出版社，2001。

〔美〕马歇尔·萨林斯：《"土著"如何思考——以库克船长为例》，张宏明译，上海人民出版社，2003。

〔美〕马歇尔·萨林斯：《文化与实践理性》，赵丙祥译，上海人民出版社，2002。

〔美〕玛格丽特·米德：《萨摩亚人的成年——为西方文明所作的原始人类的青年心理研究》，周晓红、李姚军译，浙江人民出版社，1988。

〔美〕乔治·E. 马尔库斯、米开尔·M. J. 弗彻尔：《作为文化批评的人类学——一个人文学科的实验时代》，王铭铭、蓝达居译，三联书店，1998。

〔日〕滨下武志：《中国近代经济史研究——清末海关财政与通商口岸市场圈》，高淑娟、孙彬译，江苏人民出版社，2006。

〔日〕广田康生：《移民和城市》，马铭译，商务印书馆，2005。

〔日〕濑川昌久：《族谱：华南汉族的宗族·风水·移居》，钱杭译，上海书店出版社，1999。

〔澳〕王赓武：《东南亚与华人——王赓武教授论文选集》，姚楠编，中国友谊出版公司，1987。

〔澳〕王赓武：《海外华人的民族主义》，新加坡：UniPress，1996。

〔马来西亚〕王赓武：《南洋华人简史》，张奕善译，水牛图书出版事业公司，1988。

〔英〕埃德蒙·利奇：《文化与交流》，郭凡、邹和译，上海人民出版社，2000。

〔英〕埃文思-普里查德：《努尔人》，褚建芳等译，华夏出版社，2002。

〔英〕安东尼·吉登斯：《社会的构成》，李康、李猛译，三联书店，1998。

〔英〕安东尼·吉登斯：《社会学》，赵旭东等译，北京大学出版社，2003。

〔英〕巴素：《东南亚之华侨》，郭湘章译，编译馆，1974。

〔英〕保尔·汤普逊：《过去的声音——口述史》，覃方明、渠东、张旅平译，辽宁教育出版社、牛津大学出版社，2000。

〔英〕傅利曼：《新加坡华人的家庭与婚姻》，郭振羽、罗伊菲译，正中书局，1985。

〔英〕雷蒙德·弗思：《人文类型》，费孝通译，华夏出版社，2002。

〔英〕莫里斯·弗里德曼：《中国东南的宗族组织》，刘晓春译，上海人民出版社，2000。

论　文

〔荷〕菲利普·A. 昆：《侨乡与移民社会：一些相关的问题》，施雪琴译，

《南洋资料译丛》2004 年第 2 期。

〔美〕苏成捷（Matthew H. Sommer）：《作为生存策略的清代一妻多夫现象》，李霞译，载黄东兰主编《身体·心性·权力》，浙江人民出版社，2005。

〔日〕吉原和男：《泰国华人社会的文化复兴运动——同姓团体的大宗祠建设》，王建新译，《广西民族学院学报》2004 年第 3 期。

陈志明：《华裔和族群关系的研究——从若干族群关系的经济理论谈起》，《中研院民族学研究所集刊》（第 69 期），1990。

樊欢欢：《家庭策略研究的方法论——中国城乡家庭的一个分析框架》，《社会学研究》2000 年第 5 期。

管健：《身份污名的建构与社会表征——以天津 N 辖域的农民工为例》，《青年研究》2006 年第 3 期。

胡玉坤：《村落视野中的人口"数字游戏"及其省思》，《市场与人口分析》2006 年第 2 期。

黄素芳：《泰国华侨华人研究的历史与现状》，《八桂侨刊》2007 年第 3 期。

科大卫、刘志伟：《宗族与地方社会的国家认同——明清华南地区宗族发展的意识形态基础》，《历史研究》2000 年第 3 期。

李明欢：《"相对失落"与"连锁效应"：关于当代温州地区出国移民潮的分析与思考》，《社会学研究》1999 年第 5 期。

李明欢：《社会人类学视野下的"迁移"与"家园"》，《吉首大学学报（社会科学版）》2005 年第 3 期。

李若建：《中国大陆迁入香港的人口研究》，《人口与经济》1997 年第 2 期。

李天锡：《也谈侨批的起源及其它》，《华侨华人历史研究》1997 年第 3 期。

林蔼云：《漂泊的家：晋江—香港移民研究》，硕士学位论文，清华大学，2005。

刘湘金：《浮绘侨眷家庭妇女的生活图象——探讨金门地区 1930-1950 侨眷妇女的角色与功能》，硕士在职专班学位论文，铭传大学公共事务学系 2006。

麻国庆：《从非洲到东亚：亲属研究的普遍性与特殊性》，《社会科学》2005 年第 9 期。

裴颖：《华侨婚姻家庭形态初探》，《华侨华人历史研究》1994 年第 1 期。

乔素玲：《两难的选择：建国初期的华侨婚姻政策》，《华侨华人历史研究》2006 年第 3 期。

王翔：《近代南洋琼侨的职业类型与经济机能》，《海南大学学报（人文社会科学版）》2002 年第 1 期。

杨善华、孙飞宇：《作为意义探究的深度访谈》，《社会学研究》2005 年第 5 期。

叶春荣：《人类学的海外华人研究——兼论一个新的方向》，《中研院民族学研究所集刊》（第 75 期），1993。

曾少聪：《闽南地区的海洋民俗》，《中国社会经济史研究》1999 年第 4 期。

张三夕：《从古代的政治流放地到现代的经济特区——论海南岛与大陆文化认同的历史性特征》，《海南师范学院学报（人文社会科学版）》2000 年第 3 期。

二 英文文献

Arthur P. Wolf（ed.），*Religion and Ritual in Chinese Society*，Stanford University Press，1974.

H. D. R. Baker，*Chinese Family and Kinship*，Columbia University Press，1979.

J. Richard Coughlin，*Double Identity：The Chinese in Modern Thailand*，Hong Kong：Hong Kong University Press，1960.

W. Crissman Lawrence，"The Segmentary Structure of Urban Overseas Chinese Communities," *Man*，*New Series*，Vol. 2，No. 2，1967.

David K. Wyatt，*Thailand—A Short History*，Yale University Press，1984.

Freedman Maurice and Skinner G. William（eds.），*The Study of Chinese Society*，Stanford University Press，1979.

Freedman Maurice，*Lineage Organization in Southeastern China*，London：Athlone Press，1958.

Freedman Maurice，*Chinese Lineage and Society：Fukien and Kwangtung*，London：Athlone Press，1966.

Edgar Willmott，*From China to Canada：A History of the Chinese Communities in Canada*，Toronto：McClelland & Strewart Inc.，1982.

Jennifer Cushman and Wang Gungwu（eds.），*Changing Identities of the Southeast*

Asian Chinese since World War II, Hong Kong: Hong Kong University Press, 1988.

Kuah Khun Eng, *Rebuilding the Ancestral Village: Singaporeans in China*, Aldershot, Brookfield, USA: Ashgate, 2000.

D. H. Kulp, *Country Life in South China: The Sociology of Familism*, New York, 1925.

Liu Hong, "Old linkages, New Networks: The Globalization of Overseas Chinese Voluntary Associations and Its Implications," *The China Quarterly*, No. 155, 1998.

Ellen Oxfeld, "Individualism, Holism and the Market Mentality: Notes on Recollections of a Chinese Entrepreneur," *Cultural Anthropology*, Vol. 7, No. 3, 1992.

Purcell Victor, *The Chinese in Southeast Asia*, Oxford University Press, 1965.

F. Siu Allen, *Agents and Victims in South China: Accomplices in Rural Revolution*, Yale University, 1989.

Skinner G. William, *Chinese Society in Thailand: An Analytical History*, Ithaca: Cornell University Press, 1957.

Skinner G. William, *Leadership and Power in the Chinese Community in Thailand*, Ithaca, NY: Cornell University Press, 1958.

T'ien Ju-k'ang, *The Chinese of Sarawak: A Study of Social Structure*, London: London School of Economics and Political Science, Dept. of Anthropology, 1953.

Gregor Benton and Frank N. Pieke (eds.), *The Chinese in Europe*, Houndmills, Basinstoke, Hampshire: Macmillan; New York: St. Martin's Press, 1998.

Theresa C. Carino (ed.), *China and Southeast Asia: Contemporary Politics and Economics*, Manila: De La Salle University Press, 1984.

Tong Chee Kiong, Chan Kwok Bun (eds.), *Alternative Identities: The Chinese of Contemporary Thailand*, Singapore: Times Academic Press, 2001.

Wang Ling-Chi and Wang Gungwu (eds.), *The Chinese Diaspora: Selected Essays*, Singapore: Times Academic Press, 1998.

J. Waston, *Emigration and the Chinese Lineage*, University of California Press, 1975.

后　记

"路漫漫其修远兮，吾将上下而求索。"冥冥中，历经坎坷，似乎注定了我要走上学术这条道路，并与人类学这一美妙的学科结缘。

每个人自童年始都有许多梦想，记得我的第一个梦想是成为一个作家，虽历经岁月的洗礼，梦想时有变化，但童年的梦想寓示着我的人文主义关怀。兜兜转转，我走上人类学这条道路也是机缘巧合。大学本科时，我在华南农业大学就读园艺工程专业，花草树木的芬芳并没有淹没我对人文社会科学的追求。大学本科毕业那一年，我和挚友胡伟玲决定克服跨学科的困难，报考中山大学政治学专业硕士研究生。第一次努力，因为专业知识基础薄弱，我们都失败了。我离开学校，谋到了一份职业，而胡伟玲放弃工作的机会，继续苦读应考。

第二年，胡伟玲以优异的成绩考取了中山大学硕士研究生，这对我是极大的鼓舞。经历了一年的工作，我始终没有放弃自己的理想，于是我将工作辞去，重新投入紧张艰辛的备考当中。第二次的努力离目标近了一些，但因为成绩在复试名额中排名靠后，我还是没考上。于是，我近乎疯狂地四处寻找求学的机会。幸运的是，我这关键的一程得到好几位热心有缘的恩人相助，误打误撞进了中山大学人类学系的大门，得到了从政治学调剂到人类学的重大机遇。若没有中山大学人类学系的赏识和提携，我可能至今无法领略到人类学的魅力。我从一个对人类学一窍不通的年轻人，一步一步被恩师引入了人类学这座神奇的殿堂。

在硕士生阶段，因为学习机会来之不易，且人类学对我来说是一个完全陌生的领域，我在老师们的辅导下如饥似渴地学习人类学的基础知识。黄淑娉、周大鸣、何国强、王建新、邓启耀、朱建刚、郭立新、陈运飘、张振江、刘文锁等老师的课程让我受益匪浅，也让我不断增长对人类学的热爱。导师何国强教授严谨的治学，一丝不苟的指导给我打下了较好的田野调查功底。2004年底，我参加了硕博连读考试，并顺利争取到了攻读博士学位的机会。

在博士生阶段，论文主题的选择让我举棋不定。我的父母均来自海外华侨众多的海南农村，华侨研究一直是我的研究志趣所在。导师麻国庆教授在我困顿和迷惘时，全力支持我开展海南侨乡的研究。麻老师在研究上给予我悉心指导，在人生路上也给我指点迷津。在我博士论文主题的确定、田野选点、材料梳理上他尽心尽力地帮助我；在我遇到多次开题不通过的困境时，他不断鼓励、催促、指导我。本书今天得以付印，恩师倾注了大量的心血。恩师的言传身教、学识人品，我定铭记于心。

白云山高，珠江水长！感谢母校中山大学为我提供良好的学习环境，校训"博学、审问、慎思、明辨、笃行"也为我的为人、为学指明了方向。感谢人类学系的包容与博爱，为我五年的人类学学习生涯提供了合适、安静的环境。

在历次开题和预答辩中，老师们睿智、真诚、深刻的建议让我有勇气坚持下去。在这里，感谢周大鸣老师，他学识渊博，教我学术与做人的格局。感谢刘昭瑞老师的谆谆教诲，他善解人意的开导，让后学感到老师谦谦君子之风。感谢王建新老师，他的精致入微、废寝忘食的求学精神是我学习的方向。感谢邓启耀老师，他儒雅的学者风范深入人心。感谢张应强老师，他意味深长的学术风格常使人有"余音绕梁三日不绝"之感。感谢吴国富老师，他别具一格的视角常让我茅塞顿开。

此外，还要特别感谢朱建刚老师，他热情洋溢的讲演及乐于助人的激情深深地感染了我，是年轻学人的楷模。特别感谢张振江老师，是他不厌其烦、平白风趣的开导一次次让我走出困惑。还要感谢吴重庆、郑君雷、陈华、李宁利、刘志扬、程瑜、朱爱东、许永杰、王宏等老师，虽没有上过他们的课程，但他们的言传身教让我学习如何践行审慎求实的学风。感谢亦师亦友的李法军、杨小柳、朱铁权老师，他们与我年龄相仿，让我感受到了年轻学人的蓬勃朝气。感谢时任系党支部书记李善如，分管学生工作的范涛、谭杰老师，办公室的张守梅、曾望珍、朱滔全、周静、小何老师平时在生活和学业中对我无微不至的帮助。

感谢2003级硕士生同学王宇丰、胡在强、李居宁、刘翀、钱晶晶、张珊珊、潘争艳、孙秀伟、许慧、冯锦贤、吴翠明，在求学阶段我们建立了携手共进的深厚友谊。感谢2005级博士生同学杨建银、高一飞、王越平、林香、罗红、罗宗志、许韶明、范涛、马文钧、张艳梅、易红霞、姚俊英，是他们陪我一同度过博士生阶段宝贵的时光。感谢梅方权、马强、陈晓毅、周建新、索端智、李溱、聂爱文、田阡、吕俊彪、姜又春、龙开义、孙平、朱嫦巧、阙岳、奈仓京子、吴云霞、文永辉、李霞、于鹏杰、张峻、王正宇、廖建新、高鹏、杨正军、陈祥军、杜静元、黄志辉、张亮、查干珊登、张晶晶、罗忱、冯智明、周云水、岳小国、陈洲等学友给我的支持与帮助。同时感谢李瑾、谭同学、龚浩群、马建春、喻常森、范若兰、段颖等学长对我学业的关心。

学术与生活始终分不开，我还要感谢我的朋友胡伟玲、刘鹏、王烁、刘晓、陈文林、李芳、梁文生、罗洪源、张国英、罗晓峰、梁尤彦、周礼彦等人，他们和我一起体味了生活的甘苦。同时感谢博士楼 118 栋的兄弟们：郭建炎、马永康、伍庆、王建莹、陈召万、徐敏、刘越畅，他们和我一起度过了博士论文写作的最艰难阶段，不同学科之间的交流让我的思维更加开阔。

论文得以完成，更要感谢南村的父老乡亲们。在我的书稿就要付梓之际，每每想起那个让我魂牵梦萦的南村，那里的田野屋宅、那里热情善良的乡亲、那里的仪式场景，时常涌现在我眼前。离博士论文田野调查的时光已经过去十载有余，我还时常抽空回去和村民们见面，与华侨在微信里聊天。2016 年我还前往泰国的那一头"家"寻访了南村籍的老华侨以及新移民，深入体悟"两头家"家庭联系的真实场景。南村这些年也发生了巨大变化，有些村民和华侨已经离世，在此我要给南村的村民和华侨深鞠一躬，感谢他们，祝福他们，永远怀念他们。

2008 年我顺利毕业后，来到广州市社会科学院从事科研工作。工作单位良好的工作环境和宽松的学术氛围以及领导同事们的指导和关心给我坚持研究下去的力量和信心。在这里要特别感谢张跃国、杨再高、尹涛、伍庆、黄玉等领导对我成长过程中无微不至的关心、指导和支持，同时还要感谢罗谷松、苗兴壮、欧江波、殷俊、揭昊、宁超乔、朱泯静、简荣、巫细波等同事在研究和生活上对我的帮助和启发。特别怀念过早离世的前辈老师李江涛和蔡国萱，他们的人品和学风永远是我前进的精神力量。

最深的爱和感谢送给我的父母、岳父母和家人们，是他们的容忍与付出，我才得以安心漂泊在学术的汪洋大海中。最想说的话献给我的妻子，在我每每将要放弃的时候，她给予我支持和鼓励。特别感恩上天赐给我聪慧可爱的女儿，陪伴她成长给了我特别的生命体验和力量。

谢天、谢地、谢人！求学之路，只有起点，没有终点。在此，我以人类学系的名言自勉：荒野中阅读生命、市井中体味人生、荒谬中寻找意义。

陈 杰

2023 年 8 月

图书在版编目（CIP）数据

　　两头家：华南侨乡的家庭策略与社会互动：基于海
南南村的田野调查／陈杰著. -- 北京：社会科学文献
出版社，2023.12
　　（民族与社会丛书）
　　ISBN 978-7-5228-3002-5

　　Ⅰ.①两…　Ⅱ.①陈…　Ⅲ.①侨乡-家庭问题-研究
-海南　Ⅳ.①D634.1

　　中国国家版本馆 CIP 数据核字（2023）第 236992 号

·民族与社会丛书·

两头家：华南侨乡的家庭策略与社会互动
　　——基于海南南村的田野调查

著　　者／陈　杰

出 版 人／冀祥德
责任编辑／黄金平
责任印制／王京美

出　　版／社会科学文献出版社·政法传媒分社（010）59367126
　　　　　　地址：北京市北三环中路甲 29 号院华龙大厦　邮编：100029
　　　　　　网址：www. ssap. com. cn
发　　行／社会科学文献出版社（010）59367028
印　　装／三河市尚艺印装有限公司

规　　格／开　本：787mm×1092mm　1/16
　　　　　　印　张：18.25　字　数：326 千字
版　　次／2023 年 12 月第 1 版　2023 年 12 月第 1 次印刷
书　　号／ISBN 978-7-5228-3002-5
定　　价／108.00 元

读者服务电话：4008918866